대학생의 탁월함

대학생의 탁월함

발행일 2024년 10월 11일

지은이 이권효
펴낸이 손형국
펴낸곳 (주)북랩
편집인 선일영 편집 김은수, 배진용, 김현아, 김다빈, 김부경
디자인 이현수, 김민하, 임진형, 안유경, 최성경 제작 박기성, 구성우, 이창영, 배상진
마케팅 김회란, 박진관
출판등록 2004. 12. 1(제2012-000051호)
주소 서울특별시 금천구 가산디지털 1로 168, 우림라이온스밸리 B동 B111호, B113~115호
홈페이지 www.book.co.kr
전화번호 (02)2026-5777 팩스 (02)3159-9637

ISBN 979-11-7224-326-5 03370 (종이책) 979-11-7224-327-2 05370 (전자책)

이 책은 2024년도 대구가톨릭대학교 학술연구 지원과제로 저술 출판되었음.

이권효 지음

북랩

머리말

대학생들과 함께 쓰는 책

대학생을 마주하는 느낌에는 두려움과 설렘이 섞여 있다. 두려움은 인터넷과 인공지능(AI) 같은 온라인 플랫폼을 통해 어떤 분야든지 지식과 정보, 자료를 거의 무한대로 얻을 수 있는 시대에 수업을 계기로 대학생을 만나는 일이 해도 그만, 안 해도 그만인 공부가 될 수 있다는 걱정이다. 설렘은 대학교의 강의실에서만 가능한 독특한 성장의 경험을 줄 수 있다는 기대이다.

책의 제목으로 지은 『대학생의 탁월함』에는 두 가지 의미를 담았다. '대학생은 탁월해야 한다'와 '탁월해야 대학생이다'가 그것이다. 이런 주장의 전제는 '모든 대학생은 탁월할 수 있고 탁월해야 한다'이다. '탁월하지 않으면, 탁월하지 못하면 대학생이 아니다'라는 의미다. 탁월함은 대인(大人), 즉 넓고 깊고 높은 사람됨을 위한 필요하고도 충분한 조건이다. '대인의 조건을 위한 성찰'을 부제로 한 이유이다.

나는 대학교의 강의실에서 또는 캠퍼스에서 대학생들을 만나면서 그들의 탁월한 모습을 발견하는 즐거움을 느꼈다. 이 책에서 말하는 '탁월함'은 어떤 지식을 많이 알고 그것을 글이나 말로 표현하여 활용하는 능력을 가리키는 게 아니다. 지금 시대에 그런 능력은 대부분 가치가 떨어진다. 탁월함은 자신의 삶을 좁게 가두지 않고 넓고 깊고 높게 가꾸는 의지와 태도, 노력의 과정에 들어 있다. 탁월에서 '卓(탁)'은 그물에 갇혀 있던 새가 그물을 빠져나와 하늘로 날아오르는 모습이다. 이 글자의 뜻이 탁월한 삶의 자세를 선명하게 보여준다.

탁월은 하늘 날아오름

2024년 1학기 학기말 시험(고전 읽기 및 토론)에서 수강생들은 다음과 같은 탁월한 모습을 보여주었다. 시험문제는 '개강 후 자신을 성찰하면서 일상에서 변화와 성장을 추구한 태도와 노력, 성과를 구체적으로 증명하시오(2,000자)'이다. 학기말 시험 문제(주제)는 학기가 시작하는 개강 수업 때 알려준다. 학생들이 일상에서 공부 주제를 생각하면서 몸에 스며드는 계기가 되도록 하기 위해서다.

윌리엄 제임스도 말하듯, 시험을 앞두고 집중하는 벼락치기 공부는 머릿속의 다른 것들과 많은 연상(association, 聯想)을 만들지 못한다. 이때 뇌 작용은 많은 뇌 경로를 자극(刺戟)하지 못하여 훗날 다시 일깨우기 어려워진다. 이렇게 얻은 기억은 빨리 망각된다. 이에 비해 하루하루 점진적으로 얻어진 지식은 다양한 맥락(脈絡)에서 다시 나타나고, 다양한 관계 속에서 고려되고, 다양한 외부의 사건들과도 연합(聯合)되며 거듭해서 생각되므로 지식의 체계 안에 깊이 정착된다. 학생들은 스스로 이 같은 상황을 이해해야 효과가 있다(윌리엄 제임스, 『심리학의 원리』, *Psychology*, 제18장 기억). 이 같은 지적은 예나 지금이나 교육에서 요청되는 원리이겠지만 지금처럼 학습 내용을 단순히 암기하고 재생(再生)하는 방식은 더욱 가치와 효용이 낮아지는 인공지능(AI) 시대에 대응하는 역할을 할 수 있다.

아리스토텔레스는 "탁월성은 그것에 따라 좋은 인간이 되며, 그것에 따라 자신의 기능을 잘 수행하도록 만드는 품성 상태(『니코마코스 윤리학』 2권 6장)"라고 말한다. 그는 삶에서 가장 좋은 상태인 행복(에우다이모니아)은 탁월성에 따른 활동에서 생긴다(10권 6장)고 주장한다. 칼 구스타프 융이 강조하는 '자아실현'의 과정을 통한 새로운 의식의 초탈(超脫, 넘어섬)이다(앤터니 스토, 『융』, 124쪽). 기존의 자기 자신을 조금씩 넘어서는 자세와 노력은 삶의 놀라운 주체적 경험이다.

대학생들의 탁월 경험

기말고사에 표현한 대학생들의 모습은 에우다이모니아에 연결되는 탁월성의 사례라고 할 수 있다.

- "나는 소극적이고 걱정이 많은 성격이다. 수업에서 '금녀획'을 알게 되면서 이런 나의 행동이 나 자신을 가두고 세상과 단절되는 밉상 행동이라는 것을 알게 되었다. 좋은 인상을 주는 쪽으로 내 자신을 변화시키고 싶었다. 나의 삶을 가두는 밉상이 아닌 하늘 높이 쏘아 올리는 활처럼 내 삶이 높이 날고 좋은 인상, 곱상인 사람이 되려고 일상을 긍정적으로 생각하는 내 자신을 발견하게 되었다."

- "식상하고 폐쇄적인 나의 이런 태도가 '내 압솔리지구나' 하고 깨달을 수 있었다. 나에게 맞는 압솔리지 디톡스는 수동적이고 폐쇄적인 태도를 버릴 수 있게 무엇이든 새로운 환경에 나를 던져보는 것이라고 생각했다. 방어적인 태도에서 다소 벗어날 수 있게 된 지금, 나는 예전보다 스스로 더 자유롭다고 느낀다. 어찌 되어도 상관없는 그저 그런 인생이 아니라 스스로를 이끌어가는, 고유한 궤적을 그리며 살아가는 나를 진정으로 존중할 수 있게 되었기 때문이다."

- "'비욘드 애버리지' 개념은 나에게 식상하고 상투적이고 뻔한 생각이나 관점이 꽉 막힌 감옥의 창살이라는 점을 깨닫게 해주었다. 변화를 두려워하던 나의 모습에서 조금씩 벗어날 수 있게 되었다. 나의 일상을 조금씩 깊고, 넓게 만드는 노력을 하면서 나는 내가 새로운 현실을 만들어내는 크리에이터(creator)가 되고 있음을 느낄 수 있었다."

- "새로움과 창의성을 강조하는 '비욘드 애버리지', 스스로의 한계를 넘어서려는 노력을 강조하는 공자의 '금녀획', 내 삶의 디딤돌이 될 '압솔리지 디톡스', 적극적인 자세로 삶을 개척해나감을 강조하는 '프로페셔널 자세와 노력'은 과거의 상투적이고 뻔했던 내 모습에서 벗어날 수 있게 도와준 원동력이 되었다."

- "나는 고등학생 때 암 수술을 한 신체적 결함 때문에 하고 싶은 것에 제약이 많았다. 모든 것이 무너져 내리고 꿈도 희망도 사라지는 기분이었다. 그러나 비욘드 애버리지, 즉 평범함을 넘어서 내 자신의 한계를 뛰어넘고 싶었던 나였기에 악착같이 하고자 하는 마음을 먹었다. 조금씩 목표를 달성하는 내가 뿌듯했다. 나의 생각이 문제였던 것이다. 그렇게 나는 원래 할 수 있는, 해낼 수 있는 사람이었다. '금녀획', 즉 나는 내 자신을 가두고 있었던 것이다."

- "'비욘드 애버리지'는 단순히 평균을 넘는다는 것이 아니다. 상황을 어떻게 요리하느냐, 어떤 프레임이나 관점으로 보느냐에 따라 나타나는 삶은, 현실 상황에서 분리할 수 없는 것이다. 일상에서 1%라도 새로운 상황을 만드는 노력과 태도가 있다면 그게 바로 '비욘드 애버리지'다."

- "나는 먼저 남의 말에 흔들려 주관 없이 내 꿈을 놓아버리고 인생에 대한 목표를 세우지 않은 채 현실에 안주했던 내 상황

을 파악하고 내 자신을 고치고자 마음먹었다. 나 자신을 한계 지으려 하기보다는 무궁한 발전을 기대하자는 생각으로 현실에 주어진 것들에 최선을 다하고자 하였다. 노트를 구입하여 '꿈 노트'라는 이름을 붙여 매일 내가 이뤄내는 것들을 정립해 나가고 있다. 나는 다시 나의 일에 활기를 되찾을 수 있었고 내 인생에 대해 욕심이 생겼다."

- "이대로 자신을 방치하는 것은 스스로를 새장 속에 가두는 것이다. 농조(籠鳥)가 아닌 양조(良鳥)를 상상하며, 성신(誠身)의 자세로 면접 연습을 시작했다. 한 달 동안 계속 연습을 하니 달라진 모습이 보이기 시작했다. 면접을 할 때 여전히 긴장되지만 예전과 비교하면 놀라운 발전이다. 이제 사람들 앞에서 말을 더듬거나 얼굴을 붉히지 않는다. 자신감도 생겼다. 이렇게 귀중한 성취 경험을 하고 있으니 나는 성공할 것임을 믿는다."

- "같은 낚싯대를 가지고 같은 곳에서 낚시를 하더라도 미늘이 없는 낚싯대는 미끼만 고기에게 내어줄 뿐 아무것도 낚아챌 수 없다는 사실이 '미늘'이라는 단어가 나를 압솔리지와 금녀획에서 해방시켜주는 열쇠말(키워드)이 되었다. 나의 상황을 주체적으로, 능동적으로 1%라도 만들 수 있는 프로가 되고 싶은 이유는 내게 주어진 상황에 소극적으로 따라가는 사람이 아니라 조금이라도 스스로 개척하고 만들어내는 사람이 되고 싶기 때문이다."

- “한 학기를 돌아봤을 때, 내가 주도적으로 계획을 세우고 행하니 내 삶이 정말 풍성하다는 느낌을 받았다. 중요한 것은 ‘행동’이었다. 생각이나 마음가짐을 가지고만 있으면 결코 성장할 수 없었다. 방학 때, 그리고 인생에서 능동적인 삶을 살며 비욘드 애버리지를 하는 사람이 되도록 노력할 것이다.”

수업 시간에 늘 강의실의 앞자리에 앉아 진지하게 공부한 키르기스스탄 출신 여학생은 다음과 같은 내용을 담았다. 그는 이해력과 표현력이 뛰어났으며 언행에서 좋은 느낌을 주었다. 그는 다음과 같이 답했다.

- “이번 수업에서 ‘금녀획’, ‘비욘드 애버리지’, ‘압솔리지 디톡스’를 배우고 어떻게 활용할 것인지 생각했다. 나는 중앙아시아의 키르기스스탄 작은 마을에서 태어났는데, 어느 나라에서 태어나도, 어떤 상황이 있어도 자기 인생을 만들 수 있다. 제일 중요한 것은 ‘나는 요리사처럼 나의 인생을 만들 것이다’라는 인식이다. 이런 인식은 목표 달성에 아주 의미 있는 것이고 비욘드 애버리지다. 자기 인생을 만들기 위해 문제 파악과 의식이 중요하다. 이런 상황에는 압솔리지 디톡스가 필요하다.”

삶을 키우는 반려어(伴侶語)

학생들이 쓴 '금녀획', '압솔리지 디톡스', '비욘드 애버리지'는 수업 때 학생들과 공유한 반려어(伴侶語, companion word)이다. 반려동물, 반려식물, 반려견, 반려묘처럼 '벗'이 되는 말이라는 의미를 담아 만든 말이다. 오래도록 삶을 북돋우고 성장시키는 힘이 됐으면 하는 바람도 들어 있다.

'금녀획(今女劃)'은 일상에서 낯선 말인데, 한 학기를 공부하면서 학생들에게 매우 친근한 말로 스며들었다. 공자의 제자가 "선생님(공자)과 함께 공부하고 싶지만 역량이 부족하다"라고 한 말을 듣고 공자가 던진 말로 기록(『논어』, 「옹야」)돼 있다. '지금 너는 너 자신을 좁게 가두고 있다'라는 의미다. 제임스 레게는 "now you limit yourself"로 아주 간결하고 정확하게 번역했다. 자기 자신의 가능성을 신뢰하지 못하고 자꾸 가두는 태도에 자극을 주는 반려어로서 탁월한 느낌을 준다.

'압솔리지 디톡스(obsoledge detox)'는 세상에 통하지 않는 낡은 생각이나 관점, 자세를 몸 안의 독소(毒素)로 보고 이를 없애는 노력을 의미한다. '비욘드 애버리지(beyond average)'는 평균적인 자기 자신을 발견하고 조금이라도 넘어서는 자세와 노력이다.

공자에게 열심히 노력하는 제자 학생들은 경쟁자이고 자극제였다. "발랄하게 공부하는 학생들이 두려울 정도이다(후생가외, 後生可畏). 이들은 우리들 세대보다 더 발전할 것이다.(『논어』「자한」)" 이런 말은 공자가 후배 학생들을 칭찬하는 뜻이 아니라 후배보다 더 노력해야 한다는 자기 자신에 대한 다짐으로 들린다. 지성의 진보, 역사의 발전은 이처럼 스승과 제자, 제자와 스승이 서로를 성장시키는 '교학상장(敎學相長)'의 현장에서 이루어질 것이다. 이런 점에서 이 책의 공동 저자는 함께 공부하며 성장을 꾀한 대구가톨릭대학교 학생들이다. 수업을 계기로 만난 대학생들은 나를 더 깊이 생각하도록 만들면서 성장하도록 자극했다. '가르침은 배우는 게 절반(효학반, 斅學半, 『서경』「열명」)'이라는 말을 실감한다.

친밀함이 열쇠

이 책을 관통하는 콘셉트는 학생들과 가깝게 연결되는 '친밀감(親密感)' 또는 '친근감(親近感)'이다. 학습 목표와 수업 내용이 아무리 좋더라도 교수와 학생 사이에 친밀감이 떨어지면 효과를 기대하기 어렵다.

어떤 관계가 친밀하거나 친근하면 안될 일도 잘될 수 있다. 개인이나 집단의 잠재력과 가능성이 돋아나는 가장 중요한 계기가 될 수 있기 때문이다. '거리감(距離感)'은 그 반대이다. 어떤 관계에서 거리감이 작동하면 될 일도 잘 안될 수 있다. 가능성과 잠재력도 피어나기 어렵다. 정부와 국민, 기업과 소비자 고객, 교수(교사)와 학생, 부모와 자식 등 세상의 모든 관계에서 친밀감(친근감)과 거리감은 일의 성공과 실패를 좌우하는 소울웨어(soul-ware)일 것이다. 소울웨어는 하드웨어와 소프트웨어를 아우르면서 그 너머를 만드는 영혼 차원의 장치라는 의미다.

인공지능(AI)의 발달은 교육의 꿈인 '전인(全人) 교육(holistic education)'을 위한 기회가 될 수 있다. 이는 본질적인 의미에서 대학 교육의 기회이기도 하다. 평균의 수준이 문제이기는 하지만 평균주의(平均主義)라는 일종의 획일성을 넘어서는 차원을 여는 시대적 환경이 인공지능 덕분에 가능해질 수 있기 때문이다. 이 책은 그와 같은 전인 교육의 꿈을 생각한다. 헛된 백일몽이 아니라 '큰 인격체'로서 대학인(大學人)의 모습은 어떨지 꿈꾸며 고민한 내용이다.

이는 지금 시대와 사회에서 활동할 인재의 조건으로서 취업 역량(employ-ability)을 높이는 데 연결될 수 있어야 그 의미와 가치를 높인다. 어떤 교육이라 하더라도 그 공부가 개인적 차원에서 나아가 취업이나 창업을 통한 직업인으로서 세상 현실과 통하는 데 도움이 되지 못한다면 공허하다.

백범 김구의 기대

백범 김구는 『백범일지』를 출간(1947년, 72세)하면서 끝에 「나의 소원」이라는 제목의 글을 붙였다. 우리 민족의 주체적인 삶을 위한 철학을 세우는 데 자극이 됐으면 하는 바람을 담은 내용이다. 청년에게 큰 기대를 걸었던 백범은 다음과 같은 당부를 한다. 이 책의 뜻도 백범의 이 같은 생각에 조금 닿아 있다.

> "나는 우리나라의 청년남녀가 모두 과거의 조그맣고 좁다란 생각을 버리고, 우리 민족의 큰 사명에 눈을 떠서 제 마음을 닦고 제 힘을 기르기로 낙을 삼기를 바란다. 젊은 사람들이 모두 이 정신을 가지고 이 방향으로 힘을 쓸진대 30년이 못하여 우리 민족은 괄목상대(刮目相對)하게 될 것을 나는 확신하는 바이다."
>
> — 426쪽

책의 구성과 개요

이 책은 크게 세 부분으로 구성돼 있다. 1부에는 대학과 대학생(대학인)에 관한 생각을 담았다. 인구 감소로 대학의 입학 자원이 부족하면 많은 대학이 사라질 것이라는 의견과 주장이 많다. 이는 '대학(大學)'을 볼 때 교육기관이라는 제도를 중심에 두는 좁은 관점이다. '넓고 깊고 높은 배움'으로서 대학은 사라질 수 없다는 관점을 제시한다.

2부는 반려어의 확장이다. 수업 시간에 충분히 다루지 못한 부분을 보충하는 보강 수업인 셈이다. 주제들은 대학생 또는 대학인으로서 평생 함께하면서 삶을 북돋우는 말(life-encouraging words)이다. 자기 자신의 삶을 지켜주는 '자수지어(自守之語)'라고 할 수 있다.

3부는 온라인 공간인 강의지원시스템(LMS)에 띄운 편지들이다. 주 1회 2시간 수업을 하는 2학점 과목으로는 기본적인 수업을 넘어 함께 생각하고 이야기하는 상황이 되기 어렵다. 이를 보충하는 의미에서 매주 1편 또는 2편 정도 편지를 쓴다. 수강생들이 언제 어디서나 이를 읽고 활용할 수 있는 유비쿼터스 강의실인 셈이다. 이 책의 중심이 되는 부분이라고 할 수 있다.

반려어(자수지어)와 편지의 내용을 대학생으로서, 예비 직업인으로서 일상에서 성실하게 실천하면 스스로 믿고 의지하는 언덕이 될 것으로 기대해본다. 삶에서 믿고 의지할 게 있어야 불안하거나 두렵지 않다는 '시의불공(恃而不恐)'은 막연한 위로나 격려가 아니라 세상 현실에 통하여 증명하는 구체적인 능력과 가치에서 가능하다.

2024년 10월

이권효

차례

머리말

I부

II부

Ⅲ부

I부

01

대학은 사라지지 않는다

‘대학 소멸 시대의 생존 전략’, ‘대학의 죽음’, ‘대학의 생존 위기’, ‘무너지는 대학 교육’, ‘대학 파산 시대’, ‘대학 공멸’, ‘타성에 젖은 한국 대학’, ‘지방대 생존 몸부림’, ‘낡고 근대적인 한국 대학’, ‘외우는 대학 교육의 종말’, ‘구시대 유물이 돼가는 한국 대학들’, ‘박제된 대학 교육’, ‘창의적 사고 막는 한국 대학’, ‘현실과 괴리된 대학의 위기’, ‘무사안일주의 판치는 대학’, ‘버려지는 대학’, ‘대학의 눈물겨운 생존 전략’, ‘대학들 학점 퍼주기 거품’, ‘존폐 위기 몰리는 대학들’, ‘비전 없는 한국 대학’, ‘10년 내 대학 절반 소멸’, ‘벚꽃 피는 순서대로 대학 소멸’, ‘대학, 주입식 교육의 종말’, ‘대학 경쟁자는 구글, 네이버’, ‘대학의 지식 전달 끝나다’, ‘미국, 대졸 가성비 급락’, ‘美, 56% “대학 졸업장 가치 없다”’, ‘대학 체질 기업처럼 확 바꿔야 생존’….

최근 10년 동안(2014년 1월 ~ 2024년 6월) 우리나라 매스미디어 뉴스에 등장한 ‘대학’이라는 단어는 54만 건이다(한국언론진흥재단 뉴스빅데이터 분석서비스 빅카인즈 통계). 매년 5만 건가량 꾸준히 나오는 것을 보더라도 대학이 차지하는 높은 사회적 좌표를 잘 보여준다.

대학의 사회적 좌표는 예로 든 뉴스 헤드라인에서 알 수 있는 것처럼 매우 부정적이다. 최근 들어 이 같은 모습은 더 두드러지고 있는 것처럼 느껴진다. 뉴스는 복잡한 현실을 단순화시켜 표현하는 측면을 고려하더라도 대학이 처해 있는 사회적 형편은 긍정적이지 못한 분위기를 상당히 반영하는 것으로 보인다. 학생이 부족해서 대학이 폐교되는 경우에도 아쉬워하는 뉴스는 보기 어렵다. 제 역할을 하지 못하는 대학이 많다는 지적이 이어진다. '부실대(不實大)'는 '대학 아닌 대학'의 유명한 이름이 되었다.

1945년 해방 후 1947년까지 우리나라 대학은 20개였으나 지금은 400개가 넘는다. 지금을 기준으로 하면 대학이 사방에서 두들겨 맞는 동네북 천덕꾸러기 신세로 떨어지고 있다는 진단이나 주장이 많다.

우리나라 대학은 세계 근대 국민교육 역사상 유래가 없을 정도로 빠르게 성장했다는 긍정적인 평가를 받아왔다. 초중등 교육과 대학 교육이 동시에 이뤄지는 '동시 보편화'라는 평가가 그것이다. 이 과정에서 사립대학들이 큰 역할을 담당했다(한국학중앙연구원 한국민족문화대백과사전 '대학' 항목). 당시 사회적 기대감은 인재 양성을 위한 대학 교육이었을 것이다.

대학을 걱정하는 시대

고등교육기관이라는 사회적 제도로서 대학이 주도한 동시 보편화의 자부심이 2024년에는 '골칫덩어리' 대학으로 전락하고 있다는 진단과 주장, 의견이 넘치고 있다. 대학이 크게 늘어난 계기 가운데 하나로 자주 언급되는 것이 정부가 1996년에 시행해 2013년에 폐지한 '대학설립 준칙주의'다. 대학의 설립 요건을 쉽게 한 제도이다. 당시로서는 대학 입학 자원이 많았고 대학 졸업자에 대한 사회적 수요도 많은 점 등이 반영된 정책이었다. 지금은 "정부가 왜 제대로 전망하지도 못하고 쓸데없는 제도를 시행했느냐"라고 비난하기도 한다. 그러나 정부가 무턱대고 마구잡이식으로 이 제도를 도입한 것은 아니다.

30년 전 대학에 대한 기대감은 이제 성가신 애물단지로 크게 바뀌었다. 누구의 책임이라기보다는 이 같은 사회적 분위기나 풍경도 이랬다저랬다하는 변덕꾸러기와 비슷하다. 현재를 기준으로 과거를 판단하는 오류이기도 하다.

대학설립 준칙주의라는 제도를 부실대 양산의 원흉(元兇)으로 보는 단정적 인식을 계기로 대학은 이제 '설립'에서 '난립(亂立)'으로 조롱받는다. 1996년 당시의 사회적 맥락은 빠지고 "그때 우후죽순으로 대학이 마구 생기면서…"라는 방관자 같은 진단이나 주장이 마구 나온다. 우후죽순(雨後竹筍)은 여기저기 대학이 많이 생긴 모습을 부정적으로 표현하는 대표적인 사자성어로 자주 쓰인다. 뉴스 표현에는, 필자가 누구든, 대부분 부정적 의미로 쓴다. 철저한 계획 없이 졸속(拙速)으로 추진된 대학이라는 뜻이다. 그러나 우후죽순은 대나무 뿌리의 축적된 에너지와 생명력을 의미하는 성어이므로(이권효, 『뉴스의 비유 왜곡』, 215쪽) 대학이 갑작스레 많이 생긴 모습을 비유하는 표현으로는 적절하지 않다.

대학설립 준칙주의라는 제도가 지금 '대학 난립'의 원인이 될 수는 없다. 설립 요건이 상대적으로 간단했다 하더라도 법률에 맞는 정당한 설립이다. 학생이 부족해 폐교되는 대학 중에 대학설립 준칙주의 제도가 시행된 시기에 설립된 경우가 많다는 것을 성급하게 일반화하는 판단은 정확하지 않다. 대학의 '부실'과 '충실(充實)'을 가르는 기준에 설립 연도가 절대적 기준이나 조건이 될 수는 없다. 설립된 지 200년이라고 충실한 대학이고, 20년이라고 해서 부실한 또는 부실하게 될 가능성이 높은 대학이라고 할 수 없기 때문이다.

여기서 말하고 있는 '대학'은 주로 고등교육기관이라는 사회제도, 사회구조 체계로서의 대학을 가리킨다. 사회제도로서 대학은 다른 제도와 마찬가지로 사회와 시대 변화 또는 필요에 따라 생성과 소멸을 겪는다. 최근 수년 동안 폐교된 대학을 보면 그 대학이 있던 지역의 주민들도 그다지 큰 관심을 보이지 않는다. 특별히 관심을 가져야 할 이유도 없을 것이다. 그러다 보니 매스미디어 뉴스에서도 대학의 폐교에 대해 비중 있는 뉴스로 다루지 않는 편이다. 대중의 관심, 즉 사회적 영향이 크다고 보지 않기 때문이다.

지금 자주 언급하는 대학의 위기는 대체로 국가 전체의 인구 감소에 따라오는 현상과 관련된다. 위기감의 실체는 대학에 입학하는, 주로 20대 인구가 줄어들면 대학을 유지하고 운영하기가 어렵다는,

그래서 존폐의 갈림길에 선다는 것이다. '학생 부족 = 대학 소멸'이라는 공식 같은 판단이 작용한다. 저출산 흐름에 따른 이 같은 현상들은 대학이 그 사회의 고등교육기관이라는 제도라고 해서 특별한 예외가 되지 않는다. 될 수도 없다.

대학으로서 기능과 역할을 하고 있지만 내부적으로는 '작은' 생성과 소멸이 이미 일상적 풍경이 되고 있다. 어떤 대학의 전통을 상징해왔던 학과나 전공도 신입생 모집을 중단하고 모집 가능성이 높다고 판단하는 분야로 바꾸는 것은 흔한 모습이다.

대학 소멸이라는 거친 주장

과거의 상황이 어떠했든 지금 사회를 기준으로 볼 때 신입생 모집이 어려워지는 현상을 '대학의 소멸(消滅)', '대학의 존폐(存廢)', '대학의 살아남기', '대학의 버려짐(사라짐)'처럼 표현하는 것은 매우 '거친' 주장이고 판단이다. 대학에서 공부할 20대 인구가 넉넉하면 대학을 설립하고, 모자라면 문을 닫는 것은 자연스러운 일이다.

대학은 인구에 따라 개교와 폐교가 부평초(浮萍草)처럼 정처 없이 떠돌아다니는 사회적 현상과는 본질적으로 다른 차원이 있다. 대학의 이 같은 차원을 제대로 살피지 못하면 대학에 관한 많은 논의가 부분적이고 피상적으로 될 수 있다. 부실 대학에 앞서 대학에 대한 진단과 주장, 의견이 부실하여 거칠어지는 모습은 경계할 필요가 있다. 대학 소멸이나 대학 공멸, 대학 종말과 같은 '거친 표현'은 대학에 대한 입체적이고 균형 있는 관점을 방해한다. '거칠다'는 결이 곱지 않은 상태를 나타내는 형용사를 넘어 어원적으로 '거짓'이나 '잘못'이라는 의미가 있다. 거친 표현은 거짓된 표현, 잘못된 표현일 수 있다.

우니베르시타스라는 동업조합

대학의 역사를 다루는 대부분의 문헌 자료는 '세계 최초의 대학'으로 이탈리아 볼로냐(Bologna)대학을 꼽는다. 1088년 설립된 볼로냐대학은 지금까지 930년 전통을 이어온다. 재학생이 10만 명가량인 볼로냐대학은 이탈리아를 넘어 유럽의 명문대학으로 평가받는다.

볼로냐대학과 관련해 주목할 부분은 대학을 의미하는 '유니버시티(university)'라는 용어가 처음으로 쓰였다는 점이다. 더 중요한 사실은 유니버시티가 대학이라고 하면 상식처럼 떠오르는 고등교육기관으로서 수행하는 교육과는 아무런 관계가 없다는 점이다.

볼로냐 지역에서 주로 법학을 공부하기 위해 모인 학생들은 1191년 '우니베르시타스(Universitas)'라는 조합(組合)을 결성했다. 유니버시티의 어원인 라틴어 우니베르시타스는 상인이나 수공업자 등이 자신의 공동이익을 지키기 위해 만든 길드(guild) 등을 포함하는 인적(人的) 결사체를 가리키는 용어로 당시 널리 사용되고 있었다. 볼로냐대학에도 여러 개의 우니베르시타스가 형성됐다.

우니베르시타스는 '우주' 또는 '보편성' 같은 철학적 의미를 지닌 단어가 아니다. '모두', '전체'를 뜻하는 사람들의 모임인 결사체(結社體)를 일컫는 용어다. 이발사 조합, 목수 조합, 상인 조합 등을 모두 우니베르시타스라고 불렀다. 볼로냐의 학생들(대학생)은 자신의 권리를 보호할 목적에서 기존의 조합 사례에서 방법을 찾았고 명칭도 우니베르시타스를 그대로 따라 한 것이다(남기원, 『대학의 역사』, 87쪽).

볼로냐대학의 개교 연도가 어떤 근거에서 1088년인지에 대해서는 논란이 있기도 하지만 이 대학의 상징물에는 개교 연도를 'A. D. 1088'로 공식화하고 있다. 이런 것보다 명확하게 할 점은 볼로냐대학의 특성이다. "어떤 설립 연도를 받아들이든 볼로냐대학이 세계에서 가장 오래된 대학이며, 전 세계 대학의 시초라는 명예에는 변함이 없다.(허준, 『대학의 과거와 미래』, 3쪽)"와 같은 설명처럼 볼로냐대학이 세계 최고(最古) 대학이라는 내용이 많기 때문이다. 네이버 지식백과와 위키피디아처럼 많은 사람들이 활용하는 온라인 자료에도 볼로냐대학을 세계에서 가장 오래된 대학으로 규정하고 있다.

볼로냐대학(재학생 9만 5,000여 명, 전임교원 3,000여 명)의 홈페이지를 확인하면 이는 사실과 다르다. '우리 대학의 역사(our history)' 코너에서 학교 역사를 소개하면서 개교 연도는 1088년, 900년 역사라고 규정한다. 이어 "서양 세계에서 가장 오래된 대학이다(the oldest university in the Western world)."라고 표기하고 있다.

‘세계에서 가장 오래된 대학(세계 대학의 시초 또는 원형)’과 ‘서양에서 가장 오래된 대학(서양 대학의 시초 또는 원형)’이라는 두 표현은 의미가 전혀 다르다. 볼로냐대학은 세계에서 가장 오래된, 세계 대학의 시조(始祖)이고 원형이라는 고정관념이 만들어지면 대학은 개교와 폐교라는 시작과 끝이 있게 된다. 조합원의 공동 권리와 이익을 지키기 위한 단체로서 우니베르시타스가 생성, 소멸하는 모습과 다를 바 없다.

대학의 신입생 인구가 많으면 설립하고 적거나 모자라면 폐교하는 소멸로 생각하는 방식이 우니베르시타스 프레임(관점)이다. 지금 와서 유니버시티 또는 우니베르시타스라는 용어를 없애거나 바꿀 수는 없지만 이런 용어가 가지고 있던 태생적 한계에 대해서는 인식할 필요가 있다.

볼로냐대학의 설립 이후 고등교육기관으로서 대학의 사회적 가치가 높아지고 역할이 강화되면서 우니베르시타스를 대체할 수 있는 용어가 등장했으나 정착되지 못했다. ‘스투디움 제네랄레(Studium Generale)’가 그것이다. ‘스투디움’은 교육이 이루어지는 공간을 의미하고, ‘제네랄레’는 스투디움이 위치한 지역의 범위를 넘어서 다양한 지역으로부터 학생을 모집하는 능력, 즉 보편적 교육을 수행할 수 있는 자격을 뜻하는 말이다(남기원, 『대학의 역사』, 89~90쪽).

우니베르시타스는 단순한 조합을 나타내는 용어인데 비해 스투디움 제네랄레는 고등교육기관이라는 대학의 제도적 의미를 담고 있다. 지금을 기준으로 보면 스투디움 제네랄레가 우니베르시타스보다 대학에 훨씬 더 잘 어울리는 말이지만 우니베르시타스를 대체하지 못하고 잊혀졌다. 우니베르시타스가 먼저 사용되면서 익숙해져 그대로 이어진 것으로 생각된다.

중세 유럽의 동업자 조직으로 유명했던 길드는 우니베르시타스이지만 지금은 역사의 흔적 정도로 남아 있을 뿐이다. 근대 산업사회에는 적합하지 않기 때문에 소멸한 것이다. 볼로냐대학은 학생 중심의 조합(우니베르시타스)에서 시작했지만 '우니베르시타스'는 의미가 바뀌고 확장되면서 대학만을 나타내는 독점적 지위를 갖게 됐다. 이는 수공업자나 상인의 길드에 비해 학문과 교육을 위한 교수와 학생의 결사체(공동 목적을 위해 조직한 단체)로서 사회적 역할이 점점 강화됐기 때문일 것이다. 그 결과 '유니버시티'라고 하면 '대학'을 생각하고 길드라는 동업자 조합을 떠올리는 사람도 거의 없게 되었다.

대학의 의미 축소

우니베르시타스가 의미의 변형과 확장을 가져왔다고 하더라도 그 뿌리는 서양, 서양 중에서도 유럽, 유럽에서도 중세(中世)라는 특정 시대에 제한된 의미로 생겨나고 쓰였다는 성격은 바뀔 수 없다. 오늘날 대학이 신입생 인구 감소와 관련하여 대학의 존폐와 소멸이라는 거친 이야기를 쉽게 말하는 데는 '길드로서 우니베르시타스'의 낡은 잔재(殘滓)에 따른 고정관념이 작동하기 때문일 수도 있다. 뜻을 같이하는 사람들이 공동의 목적을 위해 조합을 결성해 운영하다가 목적을 달성했거나 조합원 감소 등의 이유로 조합을 해산(解散)하는 방식과 마찬가지다.

볼로냐대학이 홈페이지를 통해 세계에서 가장 오래된 대학이 아닌 서양(Western world)에서 가장 오래된 대학으로 명시하는 점은 대학의 역사와 의미와 관련해서 중요한 차원이 있다.

볼로냐대학이 언제부터 어떤 계기로 '웨스턴'이라는 형용사를 '월드' 앞에 붙였는지는 알기 어렵다. 지금도 많은 자료에 '볼로냐대학이 세계에서 가장 오래된 대학'이라는 표현이 많은 점으로 미뤄 생각하면, 처음에는 볼로냐대학을 세계에서 가장 오래된 대학으로 표현했을 수 있다.

볼로냐대학이 자신의 역사를 '서양의 역사'에 한정한다는 것은 서양 세계가 아닌 '동양 세계(Eastern world)'를 별도로 생각하면서 볼로냐대학의 역사에 동양의 대학 역사는 포함하지 않는다는 뜻으로 볼 수 있다. 볼로냐대학이 동양의 역사에서 '대학'이 어떤 역사와 사회적 좌표를 가지는지에 대해 파악하면서 '웨스턴'이라는 표현을 쓰는지는 알기 어렵다. 그렇지만 볼로냐대학의 개교를 세계 최초라고 표현하는 것은 정확하지 않다는 인식은 틀림없이 작용했을 것이다.

영국의 저명한 철학자이고 수학자인 버트런드 러셀(1872~1970)은 1945년 철학의 역사에 관한 책을 출간하면서 제목을 『서양철학사(History of Western Philosophy)』라고 붙였다. 서양과 동양을 아우르는 세계 철학의 역사가 아니라 서양의 철학에 한정하는 내용이라는 뜻이다. 소크라테스부터 존 듀이까지 서양의 철학자들을 중심으로 하고, 동양의 철학에 대해서는 다루지 않는다.

서양의 철학을 중심으로 철학사(哲學史)를 저술하고 책 제목을 『철학의 역사(History of Philosophy)』라고 한다고 해서 틀렸거나 잘못이라고 할 수는 없다. 서양 전체나 유럽의 관점에 한정되고, 가령 동양 전체나 중국, 인도 등 아시아에 대한 인식이 없거나 부족할 경우 '필로소피(철학)'라는 학문의 영역은 서양 세계의 전유물처럼 볼 수도 있기 때문이다.

러셀이 구태여 '서양 철학(Western Philosophy)'이라고 표현한 이유는 중국에 머물며 강의와 연구를 한 경험이 영향을 미쳤을 수 있다. 러셀은 1921년 베이징(北京)대학에서 1년 동안 강의를 한 적이 있다.

러셀의 이 책이 출간되고 10년 후인 1955년 미국 철학자 램프레히트가 출간한 철학사 서적의 제목은 『우리의 철학 전통(Our Philosophical Traditions)』이다. 권위 있는 철학사 서적으로 지금까지 널리 읽힌다. 내용은 그리스와 로마의 철학부터 영국, 프랑스, 유럽, 미국의 철학을 다루고 동양의 철학은 다루지 않는다. 부제에 '서양 문명에서 철학의 역사(history of philosophy in western civilization)'라고 했지만 철학은 서양의 중심이라는 인식이 보인다. 우리나라에는 『서양철학사』라는 제목으로 번역됐다.

대학의 정체성(identity) 성찰

서양의 '유니버시티'가 일본에서 '大學(대학)'으로 번역되고 우리나라에 처음 소개된 때는 1880년대이다. '대학교'는 1883년 「한성순보」 제1호에, '대학'은 1886년 「한성주보」 제1호에 각각 등장했다(이한섭, 『일본어에서 들어온 우리말 어휘 5800』, 162쪽). 유니버시티(우니베르시타스)가 '조합'이 아닌 '대학'으로 번역된 이유는 우니베르시타스가 조합의 의미를 완전히 벗어버리고 고등교육기관으로서 뚜렷하게 발달했기 때문일 것이다. 뒤에서 설명하겠지만 동양 세계에서 가장 높은 수준의 교육을 가리키는 용어로서 '대학'은 우니베르시타스보다 훨씬 이전부터 널리 쓰여왔다.

유니버시티를 '大學'으로 번역하여 한국과 중국, 일본을 중심으로 아시아에서 현대식 고등교육기관의 이름으로 널리 사용된 계기를 마련한 것은 긍정적인 역사적 의미가 있을 것이다. 하지만 그 번역 과정에 동양의 문화와 문명, 역사와 전통에서 '대학'이 품고 있는 의미와 가치의 정체성(正體性, identity)을 충분히 담아내지 못한 점은 큰 결점이다.

이런 사정은 아시아에 대한 서구 열강 국가들의 식민지 지배와 관련해 불가피한 측면이 있던 것으로 보인다. 동양의 오랜 교육 전통은 식민지 지배와 근대화 과정에서 서양의 영향을 절대적으로 받으면서 배제되고 잊혀지다시피 했다. 일본은 서양, 특히 유럽을 모방하는 데 적극적이었고 일본의 식민지였던 우리나라는 일본을 통해 서양의 교육 체계를 이식받은 것과 같다(남기원, 『대학의 역사』, 277쪽).

식민지 시대에 대학은 대학의 고유(固有)한 가치와 역할을 실현하기 위한 존재가 아니라 서양의 지식과 가치를 강제적으로 보급하는 한편 식민지 지배를 효과적으로 하기 위한 '수단적', '방편적' 의도가 강했다. 유니버시티가 '대학'으로 번역된 시대적 맥락은 이 같은 사정을 무시하기 어렵다. 지금 '대학의 존폐와 소멸' 같은 거친, 즉 피상적(皮相的)이어서 거짓일 수 있는 표현과 의견, 주장이 뉴스를 통해 대중 사이에 퍼져 있는 풍경과 분위기는 11세기의 조합으로서 우니베르시타스, 19~20세기 서세동점(西勢東漸, 서양이 동양을 지배함)으로 표현되는 동양의 식민지 대학 시절을 거치면서 굳어져버린 고정관념의 한 가지 결과라고 볼 수 있다.

지금을 기준으로 이와 같았던 과거의 역사를 부정하거나 동양과 서양의 대결 구도를 설정해보거나 하는 것은 실익(實益)이 없다. 우니베르시타스 시절에 싹을 틔운 대학의 자율자치와 학문의 자유 같은 가치는 대학의 역사에 소중한 전통이고 역사이기도 하다.

대학의 오랜 역사와 전통을 생각할 때 동양의 대학 전통은 사람들의 생각에서 흐릿해져 거의 사라져 있는 상태라고 할 수 있다. 지금 시대에 '대학의 존폐와 갈림길'을 말하려면 '신입생 감소 = 대학 소멸' 같은 피상적 판단을 넘어 대학의 정체성(아이덴티티)을 재발견하는 성찰의 노력이 필요하다. 이를 위해서는 동양에서 형성된 대학의 원형(原型)에서 실마리를 찾는 것이 효과적이다. 동양에서 대학은 고등교육기관이라는 사회제도가 생겨나기 이전부터 사람에 대한 가장 높은 수준을 추구하는 교육철학부터 제시하기 때문이다. 이는 시대와 내용에서 서양과 큰 차이가 있다.

동양의 학교 전통

중국에서 '대학'을 고등교육기관으로 표현한 최초의 문헌은 기원전 3세기, 전국시대 후기 사상가 순자(荀子)의 『순자』로 보인다. 19편 「대략(大略, 큰 다스림)」에 다음과 같은 구절이 있다.

> "나라가 부유해야 보통 사람들이 감정을 바르게 키울 수 있고 교육이 있어야 보통 사람들이 성품을 바르게 다스릴 수 있다. 대학과 상서학교를 설립하여 가르치고…(不富無以養民情, 不教無以理民性. 立大學, 設庠序)"

'상서(庠序)'는 춘추시대(기원전 770~403) 이전부터 내려온 지역별 학교로, 지금의 초중고교에 해당한다. 순자는 "대학을 세워야 한다(立大學, 입대학)"라는 원칙만 주장할 뿐 이에 대한 구체적인 설명은 없다. 이 '대학'이라는 교육제도는 순자가 처음 지은 말이 아닌 듯한 느낌을 준다. 그래도 대학을 고등교육기관으로 명확히 표현했다는 의미가 있다.

순자보다 출생이 70년 정도 앞서는 맹자의 『맹자』에는 학교를 언급하지만 '대학'은 나오지 않는다. 「등문공 하편」에 '설위상서학교이교지(設爲庠序學校以教之)'라는 구절이 있다. '상서학교'를 어떻게 끊어 읽고 이해해야 정확한지에 대해서는 애매한 부분이 있다. 맹자는 이어지는 구절에서 "하나라 때는 교(校)라고 했고 은나라 때는 서(序)라고 했으며 주나라 때는 상(庠)이라고 불렀다. 학(學)은 하은주 세 나라에 공통적이었다(學則三代共之)"라고 했다.

여기서 '학(學)'을 '상서교(庠序校)'라는 지역별 보통 학교보다 높은 국가 교육기관, 즉 국학(國學)이라고 추측할 수 있다. 하, 은, 주 3대에 걸쳐 학교를 가리키는 말은 각각 달랐지만 가르침, 즉 교육을 중요하게 여기는 것은 공통적이었다는 의미로 풀이할 수도 있다. 문맥으로 보나, 교육을 특별히 강조한 맹자의 신념으로 보나 두 번째 풀이가 적절해 보인다. 확실한 점은 『맹자』에는 '대학'이라는 표현이 없다는 점이다. 『논어』에도 대학이라는 말은 나오지 않는다.

동양에서 대학의 깊은 뜻

동양에서 대학의 정체성을 명확하게 드러내는 문헌은 제목부터 『대학(大學)』이다. 『대학』은 2,000년 전 중국 한대(漢代, 기원전 202~220)에 편찬된 『예기(禮記)』의 49편 중에서 끝부분인 42편에 들어 있던 짧은 논문(한자 기준으로 『예기』 전체는 10만 1,632자, 이 중에서 『대학』은 1,827자)이다.

『대학』은 『예기』의 다른 편들과 마찬가지로 한나라 때 창작된 것이 아니라 이전부터 전해오는 내용을 정리해서 편집한 문헌이다. 『대학』은 『시경(詩經)』과 『서경(書經)』을 19회(시경 12회, 서경 7회) 직접 인용하면서 내용의 정당성의 근거로 삼고 있다. 『시경』과 『서경』은 학파를 넘어 거의 모든 경전의 뿌리로서 가장 권위 있는 문헌으로 평가받는다. 춘추전국시대에 나온 문헌은 대부분 “그래서 시(시경)에 이렇게 말한다(詩曰)” 또는 “그래서 서(서경)에서 이렇게 말한다(書曰)” 라는 표현으로 내용을 강조한다. 지금 사람들이 글을 쓰고 말을 할 때 공자(孔子) 또는 『논어』를 언급하면서 내용의 신뢰성을 높이려고 하는 방식과 비슷하다.

이렇게 보면 『대학』의 성립은 한대(漢代)가 아니라 『서경』에 기록된 요순(堯舜)시대까지 그 뿌리가 닿는다고 할 수 있다. 가장 오래된 고대 왕조인 하, 은, 주 3대의 시작인 하나라의 시작을 기원전 2000년으로 잡으면 『대학』의 시작은 지금부터 4,000년 전으로 볼 수 있다. 우리나라에서는 삼국시대에 『예기』를 통해 『대학』의 내용을 접한 것으로 추정된다. 7세기경 신라의 ‘임신서기석’에는 화랑들이 『예기』를 『시경』, 『서경』과 함께 공부할 것을 맹세하는 내용이 들어 있다(한국민족문화대백과사전 ‘대학’ 항목).

대학의 밝은 배움

『대학』의 문을 여는 ‘16자’는 대학의 의미와 가치라는 정체성을 선언(宣言)하는 벼리요 고갱이다.

"대학지도(大學之道)

재명명덕(在明明德)

재친민(在親民)

재지어지선(在止於至善)"

이 구절에 대한 몇 가지 우리말 번역을 살펴본다.

- "대학의 도(道)는 광명한 덕을 밝히는 데 있고, 백성들을 새롭게 하는 데 있고, 지극한 선에 머물러 있는 데 있다."

— 차주환

- "대인(大人)이 되는 배움의 길은 명덕(明德)을 밝힘에 있으며, 백성을 새롭게 함에 있으며, 지선(至善)에 머무르도록 함에 있다."

— 이세동

- "큰 배움의 길은 밝은 덕을 밝히는 데 있고, 백성을 새롭게 하는 데 있으며, 지극한 선에 머무르게 하는 데 있다."

— 황종원

- "큰 배움의 길은 밝은 덕을 밝히는 데 있으며, 백성을 친하게 하는 데 있으며, 지선의 이상사회를 향해 매진하는 데 있다."

— 김용옥

- “대학의 道(방법)는 明德을 밝힘에 있으며 백성을 새롭게 함에 있으며 至善에 그침에 있다.” — 성백효

- “대학의 도는 밝은 덕을 밝힘에 있고, 백성을 새롭게 함에 있으며, 지극히 착함에 그치는 데에 있다.”
— 성균관대학교 유교문화연구소

옥스퍼드대학교 중국학 교수였던 제임스 레게(James Legge, 1815~1897)는 다음과 같이 번역한다.

- “What the Great Learning teaches, is-to illustrate illustrious virtue; to renovate the people; and to rest in the highest excellence.”

이 책에서는 다음과 같이 풀이한다. 좋은 번역은 2024년을 기준으로 한국어를 일상어로 쓰는 보통 사람들이 추가 설명이나 한자(漢字)의 병기(倂記) 없이 일상어 감각으로 빨리 알아들을 수 있는 내용일 것이다.

“큰 배움이 되도록 힘써야 할 방향은,
보통 사람들이 잠재력을 발휘하도록 하여,
보통 사람들이 서로 친하게 살면서 삶을 새롭게 가꾸고,
그렇게 하여 가장 좋은 공동체가 되도록 하는 데 있다.”

새로움인가 친함인가

우리말 번역에서 '새롭게'와 '친하게'가 같이 쓰이고 있는 점은 설명이 필요하다.

『예기』의 『대학』에는 본디 '재친민(在親民)'으로 돼 있었는데, 북송시대 학자들이 '親'은 '新'이 돼야 바르고 옳다는 주장을 폈다. 남송시대 유학자 주자(朱子, 1130~1200)는 이 같은 주장을 받아들여 『대학』을 사서(四書, 논어 맹자 대학 중용)로 편찬할 때 '친'을 '신'으로 바꿔버렸다. 명나라 때 양명학을 창시한 왕양명(왕수인, 1472~1528)은 『예기』 속 『대학』의 표현대로 '친(親)'으로 되돌려야 한다며 공개적으로 문제를 제기했다.

우리나라의 경우 조선시대에는 '주자학'이 절대적인 권위를 가졌기 때문에 '재신민'이 정론(正論)처럼 받아들여졌다. 주자는 고대 경전의 내용을 마음대로 고쳤는데도 조선시대 유학자들은 오히려 주자의 식견이 높다면서 칭송하고 따랐다. 그 잔재가 지금까지도 이어져 우리말 번역에 '친하다'와 '새롭다'라는 표현이 섞여 쓰이는 비정상적인 상황이 나타나고 있는 것이다. 원문은 '친'으로 소개하면서 우리말 번역은 '새롭게'로 풀이하는 번역서도 있다.

북송시대의 정자(程子, 정명도 정이천 형제)와 이들을 스승으로 삼았던 남송시대 주자가 '親'을 '新'으로 바꾼 계기가 무엇인지는 알 수 없지만 『대학』에 나오는 유명한 구절인 '일신우일신(日新又日新, 날마다 새롭게 한다)'이나 '작신민(作新民, 사람들이 새롭게 되도록 함)' 같은 표현이 영향을 끼쳤을 수 있다.

'재친민'과 '재신민' 문제가 아직도 어떤 식으로든 정리되지 않고 흐지부지한 상태는 매우 부적절하다. 이런 문제를 해결할 주체도 마땅하지 않다. 경전(經典) 같은 중요한 문헌에서 어떤 글자나 문장, 표현이 틀린 것으로 판단하고 그에 대한 문제를 제기하면서 설명을 하는 방식과 원문(原文)을 자기 마음대로 고쳐버리는 것은 아주 다른 차원의 문제다. 주자가 『대학』과 『중용』을 『예기』에서 떼어내 『논어』, 『맹자』와 함께 '사서'로 편찬할 때 '親'을 '新'으로 바꾼 것은 명백히 잘못된 일이므로 지금부터라도 '재친민'으로 통일할 필요가 있을 것이다. 주자의 시대에서 조선시대에는 그렇게 하더라도 큰 문제가 되지 않았을 수도 있겠지만 지금 시대에서 보면 전혀 가능하지 않은 일이다. 『논어』 「양화」 편에는 공자가 여자를 소인으로 보면서 매우 업신여기는 말이 기록돼 있다. 편집 과정에서 잘못 들어간 공자의 말일 것이라고 추측할 뿐 『논어』에 기록되어 있는 이상 마음에 들지 않는다고 마음대로 빼버릴 수는 없다.

확인할 수도, 그래서 근거를 제시할 수도 없지만 『예기』라는 10만 자(字)가 넘는 문헌을 한(漢)나라 때 정리해서 편찬할 때 본디 '在新民'이 '在親民'으로 잘못 표기됐을 가능성이 전혀 없다고 단정할 수는 없다. 지금처럼 컴퓨터로 작업하는 시대가 아니었기에 이 같은 혼동은 얼마든지 생길 수 있다. 필사(손으로 베껴 씀) 과정에서 두 글자가 바뀔 수도 있다. 또 『대학』을 처음 쓴 원작자(原作者)는 '親' 자를 쓰면서 그 의미는 '新'을 생각했을 수도 있다.

수신(修身)이 핵심

이런 사정을 생각해보면 '친'인가 '신'인가를 다투듯 따지는 문제는 문헌 연구에서 제한된 의미는 있겠지만 대중적 실익은 거의 없다. 대중의 입장에서는 '재친민'이든 '재신민'이든 구태여 알 필요도, 가치도 없을 것이다.

『대학』은 귀족 같은 과거 시대의 통치자층이나 지배층을 위한 도덕 교과서가 아니다. 신분을 넘어, 세상의 보통 사람을 위한 '수신(修身, 삶을 바르게 가꿈)' 교과서이다. "천자(왕)에서 서민까지 모두 한결같이 수신을 근본으로 삼는다(自天子以至於庶人, 壹是皆以修身爲本)"라는 구절에서 분명하게 드러난다. 자기의 마음을 바르게(정심, 正心) 뜻을 성실하게 하고(성의, 誠意) 앎을 철저히 하는(치지, 致知) 태도와 노력은 수신에 필요한 조건이다. 이는 '수신제가치국평천하'를 추구하는 바탕이 된다.

친(親) = 신(新)

이 책은 '친'과 '신'이 통하는 글자라는 관점을 가진다. 친밀감은 새로움을 위한 가장 중요한 조건이라고 보기 때문이다.

'친(親)'은 '멀지 않고 가깝다', '인정이 두텁다'라는 뜻이다. 가장 오래된 한자 유의어 사전인 『이아주소(爾雅註疏)』에는 '신(身)'을 '親'의 유의어로 제시한다. 갑골문에 '身'은 '임신한 (여자의) 몸'을 그린 모습으로, '身'의 뜻을 살펴볼 수 있는 실마리가 된다. 임신이나 잉태의 맥락적 의미는 두 몸이 탯줄로 연결되어 매우 가깝다는 것이다. 한나라 때 허신이 편찬한 한자사전인 『설문해자(說文解字)』에는 '親'을 풀이하여 '至也(지야)'라고 한다. '至'는 갑골문에 화살이 땅에 꽂힌 모습이다. 여기서 '목표에 도달하다'라는 의미가 나온다.

'新'은 '새로운 것'이라는 어떤 결과를 나타내는 명사보다는 '새로워지는', '개선되는', '새롭게 하는' 같은 '과정'이나 '가능성'을 나타내는 동사의 의미로 보는 것이 적절하다. 新은 도끼로 나무를 베어 가지는 모습을 나타내는 글자이다. 그래서 『설문해자』에도 '取木也(취목야)'라고 풀이한다. 도끼로 벤 나무 자체가 새로운 게 아니라 베어낸 나무로 무언가 새로운 것을 만들 수 있다는 어떤 '가능성'이나 '잠재성'을 보여준다.

'명덕(明德)'은 이러한 새로워질 수 있는 가능성이나 잠재성이라는 내면(內面)의 힘이다. 명덕을 그냥 '명덕', '明德', '밝은 덕'처럼 번역하면 의미를 짐작하기 어려워 모호한 느낌을 준다.

'새로움'은 '나쁘고 부정적인' 변화가 아니라 '좋고 긍정적인' 변화의 과정과 그 결과이다. 삶에서 어떤 상황이나 모습, 상태가 나쁘고 부정적인지, 좋고 긍정적인 것인지는 따로 배우지 않더라도 분별할 수 있는 타고난, 즉 선천적(先天的)인 능력이다. 그래서 어두움(暗)이 아니라 밝음(明)이다. '덕(德)'은 도덕규범이 아니라 '능력' 또는 '작용'의 뜻이다. '明'은 '日 + 月'로 구성된 글자이므로 해와 달처럼 뚜렷하게 밝은 차원을 가리킨다. '명명덕'이라는 말에는 사람의 이러한 긍정적 가능성과 잠재성에 대한 깊은 신뢰가 스며 있다. 큰 배움을 통해 사람의 그런 모습을 분명하게 드러내야 한다는 뜻이다. '배움'이라는 말의 어원적 의미는 '밝다'와 같이 '밝음(明)'이다(백문식, 『우리말 어원사전』, 245쪽).

공자는 "교육을 하면 누구나 자신의 가능성을 발휘할 수 있다(유교무류, 有教無類, 『논어』「위령공」)"라고 한다. 맹자는 "사람은 누구나 배우지 않아도 알 수 있고, 할 수 있는 능력이 있다"라며 이를 '양지(良知)'와 '양능(良能)'이라고 한다(『맹자』「진심 상편」). 이 같은 내용은 모두 '명덕'에 연결된다.

'지선(至善)'은 '삶의 가장 좋은 상태'이다. 그냥 '지선'이라고 하거나 '지극한 선', '지극히 착함'으로 풀이하면 모호하다. 어떤 상태가 개인이나 공동체의 삶에서 좋고 긍정적인 모습인지는 명덕의 양지양능이라는 선천적 분별 능력의 작용으로 판단할 수 있다.

'지(止)'를 대개 '그칠 지'로 읽기 때문인지 '그치다', '머무르다'로 옮기는 경우가 많다. 이는 '더 이상 전진하지 않는다'라는 정적(靜的) 멈춤이라는 의미에 가깝다. 삶의 가장 좋은 상태인 '지선'은 사회적, 시대적 상황과 대결하면서 중단 없이 이어가야 하는 동적(動的) 과정이다.

'止'는 갑골문에서 '발' 모양을 나타낸다. 『설문해자』는 '止'를 '아래터(바탕)이다(下基也, 하기야)'라며 초목이 땅을 뚫고 나오는 모습으로 풀이한다. '止'가 들어 있는 글자인 '보(步)'나 '귀(歸)'를 보면 멈춤이나 그침이 아니라 '나아감'을 나타낸다. '止'는 '삶의 가장 좋은 상태가 되도록 계속 나아간다'라는 의미다.

대학은 대인(大人)을 향한 영원한 과정

'대학'의 이 같은 방향은 필요나 상황에 따라 생기고 없어지는 성질이 아니다. 삶의 가장 좋은 상태는, 포괄적으로 말하면, 좁고 낮고 얕은 '소(小)'의 단계에서 넓고 높고 깊은 '대(大)'의 차원으로 끊임없이 나아가는 과정이요 노력이다. 그렇게 하는 사람이 '큰 사람', 즉 '대인(大人)'이고 대인을 향한 공부가 '대학(大學)'이다. 이런 공부는 더 나은 삶을 위한 과정에서 잠시도 몸에서 떨어질 수 없다. 대학은 소멸하거나 사라질 수 없다.

02

대학생은 탁월해야 한다

'대학생은 탁월해야 한다'라는 말은 소학생(小學生)이 아닌 대학생(大學生)이라면 반드시 탁월(卓越)해야 하고, 탁월함을 추구하는 태도와 노력이 있어야 대학생으로서 자격(資格, qualification)이 생긴다는 뜻이다. 대학생은 고등학교 과정을 마치고 사회제도로서의 고등교육기관인 대학교에 재학하는 사람만을 가리키는 말이 아니다. 삶의 전체 과정에서 대인(大人)을 추구하려는 의지와 태도를 가지고 노력하는 사람이 대학생이다.

'생(生)'은 갑골문에 새싹이 땅에서 돋아나는 모습이다. '生'은 '성장하는 가능성'을 의미한다. '삶의 성장'은 대학교에 몇 년 다닌다고 해서 저절로 이루어질 수는 없다. 평생(平生)의 과제로 추구해야 하는 주체적이고 실존적인 목표이다. 1장에서 언급했듯이, 『대학』의 바탕은 '누구나' 몸을 바르게 닦으면서 성장하는 '수신(修身)'에 있다는 요청이 이를 보여준다. 수신은 우선 개인적인 차원의 실존적이고 주체적인 태도와 연결된다. 삶의 가장 좋은 상태인 지선(至善)은 개개인에서 출발하여 다른 사람과 어울리는 공동체로 확대될 때 이룰 수 있다. '수(修)'라는 글자는 매(몽둥이)로 사람을 때리는 모습이다. 폭력이 아니라 수련이고 단련이다. 제임스 레게는 '수신'을 'cultivation of the person'으로 옮기는데, 수신의 의미를 잘 나타낸다. 한자나 우리말 표기로는 전달되지 않는 뜻을 담기 때문이다.

'퍼슨(person)'은 일반적 사람들을 나타내는 피플(people)에 비해 한 사람 한 사람의 개인(個人)을 강조하는 말이다. 수신의 주체적 개인성(個人性)과 연결된다.

인문화를 위한 북돋움

'컬티베이션(cultivation)'은 '재배(栽培)', '배양(培養)'인데, 수신의 깊은 뜻과 관련해서 멋진 의미를 담고 있다. 공통으로 쓰는 '배(培)'의 뜻이 매우 좋다. '북돋울 배'로 읽는다. 여기서 '북'은 식물의 뿌리를 싸고 있는 흙을 나타내는 순우리말이다. '돋우다'는 도드라지게 성장시킨다는 뜻이다. 배양이나 재배의 특징은 억지나 강요, 강제가 아니라 자발적(自發的)이고 주체적(主體的)으로 자연스러운 성장을 북돋운다는 것이다. '문화(文化)'로 옮기는 '컬쳐(culture)'의 뜻도 '배양'이다. 문화는 '인문화(人文化)'인데, 그 과정은 억지나 타율, 강제가 아니라 사람의 자발적 주체성에 따른 과정과 결과라는 윤리적(倫理的) 성격이 들어 있다. 강요와 강제에 따른 결과는 개인이든 사회든 수신이나 문화와는 거리가 멀다. '퇴폐 현상'은 가능해도 '퇴폐 문화'는 모순된 표현이다.

맹자는 호연지기(浩然之氣, 하늘과 땅에 가득 찬 기운)를 기르는 방법에 대해, 억지로 조급하게 해서는 안 되고 일상에서 의로움을 바탕으로 배양해야 한다고 말한다. 싹이 빨리 자라기를 바라는 성급함에 싹을 뽑아 올린 나머지 시들어버려 자라지 못하도록 하는 어리석음을 저질러서는 안 된다는 것이다. 맹자는 이를 "억지로 하지 말라"라는 뜻으로 '물조장(勿助長)'이라고 표현한다(『맹자』「공손추 상편」). '수신'을 지향하는 큰 배움, 즉 대학이 필요한 이유는 인간은 불완전한 존재이기 때문이다. 사람이 전지전능(全知全能)하다면 수신을 위한 배움의 노력은 필요하지 않을 것이다.

삶의 완전함과 불완전함은 어떤 상태를 나타내는가? 『표준국어대사전』은 '완전(完全)'을 '필요한 것이 모두 갖추어져 모자람이나 흠이 없음'으로, '불완전(不完全)'은 '완전하지 않음'으로 각각 풀이한다. 이런 풀이는 형식적이어서 생각을 구체적으로 넓혀주지 못한다. 『설문해자』는 '完'은 '全'과 같고, '全'은 '完'과 같다고만 풀이(全也, 完也)한다. 이것도 생각을 확장시킬 단서(실마리)를 주지 못한다.

옥(玉)을 닮은 사람됨

'完'과 '全'의 글자 모양 등을 분석하면서 의미의 실마리를 찾아본다. '完'은 '宀 + 元'으로 이뤄진 글자이다. '宀(면)'은 '집'을 그린 모양이다. 집은 생활 공간으로서 건축물을 넘어 개인 또는 공동체의 보금자리이다. '元(원)'은 '사람의 머리'를 그린 글자이다. 두 뜻을 합하면 개인과 공동체에서 가장 중요한, 즉 '으뜸'을 나타낸다고 할 수 있다. 으뜸은 '뛰어남'이고 '탁월함'이다.

'全'은 '入 + 玉'으로 구성된 글자이다. 잘 다듬어 아름다운 비취 같은 옥구슬을 손에 쥔다(入, 입)는 의미다. 옥은 그냥 옥이 아니라 갈아서 다듬는 과정을 통해 빛나는 모양으로 만들 때 비로소 옥으로 태어난다. 여기서 '옥(玉)'은 사람의 아름답고 훌륭한 인품(사람됨)이라는 뜻을 가진다. 지금은 사라진 풍경이지만, 고대에는 옥구슬을 여러 개 연결한 주머니를 몸에 지니고 다녔다. 움직일 때 옥구슬이 부딪히는 소리를 들으면서 자신의 언행을 성찰하는 방편으로 삼았다. 중요한 사람을 만날 때도 옥을 지녀 상대방에 대한 예의를 갖췄다. 지금도 쓰는 '완벽(完璧)'이라는 말은 '흠이 없는 옥구슬'로, '결함이 없는 완전함'을 뜻한다. '벽(璧)'은 옥(玉)과 같은 말이다.

옥은 대충 가공하는 수준을 넘어 세밀하게 갈고 다듬는 세공(細工)을 거쳐야 보석(寶石)으로서 옥이 될 수 있다. 이런 점을 생각해보면 '전체(全體)', '전반(全般)', '전부(全部)' 같은 말에는 단순히 여러 부분을 통틀어 합친 것 이상의 의미가 들어 있다.

절차탁마 노력

삶(사람)의 불완전함은 고정되어 불변하는 상태가 아니라 완전함으로 나아갈 수 있는 '가능성'과 '잠재성'을 품고 있다. 사람의 이런 '향상(向上)' 가능성과 잠재성의 태도와 노력을 잘 보여주는 표현이 '절차탁마(切磋琢磨)'이다.

'절차탁마'는 『시경』에서 훌륭한 사람됨을 비유하는 표현으로 「국풍(國風, 여러 나라의 노래)」의 5편 '위풍(衛風, 위나라의 노래)'에 처음 기록돼 있다. '수영(琇瑩)', '규벽(圭璧)' 같은 말이 나오는데, 이는 모두 옥을 가리킨다. 이 시(詩)가 주는 핵심 메시지는 보기 좋은 구슬이라기보다는 옥구슬이 되는 노력과 과정을 강조하는 절차탁마에 있다. 옥구슬은 절마탁마라는 정직한 수신(修身)의 결과라는 맥락이다.

『논어』 20편에 한결같이 흐르는 벼리(핵심)는 배움의 즐거움을 통한 수신, 즉 '호학(好學; love to learn, eager to learn, fond of learning)'이다. 20편 중에서도 '호학'이 잘 드러나는 1편(학이)에 절차탁마가 빠질 수 없다. 공자의 뛰어난 제자 자공이 『시경』의 절차탁마 부분을 인용하면서 자신의 생각을 밝히자 공자가 매우 칭찬하는 장면이다. 앞 구절에는 공자가 호학을 말하는 모습이 편집되어 있다. '학이시습지 불역열호'로 시작하는 「학이」 편이 '호학'과 '절차탁마'로 끝나는 모습은 절차탁마하는 배움의 자세와 노력이 『논어』의 중심이라는 점을 보여주는 의도적 편집일 것이다. 공자의 인간에 대한 관점은 '호모 사피엔스(homo sapiens, 생각하는 또는 지혜 있는 인간)'의 구체적인 조건으로서 '호모 스투덴스(homo studens, 즐겁게 공부하며 배우는 인간)'라고 할 수 있을 것이다.

배움을 통한 수신(修身)을 목적으로 쓴 『대학』에도 '절차탁마'가 빠질 수 없다. 『대학』은 『시경』의 절차탁마를 인용한 뒤 "절차탁마는 배움에 힘쓰고 자신의 삶을 잘 가꾸는 모습(道學, 自修, 전3장)"이라고 설명한다.

대(大)의 차원으로 날아오름

절차탁마의 태도와 노력을 통한 호학은 어떤 배움인가?

좁고 낮고 얕은 '소(小)'의 차원에서 넓고 높고 깊은 '대(大)'의 차원으로 나아가는 배움이다. 새장 속에 갇힌 새(농조, 籠鳥)가 새장을 벗어나 하늘로 날아오르는 것과 같은 배움이다. 새장 속의 새는 하늘을 그리워하며(농조연운, 籠鳥戀雲) 하늘을 힘차게 나는 꿈을 꿀 것이다. 새장 속에 갇힌 상태보다 위험할 수 있지만 그것이 새의 자연스러움이다.

농조와 대비되는 '탁조(卓鳥)'라는 말을 지어본다. '탁(卓)'은 새장을 나와 날아오르는 모습을 그린 글자이다. 새장(小)을 탈출(脫出)하는 태도와 노력을 하는 사람은 '누구나' 대인(大人)이요 탁인(卓人)이다. 그런 사람됨이 '탁월함'이다.

공자는 자신의 평생을 돌아보면서 '하학상달(下學上達)'하는 삶이었다고 고백한다(『논어』「헌문」). 낮고 좁은 소(小)의 사람됨을 넘어서는 공부를 끊임없이 절차탁마하면서 넓고 높은 대(大)의 차원으로 나아갔다는 의미다. 레게(Legge)는 하학상달을 "My studies lie low, and my penetration rises high"로 옮겼는데, 의미를 간결하게 잘 담았다. 페니트레이션(penetration)은 일이관지(一以貫之, 처음부터 끝까지 한결같음)의 뜻이다.

공자는 제자 자공에게 이 말을 하면서, 하학상달한 자신의 삶을 세상 사람들은 알아주지 않지만 '하늘(天)'은 알아줄 것이라고 했다. 공자의 탁조(卓鳥)라고 할 수 있다. '天'은 '一 + 大'로 이뤄진 글자이다. 大(대)는 사람이 팔다리를 쫙 펴고 선 모습이다. 그런 사람의 머리 위로 펼쳐진(一, 일) 공간이 天(하늘)이다. 하늘은 대인과 의미가 통하고 짝이 될 수 있지만 소인은 짝이 될 수 없다. 하늘과 짝이 된다는 '배천(配天)'이라는 말은 대인의 사람됨을 암시한다. '소(小)의 사람됨'을 극복하고 '대(大)의 사람됨'으로 도약(跳躍)하는 '탁월한 태도와 노력'이 필요한 이유는 사람의 불완전함 때문이다.

사람됨의 모습들

'사람(人, 인)'을 나타내는 단어를 사전에서 찾아보면 다음과 같다. 서로 다른 사람됨의 차원이 얼마나 많은지 한눈에 느낄 수 있다. 크게는 '소인'과 '대인'으로 나눌 수 있다.

서인(瑞人), 덕인(德人), 비인(非人), 진인(眞人), 치인(癡人), 쾌인(快人), 통인(通人), 편인(偏人), 교인(驕人), 주인(主人), 현인(賢人), 간인(間人), 길인(吉人), 달인(達人), 대인(大人), 석인(碩人), 영인(佞人), 전인(全人), 소인(小人), 정인(正人), 지인(至人), 철인(哲人), 용인(庸人), 진인(陳人), 재인(才人), 초인(超人), 난인(亂人), 가인(佳人), 아인(雅人), 성인(成人), 기인(奇人), 망인(妄人), 호인(好人), 거인(巨人), 활인(活人), 이인(異人), 미인(美人), 의인(義人), 성인(聖人), 양인(良人), 영인(英人), 악인(惡人), 간인(奸人), 우인(迂人), 귀인(貴人), 광인(狂人), 상인(上人), 하인(下人), 속인(俗人), 중인(中人), 신인(神人), 선인(仙人), 학인(學人), 향인(香人), 상인(常人), 인인(仁人), 범인(凡人), 범인(犯人)

마음의 모습들

사람의 마음을 나타내는 '심(心)'에도 다음과 같은 단어가 있다. 사람의 마음이 얼마나 다양하고 복잡 미묘한지 느낄 수 있다. 마음도 크게 '소심(小心)'과 '대심(大心)'으로 구분할 수 있다.

괴심(愧心), 만심(慢心), 선심(善心), 앙심(怏心), 양심(良心), 인심(仁心), 적심(赤心), 단심(丹心), 진심(盡心), 진심(眞心), 충심(衷心), 충심(忠心), 탕심(蕩心), 편

심(偏心), 항심(恒心), 혜심(慧心), 화심(禍心), 회심(悔心), 세심(洗心), 세심(細心), 순심(順心), 악심(惡心), 혁심(革心), 도심(道心), 낭심(浪心), 기심(欺心), 격심(格心), 전심(悛心), 한심(寒心), 간심(姦心), 투심(妬心), 투심(偸心), 호기심(好奇心), 흉심(凶心), 부동심(不動心), 실심(實心), 소심(小心), 성심(誠心), 반심(半心), 모심(慕心), 이심(異心), 음심(淫心), 석심(石心), 회심(灰心), 사심(私心), 이심(貳心), 치심(馳心), 협심(協心), 일심(一心), 개심(改心), 극기심(克己心), 향상심(向上心), 사심(邪心), 수치심(羞恥心), 시기심(猜忌心), 시비심(是非心), 사양심(辭讓心), 양심(兩心), 예심(穢心), 쟁심(爭心), 주심(主心), 직심(直心), 쾌심(快心), 탐심(貪心), 흑심(黑心), 방심(放心), 야심(野心), 중심(中心), 경심(敬心)

말(언어)의 모습들

말(언어)은 사람됨의 중요한 기준이다. 사람의 말, '언'(言)을 나타내는 단어도 매우 다양하다. 말도 '소언(小言)'과 '대언(大言)'으로 나눌 수 있다.

가언(嘉言, 佳言), 간언(間言), 감언(甘言), 궤언(詭言), 도언(徒言), 말언(末言), 모언(侮言), 벽언(僻言), 부언(浮言), 비언(飛言), 시언(矢言), 식언(食言), 와언(訛言), 용언(庸言), 유언(幽言), 유언(流言), 지언(至言), 직언(直言), 참언(讒言), 창언(昌言), 측언(側言), 훼언(毁言), 치언(癡言), 췌언(贅言), 폭언(暴言), 허언(虛

言), 화언(禍言), 회언(悔言), 미언(美言), 미언(微言), 공언(公言), 공언(空言), 과언(過言), 과언(誇言), 교언(巧言), 난언(亂言), 달언(達言), 망언(妄言), 무언(誣言), 신언(愼言), 아언(雅言), 온언(溫言), 용언(冗言), 위언(僞言), 절언(切言), 진언(陳言), 휘언(徽言), 단언(斷言), 광언(狂言), 석언(碩言), 조언(粗言), 분토언(糞土言), 매언(罵言), 고언(苦言), 약언(藥言), 난언(蘭言), 참언(讒言), 우언(謣言), 모언(侮言), 모언(貌言), 질언(質言), 우언(迂言), 후언(後言), 우언(優言), 대언(大言), 호언(好言), 도언(徒言), 악언(惡言), 방언(放言), 정언(正言), 독언(毒言), 법언(法言), 낭언(浪言), 유언(諛言), 유언(遊言), 단언(端言), 미언(美言), 양언(良言), 편언(偏言), 신언(愼言), 지언(知言), 진언(眞言), 척언(斥言), 추언(醜言), 탁언(託言), 탄언(誕言), 비언(匪言), 도언(盜言), 길언(吉言)

대(大)의 추구 = 소(小)의 극복

'소인(小人)', '소심(小心)', '소언(小言)'은 극복해야 할 사람됨이다. '대인(大人)', '대심(大心)', '대언(大言)'은 이룩해야 할 사람됨이다. '소'와 '대'의 경계는 고정된 것이 아니라 유연하게 맞물려 있다. 어제까지의 '소'가 오늘은 '대'로, 오늘의 '대'가 내일은 '소'로 바뀔 수 있다. 그 경계(境界)에 수신(修身)의 태도와 노력, 즉 '큰 배움(대학)'이 작동한다. 이를 위한 대학 공부는 해도 그만, 안 해도 그만인 것이 아니라 주체적이고 실존적인 삶의 차원을 위해 반드시 요청되는 탁월함의 조건이다.

로버트 루트번스타인은 『생각의 탄생(*Spark of Genius*)』에서 인간의 창의성과 교육에 관한 뛰어난 통찰을 보여주는데, 그의 결론은 '통합 교육(synthesizing education)'을 통한 '전인성(全人性, wholeness)'을 발휘해야 한다는 것이다(416~429쪽).

동서고금을 통해 가장 바람직한 교육으로 '전인(全人)'을 길러낼 필요성을 강조하는 사례는 많이 찾을 수 있다. 루트번스타인은 창의적 인간 교육을 위한 생각의 도구를 다양하게 제시한다. 그러나 전인 교육에 대한 설명은 부족하다. 통합 교육을 통해 전인을 양성해야 한다는 원칙에 그치는 것으로 보인다. '전인'을 위한 교육이 가능하려면 이론적으로 '전학(全學)'이 필요하다. 이런 의미에서 전학이라는 용어는 국어사전과 한자사전의 표제어로 실려 있지 않다. '전인'과 짝을 이뤄 쓰게 되면 생각을 확장하는 데 도움이 될 수 있다.

'전인 - 전학(全人 - 全學)'과 반대되는 표현으로는 '곡인 - 곡학(曲人 - 曲學)'을 생각해볼 수 있다. '곡(曲)'은 '한쪽으로 치우쳐 부분적인'의 뜻이다. '곡학'은 곡학아세(曲學阿世, 바른길에서 벗어난 학문으로 세상에 아첨함)라는 성어로 쓰이고 있다.

전인(全人)과 전학(全學)

대학, 호학, 하학상달, 전학, 곡학, 철학, 과학, 공학, 국학, 수학, 물리학, 문학, 의학, 생물학, 어학 등에 쓰이는 '학(學)'은 기본적으로 '배운다', '가르침을 받는다', '본받는다'의 뜻이다. '가르치다', '바로잡아 깨우치다'의 뜻을 나타내는 글자는 '교(敎)'이다. '교학상장(敎學相長, 가르치고 배우면서 서로 성장함)'이라는 성어가 이를 잘 보여준다.

'학자(學者)'라고 하면 '학문을 연구하고 가르치는 사람'으로 통하고, '학생(學生)'이라고 하면 '학교에 다니면서 배우는(가르침을 받는) 사람'으로 여긴다. 대학 교수(敎授)는 '대학에서 학문을 연구하고 가르치는 사람'을 가리킨다. 대학생(大學生)은 '대학교에 다니는 학생'을 뜻한다.

대학 교수를 '학자'라고 부르면 자연스럽지만 '학생'이라고 하면 어색하다. 『학기(學記, 『예기』에 들어 있는 문헌)』 같은 문헌에는 '학자'를 배우는 사람, 즉 학생을 가리킨다. 가르치는 사람은 '교자(敎者)'로 표현한다. 대학 교수를 '대학자(大學者)'라고 부르면 명예로운 호칭이지만, '대학생'이라고 부르면 맞지 않는 표현이 된다.

'자(者)'는 보통 '놈 자'로 읽는 것처럼 '그것', '그 사람' 정도를 나타내는 대명사일 뿐 깊은 뜻은 없다. 이에 비해 '생(生)'에는 새싹이 돋아나는, 새로운 생명의 탄생과 성장을 기대하는 의미가 들어 있다. '者'와는 비교할 수 없을 정도로 뜻이 좋다. 생명(生命), 생리(生理), 생산(生産), 생기(生氣), 생생(生生), 생업(生業), 민생(民生), 양생(養生), 재생(再生), 평생(平生), 후생(厚生) 등 긍정적인 활용 어휘가 많다. '자'는 활용 어휘가 몇 개 없고 의미도 밋밋하다.

초중고교에서 가르치는 사람은 '교자(敎者)'가 아닌 '교사(敎師)'라고 하며, 예외적인 경우가 아니면 학자(學者)라고 부르는 경우는 드물다. 대학의 교수(敎授)는 교사보다 의미가 훨씬 단조롭다. 교사 또는 의사에 쓰는 '사(師)'는 '스승 사'로 읽는 것처럼 '스승', '모범', '기준'이라는 뜻이 있다. 교수의 '수(授)'는 '손으로 준다'라는 단순한 뜻뿐이다. 대학 교수의 경우 학생이라고 부르기는 곤란하고 학자는 의미가 단순하고 맛이 없으므로 '학사(學師)'라는 말을 지어 부르는 것은 어떨까 싶다. 역량이 뛰어난 교수는 '대학사(大學師)'라고 할 수 있다. 이와 같은 생각들을 해보는 이유는 '대학'의 의미와 가치를 여러 측면에서 살펴보려는 뜻에서다.

전인(全人)과 전학(全學)의 실현이 초중고교를 시작으로 대학에서 더욱 구체적으로 이뤄져야 바람직하다면 이 같은 용어에 대한 고민도 필요할 것이다.

탁월을 향한 대단(큰 실마리)

'대학생'이라는 말은 끊어 읽기에 따라 두 가지 뜻이 있다. '대 + 학생'과 '대학 + 생'이 그것이다. 어떻게 끊어서 읽든 넓고 높고 깊은 '대(大)의 배움(學)'이라는 방향은 피할 수도, 거부할 수도 없다. 고등학교 과정을 마치고 고등교육기관이라는 사회제도로서 대학교에 입학하여 다닌다고 해서 대인(大人)이라는 특별한 자격으로서 대학생의 지위(status)가 저절로 생기는 것은 아니다. '대(大)의 사람됨'을 향한 특별한 북돋움의 의지와 태도, 노력을 성실하게 실천할 때 돋아나고 뿌리가 생기는 탁월함이 요구된다. 탁월함은 이 같은 성실함의 정직한 결과이다.

"대학생은(대학생이라면) 탁월해야 한다", "탁월할 때 비로소 대학생이 된다"라는 원칙은 이와 같은 차원에서 자연스럽게 나온다. 에이브러햄 매슬로는 "인간의 삶은 인간이 지니는 최고의 열망을 고려하지 않고는 이해할 수 없다. 성장과 자아실현, 탁월함에 대한 갈망 같은 '향상 노력(striving upwards)'을 인간의 보편적인 성향(性向)으로 받아들여야 한다(『동기와 성격』, *Motivation and Personality*, 18쪽)"라고 주장하는데, 이 책의 관점과 연결된다.

매슬로는 대학생들과 공부하고 그들을 관찰하면서 "건강한 남녀 학생은 지속적으로 성장하는 경향이 있다"라고 말한다. 그는 '건강'을 '자아실현을 향한 훌륭한 성장(good-growth-toward-self-actualization)'으로 정의하는데, 깊이 음미할 만한 말로 느껴진다.

'대단하다'는 '뛰어남', '탁월함'을 뜻하는 우리말이지만 '대단(大端)'이라는 의미로 쓸 수 있을 것이다. '大端'은 '대(大)의 사람됨'이라는 차원을 열어나가는 넓고 높고 깊은 실마리(단서, 端緖)라는 뜻이 될 수 있다. 이 책은 대인을 향한 그런 '대단'을 대학생들과 함께 성찰한 내용이다.

공자는 대인을 추구하는 사람의 주체적 노력을 '인능홍도(人能弘道)'라고 표현한다(『논어』「위령공」). 사람은 자기 삶의 길(道)을 넓고 크고 높게 펼치는(弘) 능력이 있다는 의미다. '능(能)'은 능력과 당위(마땅함)를 나타내는 조동사이다. 자기 자신의 삶의 길을 주체적으로 넓히는 사람이 대인(大人)이고, 대인이라면 마땅히 그렇게 해야 한다는 뜻이다. 이 책의 부제를 '대인(大人)의 조건을 위한 성찰'로 한 이유이다.

Ⅱ부

01

친밀감과 창의성

수업계획서에 다음과 같은 '학습 목표'를 세우고 강의지원시스템(LMS)을 통해 수강생들에게 알린다.

① 수강생들이 자신의 탁월한 잠재력과 가능성을 발견하여 키우는 동기를 마련함
② 수업을 계기로 자기 자신과 멋진 관계를 가꾸는 능력을 성장시킴
③ 인공지능(AI) 시대를 지혜롭게 활용하는 능력과 그에 대응하는 취업 역량을 높임
④ 공부가 일상생활의 즐거움과 새로움, 창의성을 북돋우는 디딤돌이 되도록 함
⑤ 논어의 핵심 가치인 개방적 배움을 평생학습 능력으로 연결함

15주 수업 내용에는 △시대 상황과 대학 공부 △융합형 사람됨 △논어에서 배우는 융합적 태도 △인간적 호감과 매력 △언어 감수성과 표현력 △일상에서 문제의 발견과 개선 △공자와 논어의 대중성 등을 제시한다. 인터넷의 온라인 자료를 통해서는 공부하기 어려운

내용이므로 학습 목표의 50퍼센트 정도 달성해도 2학점 교양과목의 가치로서 충분하다는 기대를 하면서 수업계획서를 작성한다.

이 같은 기대와 희망은 '교수'라는 공급자 중심의 일방적인 계획이 될 수 있으므로 섬세하고 예민한 설계가 필요하다. 1980년대 중반에 대학을 다닌 교수와 2023년 또는 2024년 학번의 수강생들과는 공통점보다는 차이점이 훨씬 많다. 무엇보다도 대학에서 수업을 들어야 알게 되는 '대학의 지식 독점권'이 거의 사라졌다. 학과 전공에 비해 교양으로 개설되는 과목은 내용이 무엇이든 수강생들을 모으고 수업에 집중하도록 하기가 매우 어려워지고 있다.

수업의 경쟁자 인터넷

"인터넷에 다 있다!"는 이미 일상적 인식인데 여기다 인공지능(AI)까지 나날이 발달하는 현실에서 과목과 내용이 무엇이든 수강생들이 99퍼센트는 이미 알고 있다고 생각하면서 대응하지 않을 수 없다. '안다는 것'은 이전처럼 학생들이 어떤 내용을 머릿속에 외우고 있다는 의미가 아니다. 자기 자신에게 필요한 내용을 인터넷을 통해 검색하고 파악하고 이해할 수 있다면 그것은 그의 지식이나 마찬가지다. 인터넷은 사람들이 공동으로 사용하는 기억장치다.

오래전 유명한 국어학자이자 영문학자였던 양주동 박사

(1903~1977)는 『면학의 서』에서 1인칭, 2인칭, 3인칭의 뜻을 알게 된 기쁨에 밥도 먹지 않고 밤새도록 책상에 앉아 인칭의 뜻을 음미했다고 한다. 10대 초반 나이에 혼자 공부하다가 인칭(인칭대명사)의 뜻을 몰라 답답함을 견딜 수 없어 어느 겨울날 아침에 눈길을 30리(7킬로미터)나 걸어가 읍내에 사는 학교 선생님께 물어서 알게 됐다는 이야기다. 궁금한 것을 알아내는 면학(勉學)의 태도가 바람직해서인지 이 이야기는 오랫동안 교과서에 실려 널리 알려지기도 했다.

양 박사처럼 이렇게 고생스러운 과정을 거쳐 궁금한 내용을 알든, 지금처럼 언제 어디서나 24시간 활용할 수 있는 인터넷이나 스마트폰으로 알든 아는 것에는 차이가 없다. 인터넷이 엄청난 지식을 기억해 저장하고 있기 때문에 이를 사람이 이중적으로 기억하는 것은 낭비다. 필요할 때 검색해서 적절히 활용하면 그만이다.

이 같은 시대 환경은 대학 공부 전반에 걸쳐 대학생들의 관심과 흥미를 떨어뜨리는 데 영향을 끼칠 수 있다. 자신이 다니는 대학, 자신이 학기에 수강하는 과목들에 대한 기대감이 별로 생기지 않을 가능성이 적지 않다. 무엇을 모른다고 하더라도 인공지능을 포함한 온라인에서 '즉시', '곧바로', '24시간' 찾아 활용할 수 있기 때문이다. 이는 학생들이 어떤 공부에 대해 '아쉬워하지 않는' 감정 상태를 만들 수 있다. 인터넷에서 찾아보면 되는데 구태여 특정 공간에 가서 공부를 해야 하는 동기(動機)가 느슨해질 수 있다. 무엇이라도 아쉽지 않으면 마음도 거기에 가지 않거나, 가더라도 흥미를 느끼지 못할 수 있다.

이런 상황에서 '교양필수과목'이라는 이유로, 졸업 요건으로서 학점을 채우기 위해 마지못한 마음 상태로 수강(受講)을 한다면 그 수업은 시작하기도 전에 맥이 빠지는 공부가 될 수도 있다.

대면 수업과 비대면 수업

코로나19가 유행할 때는 대부분의 수업을 동영상으로 만들어 LMS에 올리면 수강생들이 시청하는 방식으로 진행했다. 이를 '비대면 원격 수업'이라고 한다. 코로나19가 끝난 지금은 대학의 오프라인 공간인 강의실에서 수업을 한다. 이를 '대면 수업'이라고 한다.

강의실의 대면(對面) 수업은 동영상의 비대면 수업보다 중요하고 효과적인 수업으로 여겨진다. 그 근거가 무엇인지는 명확하게 알기 어렵지만 온라인 수업보다 강의실에서 교수와 학생이 얼굴을 마주하고 수업을 하면 어딘가 제대로 수업이 되는 기분이나 느낌이 들기 때문이 아닐까 싶다. 그러나 이는 피상적(皮相的)인 생각이어서 정확하지 않다. 동영상 온라인 비대면 원격 수업도 얼마든지 효과적일 수 있고, 오프라인 대면 접촉 수업도 얼마든지 부실할 수 있다.

서로 얼굴을 마주하는 대면과 그렇지 않은 비대면을 결정하는 기준은 동영상이나 강의실 같은 방식이 될 수 없다. 교수와 학생이 어떤 상태, 어떤 수준에서 '연결(連結, connecting)'되느냐가 실질적인 기준으로 적절하다. 잘 연결되면 동영상 수업도 '대면'이고 잘 연결되지 못하면 강의실에 모여 수업을 하더라도 '비대면(非對面)'이다.

"마음이 연결되지 않으면(心不在焉, 심부재언),

보아도 보이지 않고,

들어도 들리지 않고,

먹어도 맛을 모른다."

『대학』에 나오는 구절(전7장)이다. 마음을 바르게 하는 것(정심, 正心)이 수신(修身)에 중요함을 강조하는 맥락이다. 마음을 잘 다스려 감정을 조절하고 인식과 판단을 바르게 해야 한다는 당위(當爲)에 대한 주장은 『대학』 이전, 춘추전국시대에 나온 많은 문헌에서 찾을 수 있다.

중요한 문제는 '마음 다스림'을 강조한다고 해서 저절로 마음이 집중되고 감정이 조절되는 것은 아니라는 점이다. 『대학』은 마음을 바르게 하기 위해 조절하면서 관리해야 할 감정으로 분노, 두려움, 쾌락, 근심 걱정을 예로 든다. 이 같은 감정이 잘못 나타나 균형을 잃고 치우치면 마음을 바르게 하는 데 걸림돌이 된다는 것이 요점이다.

이런 관점은 『중용(中庸, 대학과 함께 『예기』에 들어 있음)』의 핵심이기도 하다. "희로애락(기쁨, 노여움, 슬픔, 즐거움)의 감정이 드러나지 않을 때는 '고요한 중심(中)'이라고 하고, 밖으로 드러나더라도 균형을 잡는 상태는 '조화로움(和)'이라고 한다.(제1장)" 그래서 감정이 어느 쪽으로 기울어지지 않도록 균형을 잘 잡는 '치중화(致中和)'를 천하의 근본이고 세상에 두루 통하는 원칙이라고 강조한다.

이 같은 관점은 모두 바람직한 원칙과 도리로 들리지만 이를 말(언어)로써 강조한다고 해서 중화의 마음과 감정이 생기거나 사라지는 것은 아니다. 현실의 구체적인 상황은 복잡 미묘하고 그에 대응하는 사람의 마음과 감정도 복잡 미묘하다. 이런 사정은 『대학』이나 『중용』이 편찬되던 2,000년 전이나 지금이나 마찬가지다.

이 같은 맥락을 소홀히 하면서 '정심'이나 '치중화'를 학생들에게 주입하듯이 강조하면 학생들이 수업에 필요한 마음을 내어 집중하고 감정을 조절하면서 참여하기를 기대하기 어렵다. 학생들이 수업에 무관심하거나 게을러서가 아니다. 지금 시대의 사회 환경으로 인해 공부에 대해 아쉬워하는 마음이 적을 수 있기 때문이다. 교수가 학생들에게 "이 수업은 온라인에서는 찾기 어렵고 다른 책이나 자료에서도 구하기 어렵지만 취업과 직장 생활을 위해, 나아가 세상을 살아가는 데 반드시 도움이 된다"라는 확신을 주고 학생들이 공감할 수 있을 때 비로소 첫 단추를 끼울 수 있다.

흥미는 이로움에 대한 기대감

학생들의 입장에서 "이 수업은 나의 삶에 도움이 되겠다"라는 기대감은 이익(利益)의 감정이다. 도움이나 이익에 대한 구체적인 기대와 예상이 없거나 부족하면 관심이나 흥미도 생기지 않을 것이다. 이는 대학의 수업에만 해당되는 이치가 아니라 세상 현실의 거의 모든 분야에 해당될 수 있다. "이익 없으면 관심 없다"라는 아포리즘(격언)은 현실을 반영한다.

교육은 물론이고 삶의 많은 분야와 상황에서 '흥미'는 일의 성공과 실패에 결정적(decisive) 역할을 한다. 그래서 흥미가 있어야, 흥미를 이끌어내야 한다는 원칙은 누구나 알 수 있는 당연한 상식이 됐을 것이다. 따라서 "흥미가 중요하다"라는 식으로 흥미에 대해 원칙적이고 일반적으로 강조하는 것은 가시로 찌르는 '자극(刺戟)'이 되기 어렵다. 뻔하게 느껴지기 때문이다. 흥미를 말로써 내세우면 내세울수록 강요하는 듯한 느낌이 들어 오히려 흥미가 떨어질 수도 있다.

흥미(興味)는 일을 추진하는 동기(動機)요 동력(動力)인데, 문제는 무엇으로, 어떻게 흥미라는 엔진에 시동을 걸 수 있는가 하는 점이다. 흥미를 국어사전은 다음과 같이 풀이한다.

① 흥을 보는 재미

② 무엇에 대한 특별한 관심이나 감정

③ 마음이 끌린다는 감정을 수반하는 관심

이 같은 풀이는 무미건조(無味乾燥), 즉 맛이 없고 메말라서 흥미라는 말의 맛을 느끼기 어렵다. 흥미는 한자이므로 그 의미를 분석적으로 살펴 '말맛'을 느끼는 실마리를 찾아본다.

'興'은 '舁(여) + 同(동)'으로 이뤄진 글자이다. '舁'는 '마주 잡다', '여럿이 맞들다'의 뜻이다. '同'은 '같이하다', '합치다', '모이다', '화합하다'의 뜻이다. 이 같은 풀이를 결합하면 '흥'은 개인적 차원의 어떤 느낌이나 기분이라기보다는 여러 명이 손을 잡고 힘을 모을 때 생기는 분위기와 관련된다고 할 수 있다. 흥미와 비슷한 뜻으로 쓰는 '관심'에서 '관(關)'은 둘 이상의 친밀한 관계가 단단히 묶여 있는 모습이다. 혼자가 아니라 관계적이고 상호적인 상황을 나타낸다.

'味'는 '맛보다'의 뜻인데, 음식의 맛을 느끼는 데 그치지 않고 어떤 상황에 대해 느끼는 기분을 포함한다. 흥미를 뜻하는 영어 '인터레스트(interest)'에서도 비슷한 점을 찾을 수 있다. 'interest'는 'inter + est'로 '서로 함께 존재함'의 뜻이기 때문이다. 'interest'에 흥미나 관심, 호기심이라는 뜻과 함께 '이익(이로움)'의 뜻이 있는 점도 중요하다. 손해가 아닌 이로움에 대한 기대는 흥미를 일으키는 결정적 요소이기 때문이다.

흥미는 어떤 상황에 대해 '몸'이 반응하는 느낌이다. '興'의 뜻을 풀이하면서 '여럿이 함께'라고 했는데, 이는 자기 자신을 포함한 다른 여러 사람들이라는 의미에 앞서 자기 자신의 몸에서 일어나는 협동(協同)을 가리킨다. '느낌'은 몸 전체가 함께 하는 작용으로, 두뇌나 눈, 귀, 코 등 오관의 오감(五感)의 어느 한 가지, 한 부분의 독립적인 인식이 아니다.

느낌은 여러 감각이 결합하는 '공감각(共感覺, synaesthesia)'의 결과이다. 이 같은 느낌은 몸이 통합적으로(synthetically) 생각하는 데 따른 것이다. 루트번스타인은 이런 상황을 '몸으로 생각하는 것(body thinking)'이라고 규정하면서 "생각하는 것은 느끼는 것이고,

느끼는 것은 생각하는 것이다"라고 말한다(『생각의 탄생』, 228쪽).

느낌 연구가인 비비안 디트마는 "삶은 느낌(feeling)이다"라고 규정하면서 "느낌은 상황에 대처하도록 돕는 것이므로 느낌을 지각할 필요가 있다. 분노, 슬픔, 두려움, 기쁨, 수치심의 느낌을 일으킴으로써 우리가 의식적으로 주의를 기울여야 하는 일과 마주할 수 있다. 느낌을 단순한 자극으로 무시하면 나와 주변 환경이 단절된다(『느낌은 어떻게 삶의 힘이 되는가』 *The Power of Feeling*, 176쪽)"라고 말한다.

삶은 느낌

자기 자신과 환경, 즉 상황을 연결하는 매개체가 느낌이라는 관점은 깊이 음미할 필요가 있다. 윌리엄 제임스는 "세상을 살면서 자신에게 느끼는 감정은 전적으로 자신이 추구하고 행동하려는 것이 무엇이냐에 좌우된다"라고 하면서 이렇게 말한다. "현실에 대한 전반적인 느낌, 즉 능동적인 삶의 자극과 흥분은 삶 속에서 사건들이 매순간 결정되고 있다는 느낌에, 그리고 삶이란 그저 정해진 어떤 사슬에서 풀려나오는 것이 아니라는 느낌에 크게 좌우된다.(『심리학의 원리』, 311쪽)"

느낌 자체가 없을 수는 없다. 좋은 느낌인가, 나쁜 느낌인가가 문제이다. 좋은 느낌은 좋은 기분(mood)이 따르고 나쁜 느낌은 나쁜 기분이 따를 것이다. 느낌과 기분은 몸의 전체적 반응이라는 점에서 서로 통하는 작용이다. 느낌과 기분이 좋으면 하기 싫은 일도 기쁜 마음으로 하게 되고, 느낌과 기분이 나쁘면 즐겨 하던 일도 하기 싫고 귀찮아진다. 그래서 기분 연구가인 로버트 세이어는 "기분과 생각은 일치한다"라며 "기분이 부정적이면 생각도 부정적으로 바뀌고, 긍정적이고 낙관적인 생각은 긍정적인 기분을 수반한다(따르게 한다)"라고 말한다(『기분의 문제』 *The Origin of Everyday Moods*, 62쪽). 그는 기분 상태를 '차분 - 활력', '차분 - 피로', '긴장 - 활력', '긴장 - 피로' 등 네 가지 유형으로 나누고 '차분하면서 활력 있는(calm-energy)' 기분을 가장 알맞은 상태로 제시한다(같은 책, 31쪽). 이 같은 기준을 대학의 수업 상황에도 적용하면 유익할 것이다.

기분, 기세, 기운, 기질, 심기, 용기, 향기, 혈기, 활기, 분위기 등에 쓰는 '기(氣)'는 본래 '구름이 움직이는 힘이나 모양(雲氣, 운기)'을 나타내는 말이다(염정삼, 『설문해자 부수자 역해』, 28쪽). 하늘을 보면 구름의 모양이 일정하게 획일적이지 않아 모이고 흩어지는 변화를 예측하기 어렵다. 구름의 이 같은 상태는 기분이나 분위기의 미묘한 특징을 잘 반영하는 것 같다. 분위기에서 '雰(분)'은 눈이 날리는 모습을 나타내는 글자인데, 눈이 내리는 모습도 일정하게 가늠하기 어렵다.

학기(學記)의 놀라움

수업 같은 교육활동 현장에 흥미, 관심, 느낌, 기분, 분위기가 교수자와 학습자를 연결하는 데 중요하다는 관점은 2,000년 전에도 마찬가지였다.

『학기(學記, 배움에 관한 기록이라는 뜻으로, 『대학』, 『중용』과 함께 『예기』에 들어 있음)』는 가르치고 배우는 데서 '느낌', '기분', '분위기'가 왜 중요한지를 알 수 있는 내용을 담고 있다. 『대학』은 대학(큰 배움)의 원칙을 선언하는 총론(總論)이어서 구체적으로 실천할 수 있는 내용은 거의 없다. 『대학』은 '명명덕', '재친민', '지어지선', '수신', '정심', '성의', '치지', '격물', '제가', '치국', '평천하', '일신우일신', '절차탁마', '지본', '신독', '혈구지도' 같은 핵심 개념을 제시하는 차원이다.

『학기』는 대학의 교육인 '대학지도(大學之道)'를 말하지만 『대학』의 주요 개념과 원칙을 학생들에게 실제로 어떻게 교육해야 할 것인지를 구체적이고 경험적인 차원에서 다룬다. 총론인 『대학』의 각론(各論)으로서 가치가 높은데도 대중적으로는 그다지 알려지지 않은 문헌이다. 지금도 교육과 관련해서 많이 쓰는 '교학상장(敎學相長, 가르침과 배움은 서로를 성장시킴)'이라는 말이 『학기』에 처음 나온다. 교육은 교사와 학생, 스승과 제자 사이에 일어나는 가르침과 배움이라는 쌍방향 커뮤니케이션(의사소통)을 통해 이룩된다는 뜻이다. 교육의 본질을 꿰뚫는 최고 수준의 표현이다. 『학기』가 교육 현장에서 많이 음미되면 좋겠다는 생각을 해본다.

『학기』는 9년 과정의 대학 교육을 '소성(小成, 작은 목적을 이룸)'과

'대성(大成, 큰 목적을 이룸)' 과정으로 구분해 교육이 성공하고 실패하는 상황과 원인을 간결하지만 명쾌하게 다룬다. 교육이 실패하는 원인을 학생보다 교사에게 더 큰 책임을 두는 점도 특징이다. 다음과 같은 내용이 이를 보여준다.

> "요즘 대학에서 교육하는 모습을 보면, 교사는 눈앞의 교과서만 혼자서 읽으면서 학생들에게는 글귀의 뜻에 대한 어려운 질문을 쏟아낸다. 설명은 어수선하면서도 자신의 지식을 뽐낸다. 학생들이 정서적으로 안정된 상태에서 이해하는 데는 소홀하다. 학생들이 공부를 좋아하도록 이끌어주지도 않는다. 학생들이 개성을 발휘하도록 만들지도 못한다. 이러니 학생들은 공부를 고통스럽게 여기고 교사를 미워한다. 그래서 공부에 어떤 이로움이 있는지도 알 수 없게 된다. 이 때문에 학생들은 학교를 졸업하면 공부에서 마음이 떠나버린다. 오늘날 교육에 효과가 나타나지 않는 이유는 이런 사정 때문이 아니겠는가."

화(和)·이(易)·사(思)

2,000년 전 교실 풍경이라고 하기 어려울 정도로 2024년의 교육을 돌아보게 하는 측면이 있는 것 같다. 이런 교육 붕괴를 막기 위한 『학기』의 해결책은 다음과 같다.

"훌륭한 가르침은, 학생들에게 공부의 큰 방향을 보여주되 억지로 끌고 가지는 않는다(弗牽). 가르침에 활력이 넘치도록 하되 학생을 억누르지 않는다(弗抑). 공부를 깨우치도록 마음을 열어주되 빨리 익숙해지도록 조급하게 여기지 않는다. 이렇게 해서 학생이 차분한 상태로(和), 편안하게(易) 공부할 수 있도록 분위기를 만들어야 스스로 생각하는(思) 교육이 될 수 있다."

여기서 말하는 '차분함(和, 화)', '편안함(易, 이)', '자발적인 생각(思)'이라는 세 가지 측면은 공부에 흥미(興味)를 갖도록 분위기를 가꾸는 기본이라고 할 수 있다.

『학기』는 교육 현장에 '화·이·사(和·易·思)'가 없거나 부족하면 공부를 두려워하면서 도망치고(隱學, 은학), 교사(스승)를 미워하거나 싫어하게 되어(疾師, 질사) 공부의 유익함을 모르게 된다(不知其益, 부지기익)고 말한다. '화·이·사'의 분위기가 형성되지 않은 상태에서 대학의 큰 가르침을 강조하더라도 '심부재언'(心不在焉) 상태가 되어, 보아도 보이지 않고 들어도 들리지 않는 피상적인 교육으로 흐를 수 있다.

흥미는 1차적으로 어떤 대상이나 상황에 다가가는 마음가짐이다. 다음 단계는 그 상황에 필요한 행위를 하는 것이다. 다가가는 첫 단계가 선뜻 이뤄지면 두 번째 단계는 완성도에 차이가 있겠지만 실천 자체에는 어려움이 없을 것이다. 흥겹고 즐거운 느낌과 기분에서 긍정적인 성과를 거둘 수 있다.

흥미가 생긴다는 것은 대상이나 상황에 가까워지는 모습이다. 대상이나 상황과 하나가 되는 합일(合一)의 차원이 가장 좋겠지만, 이를 위해서는 먼저 가까워지는 단계가 필요하다. 이 상태나 상황을 '가까운 느낌이나 기분'인 '친밀감(親密感)' 또는 '친근감(親近感)' 또는 '유대감(紐帶感)'이라고 할 수 있다. 대상이나 상황과 떨어져 있는 느낌인 '거리감(距離感)'과 반대되는 느낌이고 기분이다.

친밀감과 친근감, 유대감은 '연결감(連結感)'이다. "연결이 해결"이라는 말이 있는데, 이는 연결된다고 해서 문제가 저절로 풀린다는 의미가 아니라 문제 해결의 중요한 조건이 '연결 상태'라는 뜻일 것이다. 연결이 느슨하거나 단절 수준이라면 무슨 일이든 제대로 추진하기 어렵다. 친밀하게 연결된 흥미여야 흥행(興行, 왕성하게 이루어짐)의 씨앗이 될 수 있을 것이다.

친밀감 = 연결감

인공지능을 포함하는 4차 산업혁명 시대에 '연결하는 힘'은 대학과 대학생의 핵심 역량이 되고 있다. 허준 교수는 대학이 길러내야 할 인재의 모습으로 다양한 지식을 축적하고 이를 연결할 수 있으며, 타인과 소통하고 공감하는 능력을 통해 타인의 다양한 지식과 사상을 공유 및 활용할 수 있고, 이런 다양성과 연결 능력을 통해 탄력적으로 해결책을 찾는 리질리언스(회복 탄력성)을 가지는 사람이라고 규정한다(『대학의 과거와 미래』, 215쪽).

연결하는 능력이 중요하다는 점을 체험적으로 인식하면서 실천하는 현장은, 학생들에게 1차적으로 가장 중요한 '수업 현장'이 돼야 할 것이다. 이를 위한 첫 단추로 '수업'이라는 말의 의미부터 좀 다르게 규정해보는 것도 도움이 될 수 있다.

학생들은 "오늘 몇 시에 수업을 듣는다(수업이 있다)"처럼 말한다. 이때 수업은 '受業'이다. '受'는 '무엇을 받는다'라는 뜻이다. 교수는 "오늘 몇 시에 수업을 한다(수업이 있다)"라고 한다. 이때 수업은 '授業'이다. '授'는 손(扌, 手)으로 무엇을 다른 사람에게 준다는 의미다. 교수(教授)라는 말 자체가 어떤 가르침을 상대방인 대학생에게 주는 사람이라는 뜻이다. 학생은 수업을 받고 교수는 수업을 준다는 의미에서 서로가 서로에게 일방적(一方的, one-sided)이다. 주고받는 두 수업이 만나는 접점(接點)이나 교점(交點), 공유점(共有點)은 없다. 각자 필요에 따라 주고받는 기능과 역할이 두드러진다. 연결은 연결이지만 느슨해서 거리가 느껴지는 연결이다.

수업을 수신(修身)의 현장으로서 '수업(修業)'으로 생각하면 교수와 학생, 학생과 교수는 쌍방적(雙方的, both-sided)으로 훨씬 더 가깝게 연결될 수 있다. 홍미의 '홍'은 '서로 손을 모아 양쪽에서 마주 들다', 즉 '힘을 모아 협력하다'라는 뜻이다. 이런 의미를 떠올리면 '修業'으로서 수업이 친밀하고 친근한 느낌을 줄 수 있다. 수신의 현장으로서 수업(修業)은 교수와 학생이 수신이라는 공동의 목표를 추구하는 '동업자(同業者)'로서 대등한(對等, equal) 관계가 된다.

매슬로의 깨달음

창의성(創意性, creativity)이나 창의력(創意力)은 '새로운 것을 생각해 내는 특성이나 능력'이다. 교육뿐 아니라 거의 모든 분야와 영역에서 가장 높은 수준의 역량이다. 지금 같은 인공지능 시대뿐 아니라 구석기시대와 신석기시대에도 효과적인 사냥을 위해서는 새로운 관점이나 방법, 즉 창의적 능력이 필요했을 것이다.

창의성이나 창의력이라고 하면 "머리가 좋아야 한다", "아이큐(IQ, 지능지수)가 높아야 한다"처럼 인체 해부학적 의미에서 두뇌(頭腦, brain)부터 떠올리기 쉽다. 아이큐가 낮으면 자신은 창의성과 거리가 먼 사람으로 생각할 수도 있다. 이는 좁고 낮고 얕은, 즉 '소(小)'의 고정관념이다. 다음과 같은 매슬로(Maslow)의 생각은 창의성에 대한 관점(프레임)을 새롭게 해준다. 매슬로는 자아실현자들을 연구하면서 창의성에 대한 기존 생각을 바꿔야 했다면서 이렇게 고백한다.

> "나는 대부분의 사람들과 마찬가지로 창의성을 어떤 생산물이라는 관점에서 생각하고 있었다. 또 무의식적으로 창의성을 인간의 능력 중에서 일부 틀에 박힌 영역에서만 국한시켜 생각해왔다는 사실을 발견하게 되었다. 창의성이 마치 특정 직종만이 점유하는 특권인 양 어떤 사람이 그에 속하는가, 속하지 않는가 하는 양분적(兩分的) 사고를 했던 것이다."
>
> —『동기와 성격』, 329쪽

매슬로는 자아실현의 욕구를 인간이 추구하는 욕구 중에서 가장 높은 수준의 단계라고 하면서 창의성은 자아실현 과정에서 가장 두드러지는 특성이라고 본다. 창의성을 실현하는 과정이 자아실현이다. 그는 "자아를 실현하는 창의성은 성취 결과보다는 성격(性格)을 강조한다"라며 "성취는 성격에서 발산하는 부차적이고 2차적인 것이다"라고 한다. 그는 자아를 실현하는 창의성을 가능하게 하는 성격적 요소로 대담성, 용기, 자유, 자발성, 명쾌함, 통합, 자기 수용(自己受容)을 꼽는다(『동기와 성격』, 344쪽).

매슬로의 이 같은 관점은 창의성이 '두뇌'에 한정되는 특수한 능력이 아니라 '몸의 전체성과 태도'가 중심이라는 맥락으로 이해할 수 있다. 창의성은 사람의 보편적 잠재성과 가능성에 연결된다는 의미다.

창의성 = 자기 이해

매슬로의 관점은 『학기』에서 언급한 것처럼 '불견불억(弗牽弗抑, 학생을 억지로 끌거나 억누르지 않음)'의 분위기와 연결해서 생각해볼 수 있다. 통섭의 생물학자 에드워드 윌슨(1929~2021)은 "창의성의 원동력은 새로운 것을 좋아하는 인간의 본능"이라며 "창의성의 궁극적 목표는 인간의 자기 이해(自己理解)이다"라고 한다(『창의성의 기원』 *The Origin of Creativity*, 15쪽).

인간의 지능(Intelligence) 개념을 종래의 지능지수(IQ)에서 '다중지능(多重知能)'으로 확장한 하워드 가드너는 서구(서양 세계) 지향주의(Westist)와 시험 지향주의(Testist)를 '편견'으로 규정한다. 아이큐(IQ) 중심의 지능 이해는 인간에 대한 전체적(全體的) 이해를 방해한다는 것이다. 지능에 대한 관점이 훨씬 넓어져야 우리가 마주하는 문제들을 해결하는 가능성도 높아진다는 주장을 편다(『다중지능』, *Multiple Intelligence*, 45쪽).

이와 같은 생각과 관점을 융합하면 창의성은 새로운 성취라는 결과에 앞서 새로움을 추구할 수 있는 '태도와 성격'이 본질적 차원이라고 할 수 있다. 여기서 말하는 태도와 성격은 고정된, 그래서 변하지 않는 차원이 아니라 환경과 상황에 적절히 대응할 수 있는 유연한 능력을 가리킨다.

학생 개개인이 자기 자신에 대해 친밀하게 느끼고, 그런 태도와 성격을 바탕으로 다른 사람에 대해 친밀하게 느끼고, 나아가 수십 명이 모여 공부하는 강의실 수업에서 친밀감을 자연스럽게 느낄 수 있다면 창의성이라는 가능성이자 잠재성은 누구에게나 그 모습을 드러낼 것이다. 그러한 현장에서 친밀감은 '새로움'이라는 설레는 차원을 여는 열쇠가 될 것이다. '친(親)'과 '新(신)'은 맞물려 있다.

정부와 국민, 기업과 소비자 고객, 부모와 자식 등 모든 관계에서 서로 통(通)하지 못하면 고통스럽고 알찬 성과는 기대하기 어렵다. 교수(교사)와 학생의 관계도 마찬가지다. 강의실(가로 11미터, 세로 9미터)에 수강생 50~60명이 수업 시간에 맞춰 모인다고 해서 저절로 친밀감이 형성되지는 않는다. 교수와 학생들은 서로 처음 만난다. 낯설고 어색하다. 수강생이 250명일 경우 성씨를 빼고 이름이 같은 경우는 많아야 서너 명이다. 인심여면(人心如面)이라는 말처럼 얼굴 생김새가 다르듯 학생들의 마음 상태와 성격, 가치관, 살아온 배경, 좋아하는 것과 싫어하는 것 등이 이름처럼 서로 다르다. 공통점이라고는 교양필수과목이라는 이유로 수강 신청을 하고 강의실에 모여 있다는 모습이 거의 유일하다.

온기(溫氣)와 친밀감

이렇게 낯선 상황을 최대한 빨리 친밀한 분위기로 바꾸지 못하면 교수와 학생은 멀어진다. 2,000년 전 『학기』의 상황이 거의 그대로 되풀이될 수 있다. 수강생 입장에서는 학과(전공) 수업에 비해 학과와 학년이 섞이는 교양과목에서 친밀감과 친근감, 유대감을 덜 느낄 수 있다.

윌리엄 제임스는 기억을 이미지 재생(再生)이 아니라 하나의 독립된 사건으로 본다. 기억이 기억으로서 의미를 가지려면 '온기(溫氣, 따뜻한 기분)'와 '친밀감'을 가져야 한다고 말한다(『심리학의 원리』, 380쪽). 그의 견해에 따르면, 학생들이 수업 내용을 잘 기억하지 못한다면 그 이유는 학생들의 기억력이 부족해서가 아니라 수업에 온기와 친밀감이 떨어져 학생들을 적절하게 자극(刺戟)하지 못했기 때문일 수 있다고 한다. 수업에서 온기와 친밀감을 느끼지 못하면 수업 시간의 흐름이 단조롭게 느껴져 권태롭고 지루한 시간이 될 것이다.

함께 짜는 옷감(텍스트)

이와 같은 사정을 충분히 생각하면서 다음과 같은 '텍스트북(textbook)'이 아닌 '텍스트툴(text-tools)'을 활용한다. 학생들은 교재 또는 텍스트라고 하면 대체로 종이책이나 파워포인트 자료를 떠올린다. 텍스트는 수업에서 교수와 학생, 학생과 교수를 연결하는 데 도움이 되는 모든 것이다. 옷감(텍스타일)을 짜는 데 필요한 씨줄과 날줄이 모두 교재이다.

다음에 소개하는 도구들은 학생들과 친해지는 온기와 분위기를 만들기 위한 '연결 고리(connecting rings)'이다. 느낌과 기분이 중요하다면 교수와 학생에게 가장 소중한 공간과 시간인 수업 현장에서 좋고 긍정적인 기분과 느낌이 일어나도록 노력할 필요가 있다. 조벽 고려대 석좌교수는 "학생들이 교수에게 기대하는 것은 신선함이다. 신선한 강의법으로 학생들이 공부에 흥미를 갖도록 하는 것이 교수의 임무이다"라고 한다(EBS 제작팀, 『최고의 교수』, 55쪽). 마이클 샌델 하버드대 교수는 "학생들이 과목에 흥미를 느끼게 해야 한다. 그것은 교수의 최우선 의무이다. 흥미를 느끼면 교수가 굳이 시키지 않아도 학생들 스스로 해답을 찾아내고 서로 토론하면서 열정과 의지를 갖게 된다"라고 말한다(같은 책, 126쪽).

아래 연결 고리들은 이를 실천하는 한 가지 방법이다. 수업의 효과를 위해서뿐 아니라 학생들의 취업을 위해서나 취업 후 직업인으로 사회활동을 할 때 이런 방법을 참고해서 '연결과 친밀감'의 중요성을 느끼고 활용했으면 하는 기대감도 들어 있다.

친밀감을 위한 연결 고리

(1) 종(鐘)과 망치

지름 10센티미터, 높이 10센티미터 크기의 쇠 종을 강의실 맨 앞 빈 책상에 놓는다. 수업을 시작할 때와 마칠 때, 수업 중간에 학생의 주의가 특별히 필요할 때 친다. 두드리는 도구는 쇠망치를 쓴다. 작은 종이지만 쇠망치로 치면 강의실 전체에 충분히 울려 퍼진다. 종소리가 단순한 신호음이 아니라 약간의 메시지가 되도록 한다. 가령 수업 시작 때는 종을 다섯 번 치면서 "반갑습니다!"라는 말을 전한다. 수업 중간에는 수업 내용에서 주의해야 할 표현이나 내용이 나오는 경우 종을 울려 환기시킨다. 종소리를 들을 때 김광균의 시에 나오는 '분수처럼 흩어지는 푸른 종소리'를 공감각(共感覺)의 공식처럼 떠올리도록 한다.

울려 퍼지는 종소리에 울림, 공감, 영향, 인플루언서의 뜻이 있음을 이야기한다. 쇠망치로 두들기는 이유는 낡은 관점(프레임)이나 고정관념, 잘못된 습관이나 태도 같은 것을 쇠망치로 깨버리는 의미가 있음을 학생들과 공유한다. 무엇을 '깨닫다'라는 표현에는 망치로 '깨는(격파)' 과정이 필요하다는 의미도 설명한다. 아침에 그냥 잠을 깨지 말고 자신의 일상을 '깨닫는' 순간이나 동작이 되자고 이야기한다. 그렇게 하면 잠을 자고 깨는 일이 생리적 현상을 넘어 새로운 차원이 될 수 있다. 망치의 어원적 의미는 '(목표에) 맞히는 것'이다(백문식, 『우리말 어원사전』, 196쪽). 목표에 맞히는, 즉 적중하기 위해서는 망치로 종을 치는 것처럼 깨닫는 울림이 퍼져 나가는 과정이 필요하다고 이야기한다.

수업에서 반복적으로 강조하는 반려어인 '금녀획(자기 자신을 좁히지 말라는 공자의 가르침)'이나 '비욘드(beyond, 넘어섬)'를 말할 때도 종을 울리면 학생들이 그 의미를 친근하게 느낀다. 대학 생활을 알차게 하지 못하는 위험에 빠지지 않도록 경종(警鐘)을 울리는 의미도 담는다.

학교에 종소리가 사라졌다. 고등학교에는 수업 시작과 종료를 알리는 멜로디가 교실 스피커를 통해 나오지만 대학의 수업에는 아무런 신호가 없다. 교수와 학생은 수업 시간에 맞춰 각자 알아서 강의실에 모이고, 스마트폰으로 전자출석부를 체크하는 것이 수업 시작을 알리는 절차다.

『학기』에는 '공부가 나아가게 하는 방법(진학지도, 進學之道)'을 설명하면서 이를 종소리(당종, 撞鐘)의 울림(鳴, 명)에 비유한다. 사람들에게 스며드는 종소리의 아름다운 울림은 공부가 몸에 스며드는 모습과 닮았다고 보기 때문일 것이다. 종소리는 울림이고 메아리다. 산에서 돌아오는 메아리처럼 메아리는 사람과 사람을 이어주는 소리다.

(2) 활

교수와 학생이 일체감으로 함께 활을 쏘면서 하늘로 날아오르는 느낌과 이미지를 위한 도구이다. 새장에 갇힌 새(농조)가 새장을 벗어나 창공을 힘껏 나는 의미다. 하늘은 넓고 깊은 세상을 상징한다.

활시위에 화살을 메기고 당기면서 "오늘 수업으로 하늘에 300미터 더 올라가자!"라고 말한다. 수업에서 중요한 부분을 이야기한 다음에는 "이 부분에서 화살을 더 쏘아올리자!"라며 활쏘기 동작으로 성과를 보여준다. 활과 화살은 서로 반드시 필요하다는 점에서 교수와 학생이 서로 성장하는 교학상장(教學相長)을 상징한다. '과녁', '정곡(正鵠, 과녁의 중심)', '적중(的中)'은 활쏘기와 관련 있는 말이라고 설명한다.

『논어』「팔일」 편에 공자의 말로 기록된, 활쏘기 시합을 통한 정정당당한 승부 정신을 이야기하면서 고전(古典)을 실감 나게 이해하도록 관심을 유도한다. 『중용』에 공자의 말로 기록된 활쏘기 정신도 곁들여 이야기한다. 대인(大人)은 활쏘기에서 정곡을 맞추지 못하면 밖으로 탓하지 않고 자기 자신부터 돌아본다(제14장)는 '반구(反求)'

정신을 함께 음미한다. '활 쏘는 헤라클레스' 조각상 이미지를 빔 프로젝트 화면에 띄우고 그 동작을 활을 잡고 흉내내본다.

학생들에게, 학기가 끝날 때쯤에는 우리가 화살이 되어 올라간 하늘의 높이가 얼마나 될지 상상해보자고 기대감을 심어준다. 시위를 팽팽하게 당겨야 화살이 멀리 날아간다는 정직한 원칙을 공유한다.

하늘로 날아오르는 기분과 상상은 수업의 활력(活力)에 도움이 된다. 높이 날아야 사방이 탁 트이는 시야(視野)가 펼쳐진다는 설렘을 느끼도록 유도한다. 하늘(天)을 품는 자세와 노력은 대인(大人)의 특권이라고 말한다. 이 같은 태도와 노력은 모두 삶을 넓고 높게 확장(擴張, expansion)하는 일이다. 확장에서 '張'은 '弓(궁) + 長(장)'으로 이뤄진 글자인데, 활을 멀리 쏘아 보내는 모습을 나타낸다.

이순신의 『난중일기』에 많이 보이는 표현이 '사후(射帿)'이다. 과녁을 향해 활을 쏜다는 뜻이다. 충무공에게 활쏘기는 사격술을 넘어 자신을 다잡는 반구(反求) 자세일 것이다.

(3) 요리사 모자

하얀 천으로 만든 요리사 모자를 한 번씩 머리에 쓴다. '요리'라고 하면 학생들은 대부분 음식 만드는 것을 생각한다. 국어사전의 풀이도 그렇다. 틀린 것은 아니지만 요리의 깊고 넓은 뜻을 맛보도록 한다. '요리(料理)'는 '삶의 이치와 본질을 잘 헤아리는 태도와 실력'이다. 요(料)는 말(斗)로 쌀의 양을 헤아리는 글자의 뜻에서 '요량(料量)'

은 일을 잘 헤아려 생각한다는 의미가 된다. "우리 모두 내 삶을 맛있고 멋있게 버무리는 요리사가 되자!"라는 메시지를 공유한다. 요리와 뜻이 비슷한 조리(調理)라는 말을 연결해 "삶의 문제와 상황을 맛있게 요리조리 멋지게 잘 처리(處理)하자!"라는 슬로건도 만들어 음미한다. '멋'은 밖으로 드러난 '맛'이므로 맛과 멋은 맞물려 있다.

요리사 모자는 학생들이 자주 이용하는 학교 식당의 주방에서 일하는 분에게 부탁하여 얻었다는 과정을 들려준다. 식당은 밥만 먹는 공간이 아니고 우리 수업에 유익한 교재를 구할 수 있는 곳이기도 하다는 의미를 느끼도록 한다. 일상 사물의 용도를 새롭게 생각해보는 계기가 될 수도 있다.

(4) 상평통보

17세기 조선시대 엽전 5개를 줄에 묶어 목에 걸고 수업을 한다. 19세기까지 200년 넘게 유통된 유명한 화폐이지만 지금은 유통기간이 끝나 상평통보를 수십 개 가져가도 편의점에서 500원짜리 물 한 병 살 수 없는 현실을 이야기한다. '지금 여기(now & here)' 현실에 통하지 않으면 사회적 가치는 생기지 않는다는 현실 감각을 강조한다. '엽전적' 사고, 생각, 관점, 프레임, 습관, 태도 등을 경계하는 상징물로 좋다.

상평통보(常平通寶)는 '언제나 통하는 귀중한 돈'이라는 뜻이지만 1678년부터 1894년까지 216년간 유통됐다. '유통(流通)'의 의미와 가치를 느끼도록 한다. 동네 슈퍼마켓에서 물건을 구입할 때 유통기간을 확인하는 것처럼 자기 자신에게 있는 관념, 관점, 가치관, 습관, 태도 등이 지금 세상에 가치 있게 유통될 수 있는지를 세밀하게 살펴보는 계기가 되도록 이야기한다.

(5) 낚시

길이 5센티미터 크기의 낚시 3개를 줄에 끼우고 목에 건다. 낚시라고 해도 '미늘'이 없으면 물고기를 낚을 수 없는 원칙을 이야기한다. 미늘이 없으면 아무리 미끼를 끼워 물에 던져도 물고기를 낚을 수 없다. '미늘'에서 '미'는 '물(水)'의 옛날 발음이며 '늘'은 칼날이라는 말에서 보듯 '날(刃, 날카로운 부분)'을 가리킨다는 의미를 설명하면서 미늘의 중요성을 각인시킨다.

자기소개서, 기획서, 제안서, 설명서 등 모든 표현에는 '미늘 메시지'가 있어야 주목받는 효과를 발휘할 수 있다는 뜻을 공유한다. 미늘 메시지는 주목하지 않을 수 없는 컴펠링 포인트(compelling point)이다. 미늘에 민감해야 보이스 피싱처럼 속아 낚이는 범죄 위험도 피할 수 있는 효과도 알려준다.

(6) 송곳

줄에 묶은 송곳을 목에 건다. 두루뭉술하면 뚫을 수 없고 뾰족해야 틈새를 뚫을 수 있다는 의미를 설명한다. 뾰족함은 '첨단(尖端)'이다. 대학생에게 필요한 첨단의 뜻은 첨단산업보다 첨단인(尖端人)이다. 사람됨의 언행이 진부(陳腐)하지 않은 신선함이 첨단이라는 의미를 공유한다. 언행의 첨단은 취업문의 틈새를 비집고 들어갈 수 있는 실력이다. 취업 후에는 첨단인으로서 태도와 능력으로 '틈새시장'을 개척해 유능한 직업인으로 인정받는 기대감을 심어준다. '낭중지추(囊中之錐, 주머니 속의 송곳이라는 뜻으로, 실력 있는 사람은 숨어 있어도 사람들에게 알려짐)'가 반려어가 되도록 한다.

(7) 나침반

한 학기 수업은 삶의 방향을 잡아가는 '오리엔티어링' 활동이라는 점을 설명할 때 한 번씩 보여준다. 대학 생활이 방향을 잃고 헤매지 않도록 북극성을 가리키는 나침반 같은 수업이 되도록 뜻을 모으자는 메시지를 공유하는 데도 효과적이다.

'재앙', '불행', '실패'를 뜻하는 단어 '디재스터(disaster)'는 'dis + aster'로 이뤄진 말로, 북극성 같은 별을 잃어버린 상태를 의미한다고 설명한다. 내 삶의 방향을 잡아주는 '방향성(方向星, directional star)'이라는 말을 만들어 반려어로 삼아 대학 생활의 오리엔티어링에 활용할 것을 당부한다. '별'은 '밝다'에서 나온 말이다. 무엇을 '가르친다(教, 교)'는 말은 어떤 방향을 '가리킨다(指, 지)'와 통한다.

(8) 명찰(이름표)

가로 9센티미터, 세로 6센티미터인 플라스틱 명찰을 수업 때마다 왼쪽 가슴에 붙인다. 교수의 이름은 매직펜으로 두껍게 손글씨로 써, 학생들이 강의실의 어디에 있더라도 알아볼 수 있도록 한다.

언젠가 "요즘 대학생들은 한 학기 수업을 해도 담당교수 이름도 모른다"라는 말을 들었다. 중간고사와 기말고사를 칠 때 쓰는 시험지에는 위쪽에 과목과 담당교수를 쓰는 칸이 있고 아래쪽에는 수강생의 학과와 학번, 이름을 쓰는 칸이 있다. 이전에는 담당교수 이름을 쓰는 빈칸에 이름을 쓰는 경우는 수강생이 200명일 경우 10명도 되지 않았다.

학생들에게 이름표를 설명하고 수업 시간 내내 달고 있다. 학생들은 명찰이 없기 때문에 이름을 부를 수 없어 아쉬울 때가 적지 않다. 교수가 학생들의 이름을 잘 모르는 것처럼 학생들도 교수의 이름을 잘 모를 수 있다. 명찰을 달고 수업을 한 이후 중간고사와 기말고사 시험지에 담당교수 이름을 안 쓰는 경우는 200명 중에서 5명 정도이다. 이 작지만 특별한 변화 경험을 통해 수강생을 마주하는 태도에 깊은 변화가 있음을 느낀다.

(9) 편지

이 책의 Ⅲ부에 다룬 편지들은 가장 중요한 연결 고리이다. 일주일에 한 번, 2학점 수업은 시간적으로 공간적으로 학생들과 친밀하게 연결되기 어려운 환경이다. 매주 쓰는 이런 편지는 학생들과 온라인(on-line), 즉 연결 상태를 유지하는 데 효과적이다. 수업을 담당하는 교수가 어떤 글을 어떻게 쓰는지 학생들이 느낀다면 일주일에 1,500~2,000자 글쓰기가 습관이 되도록 하는 자발적인 자극이 될 수 있다. LMS에서 학생들이 편한 시간이나 장소에서 편지를 음미하면 강의실에서 하기 어려운 개인적 대화와 같은 느낌도 주고받을 수 있다. 편지 형식이지만 취업 역량을 높이고 대학 생활을 알차게 하는 데 필요한 알맹이가 반드시 들어가도록 해야 편지에 대한 기대감을 줄 수 있다.

02

압솔리지와 압솔리지 디톡스

> "생각은 중요하다. 그러나 우리가 생각하는 사실의 대부분은 거짓이다. 우리가 믿는 것의 대부분도 어리석은 것이다. 오늘날 데이터와 정보, 지식이 우리 주변에서 홍수를 이루고 있지만 우리가 알고 있는 사실들의 많은 부분이 점점 더 진실에서 멀어지고 있다."

『미래 쇼크』(1970), 『제3의 물결』(1980) 같은 저서를 통해 인류 사회에 큰 통찰을 제시한 앨빈 토플러(1928~2016)는 2006년 출간한 『부(富)의 미래(*Revolutionary Wealth*)』에서 '미래 지식'에 관한 통찰을 시도한다.

위 인용문은 이 책의 17장 '무용지식의 함정(The Obsoledge Trap)'의 첫 문장이다(168쪽). 압솔리지(obsoledge)는 '무용(無用)한', '쓸모없는', '낡은', '한물간'의 뜻인 'obsolete'와 '지식', '인식', '이해'를 뜻하는 'knowledge'를 결합한 용어로, 토플러가 만들어 이 책에 처음 소개했다. 대체로 '무용지식'으로 번역한다.

그의 말에서 "우리가 생각하고 믿는 것의 대부분은 거짓이고 어리석은 것"이라는 말은 거칠고 지나친 표현이다. 그가 말하고 싶은 '지식'의 의미와 관점을 강조하려는 의도에서 이렇게 말했을 것이다.

토플러는 이어 “모든 지식에는 한정된 수명(壽命, 사용에 견디는 기간)이 있게 마련이다. 어느 시점이 되면, 지식은 더 이상 지식이 아닌 것이 되어 무용지식이 될 수도 있다”라고 말한다(169쪽). 이 내용도 압솔리지(무용지식)를 강조하기 위한 맥락이지만 그의 말대로 ‘모든 지식’이 압솔리지 신세로 전락해 폐기 처분되는 것은 아니다. 원칙적으로 말하면 시대적 또는 사회적 환경에 따라, 또는 과학을 포함한 학문의 발달에 따라 그때그때 바뀌는 지식도 있지만 그렇지 않은 지식도 있다. 일시적 지식인가, 일시적 지식이 아닌가를 기준으로 나눌 수도 있지만 ‘일시적’이라는 기준을 획일적으로 정하는 것은 불가능하다. 그의 말을 더 들어본다.

> “변화가 더욱 빨라지면서 지식이 무용지식으로 바뀌는 속도도 빨라지고 있다. …(중략)… 오늘날 기업과 정부, 개인은 알게 모르게 전보다 더 쓸모없어진 지식, 즉 변화로 인해 이미 거짓이 되어버린 생각이나 가정(假定, 가설)을 근거로 매일 의사결정을 내리고 있다. …(중략)… 변화의 가속화에 따라 무용지식의 축적 속도도 그만큼 빨라진다는 것이 무용지식의 법칙이다. 지금 현재 우리가 소중히 여기는 아이디어도 후세대에게는 웃음거리가 될 수 있다.”
>
> — 171~173쪽

앨빈 토플러의 편견

개인과 기업, 정부가 압솔리지를 근거로 날마다 잘못된 의사결정을 하고 있다는 주장은 대충 뭉뚱그려 단정해버리는 편견이라고 할 수 있다. 오늘 소중히 여기는 아이디어가 후대에는 웃음거리가 되는 경우도 있겠지만 그 반대 경우도 대등하게 성립할 수 있다. 오늘날 웃음거리가 되는 아이디어가 나중에 중요한 가치를 낳는 아이디어로 평가될 수도 있다.

토플러는 '어제의 진실'이라는 소제목에 따른 사례로 플라톤과 아리스토텔레스, 공자(孔子)와 칸트를 간단히 언급한다. 이들의 지혜라고 하는 것은 그들이 아는 사실, 즉 그들이 가진 지식에 근거했다면서 "그러나 그들이 알고 있던 대부분은 사실상 거짓이었다"라고 한다(169쪽). 하지만 이들의 '지식으로서의 사상'이 그들이 살았던 시대적, 사회적 상황에 갇히는 부분도 있지만 그렇지 않고 초시대적으로 보편적인 가치를 갖는 부분도 있다. "대부분 거짓이다"처럼 다섯 줄 분량의 평가로 뚝 잘라 말하는 것은 매우 부적절하다. 그는 이 책의 '프롤로그(서문)'에서, 이 책의 모든 설명은 단순화되어 있다는 점을 독자들이 잊지 말기를 당부한다(9쪽). 플라톤, 아리스토텔레스, 공자, 칸트의 사상은 지혜라고 할 수는 있지만 그것은 대부분 거짓이라는 설명은 '단순화'가 아니라 아무런 근거도 없는 막말 수준에 불과하다.

대학 교육에 대해서 그는 "대학 시절에 배운 지식 중 많은 부분은 무용지식의 다락이나 죽은 아이디어의 공동묘지에나 적합한 것이 되어버렸다(174쪽)"라며 매우 거친 표현을 쓴다. 고등교육기관으로서 대학은 오랫동안 시대적, 사회적 상황과 상호작용을 하면서 그 역할을 이어왔다. 시대와 사회를 이끌기도 하고 따라가기도 하면서 대학 스스로의 정체성(아이덴티티)을 시대에 맞게 만들고 있다. 대학에서 가르치고 배우는 지식의 많은 부분을 압솔리지로 규정하다시피 하면서 공동묘지에 묻혀야 하는 신세처럼 단정하는 것은 그 표현 자체가 단순한 압솔리지나 마찬가지다.

토플러는 오늘날 빨리 변하는 지식의 특징을 말하면서 "오늘날 지식은 전달되기도 전에 무용지식이 되어버린다(389쪽)"라고 한다. 그는 이런 사정을 농경사회의 변하지 않는 지식과 비교한다. 그가 생각하는 농업은 수천 년 전의 원시(原始) 농업으로, 오늘날 농업의 많은 분야에서 첨단기술을 접목하는 농업과는 비교할 수 없다.

토플러는 책의 주제인 '부(富, wealth)'를 '필요나 욕구를 채워주는 어떤 것으로, 일종의 소유(所有)이며 효용(效用, utility)'으로 정의한다(37~38쪽). 이는 기존의 의미와 비슷하지만, 무용지식을 걸러내고 그와 반대되는 지식으로서 쓸모 있는 유용(有用)지식을 활용해 개인과 기업, 국가가 시대에 맞는 '부'를 어떻게 창출할 것인가 하는 점이 그의 근본적인 문제의식이다(168쪽). 거의 모든 분야에서 변화가 빠르고 그에 따라 지식의 압솔리지 전환도 빠른 만큼 이 같은 상황에 순발력 있게 대처해야 '부'를 창출, 즉 새롭게 만들 수 있다는 주장이다.

토플러의 성급한 일반화

토플러는 지식을 중심으로 사회와 시대의 변화, 그에 맞물리는 삶의 방식의 변화가 서서히 바뀌는 게 아니라 빠르게 바뀌고 있다는 관점을 지나칠 정도로 강조한다. 그래서인지 그의 생각과 판단, 관점(프레임)에는 성급함이 많이 느껴진다. 지식의 생성과 소멸, 변화의 빠르고 늦은 속도는 '한 가닥' 직선으로 시작과 끝이 있는 게 아니라 '실타래'처럼 여러 층이 복잡하게 얽혀 있는 경우가 상당히 많다.

토플러는 되돌릴 수 없는 변화의 빠른 흐름을 강조 또는 정당화하기 위해 고대 그리스 시대의 철학자를 활용하는데, 그 내용은 비판적 차원에서 입체적으로 살펴볼 필요가 있다. 토플러가 '압솔리지'라는 용어를 세상에 내놓은 만큼 압솔리지를 판단하고 적용하는 연습장을 『부의 미래』라는 이 책에서 찾아보는 것도 압솔리지에 관한 논의에 생동감을 줄 수 있기 때문이다. 그는 다음과 같이 말한다.

> "변화의 복음(gospel of change)은 기존 제도와 질서에 가장 위험하다. 근본적으로 좌익이나 우익, 민주주의나 권위주의의 문제가 아니기 때문이다. 변화의 복음이 전하는 암묵적인 속뜻은 우리 사회와 현재 삶의 방식과 믿음이 일시적(一時的)일 수밖에 없다는 것이다. 이는 애덤 스미스나 칼 마르크스의 메시지가 아니다. 프랑스나 미국 혁명가들의 메시지도 아니다. 철학자 중 가장 혁명적인 철학자인 헤라클리토스(Heraclitus, 헤라클레이토스)의 메시지다. 그는 '같은 물에 발을 두 번 담글 수는 없다. 두 번째 들어갈 때 이미 그 물은 흘러가버렸기 때문이다'라는 유명한 말을 남겼다. 모든 것은 과정(過程)일 뿐

이다. 모든 것은 변화한다. 헤라클리토스는 모든 제도들처럼 모든 이데올로기나 종교도 역사적으로 일시적이라고 암시한다." — 307~308쪽

토플러의 압솔리지

토플러가 변화를 '복음(가스펠, 福音, 기쁜 소식)'에 비유하는 것은 변화에 대한 확고한 신념을 보여주기 때문일 것이다. 기존 질서를 위협하면서 무너뜨리기 때문에 오늘날 사회제도와 삶의 방식도 '일시적' 성격으로 빠르게 바뀐다는 것이다. 모든 것은 고정된 게 아니라 '흘러가는 과정'이라고 '본다'. '변화' 또는 '불변(不變)'이라는 관점은 간단한 문제가 아닌데도, 그는 인터넷 발달 같은 사회의 변화 현상을 변화의 참모습으로 보는 것 같다. 이 같은 관점에 서면 이전과 다른 사회 현상의 변화, 즉 달라진 모습만이 '참되고 실질적으로 있음'이라는 인식에 도달하게 된다.

'변화'는 다른 관점에서도 대등하게 이해할 수 있다. 변화를 어떻게 이해할 것인가 하는 근본적인 문제가 제기된다. 마차에서 자동차로 바뀌는 사회적 현상은 분명히 변화이지만 그런 변화라는 현상이 과연 본질적이고 근본적인가 하는 측면에서도 바라볼 수 있는 것이다. 눈에 보이는 여러 방식의 변화들과는 달리 그런 변화가 가능하도록 밑에서 떠받치는 힘이나 근거, 원리는 변하지 않는, 즉 '불변'이

라는 관점도 논리적으로 정당하게 성립한다.

토플러의 관점을 '변화에 대한 현상론'이라고 부르면 변화의 근거를 중시하는 관점은 '변화에 대한 실체론'이라고 부를 수 있다. 이 두 가지 관점에 대한 옳고 그름이나 우월과 열등을 객관적으로 판단할 수 있는 심판관이나 재판관은 없다. 어느 한쪽을 선택해서 강조하는 관점 또는 두 가지를 대략 절충하는 관점이 가능하다. 토플러는 자신의 의도에 따라 변화 현상론을 선택하고 단정적으로 강조한다. 이 또한 압솔리지이고 확증 편향(confirmation bias)이다. 그렇게 하는 만큼 그 특정 관점에 대한 편견과 고정관념은 굳어진다. 그의 이런 생각과 태도는 압솔리지다.

헤라클레이토스에 대한 피상적 이해

앨빈 토플러가 '변화의 일시성', '과정으로서 변화'라는 자신의 관점을 정당화하는 상징적 근거로 헤라클레이토스(B. C. 535~475)의 사상을 활용하는 것은 그가 생각하는 '변화'가 무엇인지 알 수 있다는 점에서 중요하다. 압솔리지에 대한 감수성(感受性)을 키우는 연습으로도 구체적인 도움이 될 수 있다.

토플러는 헤라클레이토스를 가리켜 '철학자 중 가장 혁명적인 철학자'라고 규정하는데, 이 같은 표현은 내용의 참 또는 거짓, 옳고 그름과 분리해서 형식 면에서 타당하지 않다. 원칙적으로 볼 때 동양과 서양의 철학사에 등장하는 철학자들은 모두 혁명적(革命的, radical)이라고 할 수 있다. '혁명적'을 '근본적(fundamental)'이라고 이해할 때 철학과 철학자는 근본적이고 혁명적이라고 볼 수 있기 때문이다. '가장 혁명적인', '조금 혁명적인' 같은 표현을 쓰기는 적절하지 않다. 서양철학의 역사에서 그 출발점에 해당하는 그리스 중심의 고대(古代) 철학에서 헤라클레이토스를 '가장 혁명적인 철학자'로 표현하는 『철학사』는 발견할 수 없다. 헤라클레이토스는 소크라테스 이전의 철학, 일반적으로 '자연철학'의 시기에 활동한 철학자들(대표적으로 탈레스, 아낙시만드로스, 아낙시메네스, 피타고라스, 파르메니데스, 제논, 엠페도클레스, 아낙사고라스, 데모크리토스 등 10여 명) 가운데 한 명일 뿐이다.

헤라클레이토스는 자신의 관점을 위해 피타고라스의 사상을 비판하고 부정한다. 반대로 파르메니데스는 헤라클레이토스의 관점을 비판하고 부정한다. 헤라클레이토스는 "모든 것(everything)은 변한다"라고 주장하지만 파르메니데스는 "아무것(nothing)도 변하지 않는다"라고 주장한다.

이런 대전제 가설(大前提 假說, major premise hypothesis)은 '동등(同等)한' 인식론적 자격을 가진다. 비판하고 부정한다고 해서 어떤 사상이나 관점이 실제 부정되는 것은 아니다. 이는 동양과 서양의 철학사에서 흔히 보이는데, 관점들의 대립과 충돌은 발전의 계기가 되는 경우가 많다.

토플러는 헤라클레이토스의 관점과 사상을 강조하는 의도에서 애덤 스미스(1723~1790)와 칼 마르크스(1818~1883)를 헤라클레이토스와 비교하는데, 이는 터무니없는 발상이다. 헤라클레이토스는 기원전 6세기 무렵에 살았고(동양의 공자와 비슷한 시기) 토막글인 단편(斷篇) 1만여 자(字)를 남겼을 뿐 어떤 체계적인 저술을 통해 자신의 사상을 보여주지 못했다. 이는 당시 자연철학자들에게 공통되는 모습이다. 헤라클레이토스보다 60년 뒤에 태어난 소크라테스도 저술이 없다. 소크라테스의 삶과 사상에 관한 기록은 소크라테스보다 40년 후배 제자인 플라톤의 저서를 통해 간접적으로 파악할 수 있을 뿐이다.

이 같은 점을 보더라도 애덤 스미스의 『국부론』과 『도덕감정론』, 칼 마르크스의 『자본론』과 『공산당선언』 같은 저술이 자본주의와 공산주의에 미친 영향은 헤라클레이토스의 단편이 당시 또는 그 이후 세상에 미친 영향과는 비교할 수 없다. 헤라클레이토스가 남긴 단편 구절 중에 "태양은 날마다 새롭다"가 있는데, 이런 파편 같은 토막글로 어떤 사상을 검토하고 평가하는 것은 불가피하게 피상적이고 부분적으로 되기 쉽다.

토플러가 헤라클레이토스를 '가장 혁명적인 철학자'라고 규정한 것은 무지(無知)에 따른 과장(誇張)이라고 할 수 있다. 지식의 '변화'를 설명하는 데 헤라클레이토스의 사상이 눈에 띄었기 때문이었을 것이다. 토플러의 표현은 애덤 스미스나 칼 마르크스를 언급할 필요 없이 다음과 같은 정도로 표현하는 것이 적절한 수준이 될 것이다. "고대 그리스 철학에서 끊임없는 변화의 과정을 강조한 철학자가 등장했으니, 바로 헤라클레이토스이다." 하지만 이런 설명도 헤라클레이토스의 사상을 적절히 보여주는 것은 아니다.

토플러가 헤라클레이토스에 집착하게 된 이유는, 『부의 미래』에도 인용한 것처럼 헤라클레이토스가 '변화'를 강조하면서 같은 강물에 발을 두 번 담글 수 없다고 한 단편 구절에 강한 인상을 받았기 때문일 것이다. 강물은 흘러가고 사람은 순간순간 바뀌므로 '같은 사람'이 '같은 강물'에 두 번 들어갈 수 없음은 우선 형식 면에서 당연하다.

토플러는 헤라클레이토스의 이 단편 구절을 근거처럼 소개하면서 "모든 것은 과정일 뿐이고 모든 것은 변화한다"라고 주장한다. 지식은 끊임없이 변하는 과정에 있고 21세기 지식혁명 시대에는 지식이 압솔리지가 될 가능성이 높고 압솔리지(쓸모없는 지식)로는 시대에 맞는 부(wealth)를 만드는 기반이 될 수 없다는 관점이다.

강(江)과 강물은 다르다

'무엇이 참으로 있는 실재(實在)인가'는 토플러가 간단히 단정(斷定)하면 되는 것처럼 그렇게 쉬운 문제가 아니다.

헤라클레이토스가 "같은 강물에 발을 두 번 담글 수 없다"라 했다고 해서 이를 두고 '변화'만 강조한다는 추론은 단순하고 피상적이다. '강물'은 흘러가더라도 강물을 흘려보내는 '강'은 그대로이다. 이 생각에 따르면 '같은 강물'에는 발을 두 번 담글 수는 없겠지만 '같은 강'에는 발을 두 번 담글 수 있다. 헤라클레이토스의 고민은 흘러가면서 변하는 강물과 그런 강물을 담고 있는 강의 변하지 않음이라는 대립적 상황을 어떻게 '통일적으로', '입체적으로', '전체적으로' 이해할 것인가에 있었다.

러셀은 헤라클레이토스의 사상을 평가하면서 이렇게 말한다. "만물이 끊임없는 흐름(변화) 속에 있다는 학설보다 훨씬 더 중요한 학설은 '대립물의 혼합'에 관한 것이다.(『서양철학사』, 86쪽)" 이는 토플러의 단조로운 이해와는 차원이 다르다. 러셀은 다음과 같은 헤라클레이토스의 말을 인용한다. "사람들은 다양하게 변하는 존재가 어떻게 자신과 일치하여 조화를 이루는지 알지 못한다. 조화(調和)는 대립하는 힘의 긴장을 조율(調律)하는 것이다."

헤라클레이토스에서 대립과 투쟁을 통한 변화와 생성은 조화와 통일을 통한 영원, 즉 변화의 지속과 결합되어 있다. 그 모습을 상징하는 물질은 '불'이고 원리는 '로고스(logos)'이다. 철학사 연구의 대가인 요한네스 휠쉬베르거는 헤라클레이토스에 대해 "모든 생성과 모든 것이 흘러가는 속에서 질서와 조화, 통일을 보려고 했다. 이렇게 해서 그는 로고스 개념을 자신의 기본 사상으로 삼았다. 그에게 로고스는 공통적인 것이요, 영원한 생성을 가능하게 하는 신의 법칙이다(『서양철학사』, 상권, 66쪽)"라고 평가한다.

김계숙도 "헤라클레이토스 철학에서 중심 문제는 잠시도 쉬지 않는 변화의 인식에 있는 것이 아니고, 그 변화 가운데 일관(一貫)되어 있는 로고스를 파악하는 것이었다"라고 평가한다(『서양철학사』, 30쪽).

헤라클레이토스는 '불'이나 '강물'을 비유 표현으로 활용해 변화와 생성을 강조하는 바탕에 변화와 생성을 가능하게 하는 '변하지 않는' 힘이나 원리, 근거로 '로고스'를 제시한다. 로고스 때문에 모든 변화는 그저 허무하게 흘러가버리는 일시적 현상에 그치지 않는다는 것이다.

토플러가 헤라클레이토스의 '같은 강물'에 특별히 주목한 이유는 오늘날 지식의 '일시성(一時性, 짧은 한때와 빠른 변화)'을 나타내는 데 적합하다고 생각했기 때문일 것이다. 그러나 변화와 불변, 생성과 소멸, 일시와 영원 같은 대립적 의미를 갖는 개념에 대한 이해는 어느 한쪽에 대한 선택과 강조를 통해서는 그 상황을 전체적으로 살펴보는 전관(全觀, overall perception)을 할 수 없다.

공자의 흘러감

헤라클레이토스와 비슷한 시기를 살았던 동양의 철학자 공자(孔子)도 '흘러가는 강물'에 대한 깊은 느낌을 드러내고 있어 흥미롭다. 『논어』「자한」 편에 공자의 말로 기록된 내용은 다음과 같다.

> 공자께서 강가(냇가)에 앉아 말했다: "흘러가는 것이 이와 같구나! 밤낮으로 멈추지 않는구나!(子在川上, 曰: 逝者如斯夫! 不舍晝夜!)"

끊임없이 흐르는 자연의 운행처럼 사람도 그것을 본받아 수신의 노력을 해야 한다는 의미로 이 구절을 해석하는 경우가 많다. 주희(주자)는 『논어집주』에 "사람들을 격려하여 배움에 나아가도록 하는 말이다(勉人進學不已之辭)"라고 설명한다. 이 같은 해석은 여운(餘韻)의 맛이 없다. 이 구절 끝에 "사람도 이와 같다"라는 말이 붙어 있다면 '인생을 낭비하지 않는 성실한 배움'을 독려하는 뜻으로 보면 충분할 것이다.

이 구절의 중심은 '흘러 지나가는 것에 대한 깊은 느낌'이다. 첫 문장 끝에 붙은 감탄 조사 '부(夫)'가 이를 보여준다. 무엇에 대한 깊은 느낌일까? 여기서 '흘러가는 것(逝者, 서자)'은 '시간의 흐름'이다. 어떤 시간인가?

리쩌허우(李澤厚)의 관점이 깊은 맛을 느끼게 한다. 시계의 시간이 아니라 '정서에 스며드는 시간(時間在情感)'에 대한 깊은 느낌이라는 것이다. '정서 시간'은 '사람의 내면적 시간'이다. 즉 "정서(감정, 느낌)가 시간이고 시간이 정서"이다(『論語今讀』, 167쪽).

이 같은 관점에 따르면 시계 속에서 흘러가는 시간은 사람들이 똑같이 인식하는 시간이다. 리쩌허우는 이런 시계 속 시간은 '없는 시간(無時間)', 즉 '무(無, 없음)'라고 본다. 이와 대조적으로 개인이 정서적 체험으로 느끼는 시간이 시간의 본질이고 시간의 '있음(有)'이라고 주장한다. 실제로 있는 것은 삶의 정서적 체험이라는 것이 그의 관점이다(168쪽). 그의 이 같은 생각은 시간의 흐름이라는 변화에서 무엇이 있음이고 없음인지에 대한 새로운 관점을 보여준다.

헤라클레이토스의 관점을 여러 측면에서 살펴보는 과정에서 드는 생각은 변화와 불변, 생성과 소멸, 흐름과 멈춤, 삶과 죽음, 있음과 없음, 무용(無用)과 유용(有用), 현상(밖으로 드러나는 것)과 실체(안에서 숨어 작용하는 것), 대립과 통일처럼 서로 대립되어 이질적(異質的)으로 여겨지는 개념들의 관계에 관한 문제이다.

대립의 상생(相生)

헤라클레이토스는 서로 대립하는 것들이 투쟁하는 과정이 운동이며, 운동을 통해 이질적인 대립물이 연결되고 통일된다고 본다(러셀, 『서양철학사』, 86쪽). 이런 관점은 변화와 불변, 있음(有)과 없음(無) 같은 이질적인 대립물이 각각 독립적인 실체가 아니라 서로 맞물려 서로 성립하도록 하는 상생(相生) 관계로 보는 것이다. 이런 차원을 입체적으로 생각하지 않으면 헤라클레이토스 사상의 중심이자 강물의 흐름처럼 밖으로 드러나는 현상을 숨어서 지탱하는 통일과 조화의 원리로서 '로고스'는 성립할 수 없다.

헤라클레이토스는 "내 말에 귀 기울이지 말고 로고스(logos)에 귀 기울여라. 로고스는 영원히 참되며, 모든 것은 로고스에 따라 일어난다. 로고스는 모든 것에 공통되는 것이므로 사람은 공통되는 로고스를 따라야 한다"라고 말한다(거드리, 『희랍철학입문』, 58쪽).

이런 관점을 고려하면 흘러가는 강물은 그냥 흘러가서 사라지는 일시적(一時的) 변화가 아니다. 로고스라는 변하지 않는 법칙 또는 원리의 힘에 따라 일어나는 현상이다.

겉으로 대립적이고 모순적으로 보이는 이 같은 '짝(쌍, 雙)' 개념에 대한 생각을 넓혀주는 관점은 공자의 스승이라고 할 수 있는 노자(老子)의 『도덕경(道德經)』에서 볼 수 있다. 공자는 유가(儒家)를 상징하고 노자는 도가(道家)를 상징하는 인물로 알려져 서로 이질적으로 생각할 수 있지만 두 사람은 근본적으로 연결된다. 2세기 동한시대 사상가 왕부(85~162)는 그의 『잠부론(潛夫論)』의 제1장 '찬학(讚學, 배움을 밝힘)'의 첫 구절에 "공자는 노자를 스승으로 삼았다(孔子師老聃, 공자사노담)"라고 말한다. 이는 유가와 도가, 공자와 노자의 관점이 대립이나 모순이 아니라 조화와 상생이라는 차원을 암시한다.

노자는 『도덕경』 2장에서 다음과 같이 말한다.

"있음과 없음은 서로 낳고(有無相生, 유무상생),
어려움과 쉬움은 서로 이루며(難易相成, 난이상성),
길고 짧음은 서로 견주고(長短相較, 장단상교),
높고 낮음은 서로 쏠리고(高下相傾, 고하상경),
앞과 뒤는 서로 따른다(前後相隨, 전후상수)."

노자의 이 말은 유무(有無), 장단(長短), 전후(前後) 같은 대립적 개념은 서로 맞물려 비교될 때 비로소 성립하고 의미가 있다는 뜻이다. 유(있음)는 무(없음), 앞은 뒤를 서로 품고 있다는 의미다. 있음과 없음의 양면(兩面)을 전체적으로 입체적으로 인식해야 '유와 무'의 실제 모습, 즉 실상(實相)에 다가갈 수 있다는 맥락이다.

40장에는 이렇게 말한다.

"만물은 유(있음)에서 생기고(天下萬物生于有, 천하만물생우유),
유(있음)는 무(없음)에서 생긴다(有生于無, 유생우무)."

11장에는 있음과 없음의 현실적 의미에 대해 다음과 같이 말한다.

"있음이 이롭게 되는 것은(有之以爲利, 유지이위리),
없음의 쓰임이 있기 때문이다(無之以爲用, 무지이위용)."

이 말은 '무용유리(無用有利)'라고 줄여 쓸 수 있다. 없음(무)은 '존재하지 않는다'가 아니라 구체적인 쓰임과 작용(作用)이 있다는 것이다. 이런 뜻을 위해서는 '무(無)'라는 글자보다는 '비어 있음'을 뜻하는 '허(虛)'라는 글자가 더 적합하다. 노자가 『도덕경』 11장에서 '무의 쓰임(無用, 무용)'의 사례로 드는 것은 수레바퀴와 그릇, 집이다. 이런 것을 보더라도 무(비어 있음)의 쓰임(用) 덕분에 수레바퀴와 그릇, 집 같은 물체(有)의 이로운 쓰임(有用)이 생겨난다.

유용(有用) = 무용(無用)

유(有)와 무(無), 있음과 없음, 유용(有用)과 무용(無用)은 대립이나 모순 개념이 아니라 상생과 상보(相補, 서로 보완) 개념이다. 이 같은 관점은 '무용지식'으로서 압솔리지의 의미와 가치를 입체적으로, 양면적으로, 전체적으로 파악하는 데 필요하다.

『부의 미래』에는 지구촌 인구 65억 명(2024년 현재 인구는 81억 명)을 기준으로 인터넷과 휴대전화 사용자 숫자를 추정하는 통계가 나온다. 이런 부분은 압솔리지가 아니다. 압솔리지와 관련된 지식은 지식혁명 시대로 불리는 지금 시대에 새로운 부(富)를 창출하는 데 효용(效用)이 있느냐, 부족하느냐, 없느냐가 기준이다.

이런 점에서 '지식 자체'의 성격과 본질에 대한 더욱 입체적이고 전체적인 관점이 필요하다. 토플러가 변화, 특히 지식의 변화와 관련해 활용한 헤라클레이토스의 단편적 사상은 부분적이고 피상적이므로 그런 측면을 넘어설 필요가 있다.

'무용(無用)'을 한 단어로 읽는 것과 두 단어로 끊어 읽는 것은 뜻이 전혀 다르다. 한 단어 '무용'은 '쓸모없음'이다. 그러나 '무 + 용' 두 단어는 '무(비어 있음)의 쓰임'이다. 압솔리지를 '무용지식'으로 번역해서 이해할 때 이 같은 의미 차원을 생각하면 유익하다. 압솔리지는 절대적 단정이나 판단이 아니라 상대적 관계이기 때문이다. 오늘의 압솔리지가 내일은 그렇지 않을 수 있으며 그 반대도 마찬가지다. 또 나에게, 이 사회에, 이 나라에, 이 문명에는 압솔리지가 너에게, 저 사회에, 저 나라에, 저 문명에는 그렇지 않을 수 있다. 압솔리지는 '상황(situation)'과 '맥락(context)'에 의존한다.

비슷한 차원에서 '무지(無知)'를 한 단어로 읽는 것과 두 단어로 끊어 읽는 것은 뜻이 전혀 다르다. 한 단어 '무지'는 '알지 못함', '모름'이다. 두 단어 '무 + 지'는 '알지 못함에 대한 앎(지식)'이다. '무지하다', '무식하다'라는 표현은 무엇을 단지 모른다는 뜻을 넘어 사람됨이 어리석고 미련하다는 의미로도 쓰인다. '무의 지', 즉 '알지 못함에 대한 자각적인 앎이나 지식'은 최고 수준의 앎 또는 지식을 가리킨다.

"너 자신을 알라!"라는 말로 무지(정확히는 '무(無)에 대한 지식')의 자각을 상징하는 인물인 소크라테스가 여기에 어울리는 사례이다. 소크라테스는 다음과 같이 말한다.

> "나는 (그 정치인을 만나고 돌아오면서) 생각했다. 분명히 내가 이 사람보다 지혜롭다. 그 사람은 자기가 모르면서도 아는 것처럼 생각하지만 나는 모르기 때문에 분명히 모른다고 생각하는 것이다. 모르는 것을 모른다고 생각하는 것으로 볼 때, 내가 이 사람보다 더 지혜가 있는 것 같다."
>
> — Plato, *Defence of Socrates*, 32쪽

무지(無知)의 지혜

모르는 것을 아는 것처럼 잘못 아는 앎이나 지식은 압솔리지다.

모르는 것을 모른다고 바르게 아는 앎이나 지식은 압솔리지가 아니다. 소크라테스보다 80년 먼저 태어난 공자는 이렇게 말한다.

> "아는 것은 안다고 하고 모르는 것은 모른다고 하는 것이 참으로 아는 것이다(知之爲知之, 不知爲不知, 是知也)." —『논어』「위정」

무엇에 대한 구체적인 지식이 있느냐 없느냐가 아니라 알고 모르는 지식을 마주하는 '태도(態度)'를 근본적인 앎 또는 지식이라고 본 것이다. 이런 점에서 지식은 윤리적 차원과 분리할 수 없다.

어제까지 몰랐던 무엇을 오늘 알게 되면 지식의 확장이라고 할 수 있지만 내일은 또 어떤 상황이 생겨 그 지식에 대한 변화가 생길지는 알기 어렵다. 자기 자신이 무엇을 모르는지 모르면 진정한 앎이나 지식을 구하는 데 결정적인 걸림돌이 될 수 있다. 모르면서 안다고 우기면 소통과 공감은 이루어지기 어렵다. 지금처럼 인터넷 온라인에 지식이 넘치고 인공지능으로 온갖 지식 콘텐츠를 생성하는 세상에서 '무지의 깨달음'은 가장 높은 수준의 지식이 될 수 있다.

공자는 또 다음과 같이 말한다.

> "나는 아는 게 없다(吾無知也, 오무지야). 그렇지만 지식이 낮은 사람이 나에게 질문을 하면 나는 여러 측면을 충분히 생각하면서 설명해준다."
>
> —『논어』「자한」

여기서 공자가 스스로 '무지한 사람'이라고 하는 것은 무지몽매한 일자무식꾼이라는 뜻이 아니라 여러 분야에 대한 이런저런 부분적이고 단편적이며 그래서 불완전한 지식은 많지 않다는 의미다. 2,500년 전 공자가 살았던 춘추시대나 지금의 인터넷 인공지능 시대나 어떤 개인이 아무리 뛰어나더라도 무엇에 대한 지식은 보잘것없다. 예나 지금이나 외톨이 같은 지식 자체가 아니라 복잡미묘한 삶의 상황에 지식을 얼마나 잘 적용(適用)해서 활용(活用)하느냐가 열쇠다.

'여러 측면을 충분히 생각한다'는 '고기양단(叩其兩端)'인데, 이는 '지식의 상황성(situationality) 또는 맥락성(contextuality)'을 가리킨다. 이는 지식에 대한 개방적이고 유연한 태도에서 가능하다. "어제오늘의 지식이 빠르게 압솔리지로 바뀐다" 같은 토플러의 관점은 파편적이고 부분적인 지식의 단순한 측면에 해당될 것이다. 토플러의 관점에 따르면 공자가 말하는 '온고지신(溫故知新, 전통과 역사 등 지난 일을 활용해서 새로운 지식을 창출함. 『논어』「위정」)'은 쓸모 없는 압솔리지가 된다.

지식의 가치는 적용과 활용

'쓰임', 즉 '소용(所用)'은 '유용'과 '무용'만 있는 것이 아니다. 악용(惡用)하지 않고 이용(利用)하여 선용(善用)하는 실용(實用)이 가장 좋다. 무용하더라도 어떻게 활용(活用)하여 적용(適用)하느냐에 따라 효용

(效用)은 달라질 수 있다. 유용하더라도 사용(使用)을 잘못하면 효용을 기대하기 어려워 무용에 가까워진다. '쓰임'을 유용이냐 무용이냐 하는 두 가지 관점이나 틀, 프레임으로 보면 '쓰임새의 상황'을 매우 좁혀버릴 수 있다.

이런 맥락에서 현대 경영학의 창시자로 평가받는 피터 드러커(1909~2005)의 '지식'에 대한 관점은 유용하다. 드러커는 지식을 "지식은 자료나 정보를 어떤 일을 하기 위해 적용할 때만 지식이 된다"라며 "지식은 전기나 돈과 마찬가지로 오직 활용될 때만 존재하는 에너지의 한 가지 형태이다"라고 정의한다(『단절의 시대』 *The Age of Discontinuity*, 145쪽). 드러커는 이를 다음과 같이 설명한다.

> "지식인이 '지식'이라는 말을 할 때, 그는 대체로 새로운 무엇을 생각한다. '지식 경제'에서 중요한 것은, 지식이 오래된 것이든 새로운 것이든 간에, 그것이 적용(適用) 가능한가 하는 것이다. 중요한 것은 정보의 정교함이나 새로움이 아니라, 그것을 적용하는 사람의 상상력과 기능이다."
>
> — 같은 책, 146쪽

지식에 대한 드러커의 관점은 지식에 대한 이해를 깊게 한다. 드러커는 1960년대부터 '지식 사회', '지식 경영', '지식 경제', '지식 근로자'와 같은 개념을 처음으로 제시하면서 지식에 대한 새로운 차원을 열었다는 평가를 받는다. 『부의 미래』는 지식을 핵심 개념으로 다루는데도 지식에 대한 피터 드러커의 저서나 관점을 전혀 인용하지 않는데, 이는 아쉬운 점으로 느껴진다. 드러커의 관점에 따르면 '온고지신'은 토플러와 반대로, 압솔리지가 아니라 새로운 지식을 창출하기 위한 바탕 재료가 된다.

압솔리지 디톡스

앨빈 토플러가 '압솔리지'를 세상에 내놓은 덕분에 지식과 압솔리지의 문제를 조금 더 입체적 관점에서 살펴볼 수 있었다.

이 과정에서 스스로 배운 점은 압솔리지에 대한 유연(柔軟)하고 개방적(開放的)인 태도가 필요하다는 것이다. "이것은 압솔리지다!"처럼 성급하게 딱 잘라 단정하기보다는 "이 지식과 관점, 생각, 해석, 판단, 추리, 기록, 전제, 가정(가설), 느낌, 기분, 인식, 사상, 가치, 이념은 압솔리지가 아닐까?" 하는 태도이다.

이런 태도를 이 책에서는 '압솔리지 디톡스(obsoledge detox)'라고 표현한다. 학생들은 수업 시간마다 듣는 압솔리지 디톡스를 반려어로 여기고 실천하는 모습을 적극적으로 보여준다. '디톡스'는 자신의 몸에 있는, 지식이나 지성에 섞여 있을 수 있는 독소(毒素)를 깨닫고 몸 밖으로 배출하는 태도와 노력이다. 이는 몸의 '신진대사(新陳代謝)'이기도 하다. 신진대사는 생물학적 의미와 다른 차원에서 '새로움(新, 신)'과 '낡음(陳, 진)'의 '교환(대사)'을 의미한다.

압솔리지 디톡스는 압솔리지를 무조건 독소로 단정하고 제거하는 성급한 태도가 아니다. 독소와 약소(藥素)는 서로 연결된다. 독에도 약의 가능성이나 잠재성이 있고(파충류의 독을 이용해서 신약을 개발하는 경우), 약이라도 지나치면 몸에 해로운 독이 될 수 있다. 이런 점을 동시에 고려하면 독과 약은 통한다고 할 수 있을 것이다. 압솔리지와 압솔리지 디톡스는 생명을 지탱하는 신진대사이다. 압솔리지라는 독소가 몸에 쌓이고 굳어지면 건강한 생명을 유지하기 어렵다.

국어사전은 '지식'을 '무엇에 대한 인식이나 이해'로 풀이하는데, 이는 지식에 대한 생각을 확장시키지 못한다.

『설문해자』는 '지(知)'를 '사(詞)'로, '식(識)'은 '상(常)'으로 풀이한다. '詞'는 '언어(말)'이고 '常'은 '떳떳함'이다. 이런 뜻을 종합하면 지식은 무엇을 알고 모르고 하는 뜻을 넘어 '말(언어)의 당당함(떳떳함)'이라는 차원이 열린다. 지식은 '사람됨', 즉 인격(人格)의 문제와 연결된다. 압솔리지 디톡스는 대인(大人)의 사람됨을 위한 조건이 된다.

03

기업가 정신과 발돋움

대학생들이 '기업가 정신'을 깨닫고 일상에서 실천할 수 있다면 취업이나 창업을 통해 직업인(職業人)으로 살아가는 데 필요한 능력이 될 것이다. 기업의 채용에서 가장 중요하게 여기는 '직무 역량'도 기업가 정신이 뒷받침되면 훨씬 돋보일 것이다. 기업가 정신은 특정 분야의 직무 역량을 포괄하는 가장 높은 수준의 직무 역량이라고 할 수 있기 때문이다. 구성원들이 기업가 정신을 잘 공유하는 기업이라면 조직 경쟁력도 뚜렷하게 차별화될 것이다. 이런 점에서 기업가 정신은 대학생의 취업과 취업 후 직무 수행을 위한 탁월함에 필요한 능력이 될 수 있다.

이 같은 생각을 하면서 평소 기업가 정신에 관한 자료를 모으고 분석하는데도 '수업에 적용해서 활용'하는 데 적합한 내용은 부족하게 느껴진다. 대학생을 중심으로 청년에게 기업가 정신의 필요성을 주장하는 언론 보도 등은 많다. 기업가 정신이 대학의 새로운 정신이 돼야 한다는 주장도 적지 않다. 하지만 대체로 원론적인 주장이어서 "이렇게 하면 되겠구나" 하는 구체적인 내용은 손에 잡히지 않는다. 이런 상황에서 대학생들에게 "기업가 정신은 취업과 창업에 꼭 필요하다"라는 식으로 강조하는 것은 압솔리지일 것이다.

모호한 기업가 정신

먼저 '기업가 정신(entrepreneur, 안트러프러너)'에 관한 사전적 풀이를 살펴보자.

> 기업가의 고유한 가치관이나 기업가적 태도. 기업의 본질인 이윤을 추구하고 사회적 책임을 수행하기 위하여 기업가가 갖추어야 할 정신. 기업이 처한 상황과 시대에 따라 변화한다. — 표준국어대사전

> 기업의 본질인 이윤 추구와 사회적 책임을 수행하기 위해 기업가가 갖추어야 할 자세나 정신. 미국 경제학자 슘페터는 기술 혁신을 통한 창조적 파괴(creative destruction)에 앞장서는 기업가를 혁신가로 본다. 기업가 정신은 슘페터의 정의와 크게 다르지 않다. 미래를 예측할 수 있는 통찰력과 새로운 것에 과감히 도전하는 혁신적이고 창의적인 정신이 기업가 정신이다.
>
> — 두산백과 두피디아

> 새로운 사업 기회를 포착하고 생산 요소를 새롭게 조합하고 조정하고 통제하는 과정. entrepreneur의 어원인 entrepreneur를 보면 기업가 정신보다는 창업가 정신으로 번역하는 것이 더 적절하다는 주장도 있다. 기업가 정신이라는 말은 미국의 경제학자 슘페터(Schumpeter)가 최초로 주장한 개념이다. 슘페터가 사용한 기업가 정신은 혁신(innovation)에 가까운 뜻으로 사용된다. 그는 새로운 생산 방법과 새로운 상품 개발을 기술 혁신으로 규정하고 기술 혁신을 통한 창조적 파괴를 하는 기업가를 '혁신자'라고 규정한 후,

혁신자에게 반드시 필요한 정신들을 기업가 정신으로 규정했다.

— 나무위키

기업가 고유의 가치관 또는 기업가적 태도를 말한다. 기업 활동에서 계속적으로 혁신하여 나가려고 하며 사업 기회를 실현시키기 위하여 조직하고, 실행하고, 위험을 감수하려고 한다. 또한 조직과 시간 관리 능력, 인내력, 풍부한 창의성, 도덕성, 목표 설정 능력, 적절한 모험심, 유머 감각, 정보를 다루는 능력, 문제 해결을 위한 대안 구성 능력, 새로운 아이디어를 내는 창조성, 의사결정 능력, 도전 정신 등이 요구된다. — 매일경제 매경닷컴

혁신과 도전, 창의력과 인내의 조화로운 결합. — 기업가정신학회

기업가 정신에 대한 이 같은 풀이는 영리(이윤, 이익)를 기본적인 목표로 하는 조직으로서 기업을 경영 또는 운영하는 사람(기업가 또는 기업인)을 중심으로 하고 있어 대학생이나 고등학생, 또는 20~30대 청년 입장에서는 거리감을 느낄 수 있다.

기업의 활동이 국가공동체에서 차지하는 몫이 매우 크다는 점은 상식이다. 취업과 채용, 고용의 과제와 목적을 생각해보면 대학과 대학생, 그리고 기업의 관계는 매우 밀접하다. 그렇더라도 공동체 전체를 고려할 때 기업과 기업인, 기업가 정신을 특별히 우월적으로 간주할 수는 없을 것이다. 정치와 정치인, 정치가 정신도 중요하다. 예술과 예술인, 예술가 정신도 중요하다. 사회의 거의 모든 영역이 이와 비슷하다.

사전의 풀이에서 눈에 띄는 내용은 혁신, 창의성, 통찰력, 과감한 도전, 관리 능력, 목표 설정 능력, 의사결정 능력, 문제 해결 능력, 새로운 사업 기회 포착 등인데 이 같은 정신이나 태도, 능력이 특별히 기업이나 기업인에게만 해당하는 것은 아니다. 이윤을 추구하든 아니든 거의 모든 조직의 발전을 위해서는 당연히 필요한 요소이다. 가족공동체에도 필요하다. 그래서 '대학 수업에 적용'이라는 기준에서 볼 때 이 같은 정신이나 태도, 능력을 기업가 정신으로 연결하는 것은 적절하지 않다.

K-기업가 정신?

기업가 정신을 강조하고 사회적 관심을 높이기 위한 목적으로 새로운 용어도 등장하고 있다. '신(新) 기업가 정신'이나 'K-기업가 정신' 같은 표현이 그것이다.

경제 관련 단체와 기업체 대표 등은 2022년 5월 대한상공회의소 회관에서 '신 기업가 정신' 선포식을 열었다. '신(新)'을 붙인 이유는 저출산 고령화에 따른 인구 감소, 저성장 시대, 디지털 경제, 기후변화, 워라밸(일과 삶의 균형) 등 한국 사회가 직면한 새로운 과제와 위기에 대응하는 의미를 담았다.

기업이 시대 상황에 대처하는 과제는 과거나 지금이나 기업의 기본이라는 점에서 기업가 정신에 '신'을 붙이는 것은 군더더기가 될 수 있다. 이전의 기업가 정신을 '낡은' 또는 '옛날'의 뜻으로 '구(舊) 기업가 정신'이라고 할 수는 없기 때문이다. 기업가 정신의 모범 사례로 자주 등장하는 이병철 삼성 창업주, 정주영 현대 창업주를 '옛날 기업가 정신'으로 보기 어렵다.

신 기업가 정신 선포식에서는 5가지 실천 과제를 선언했는데, 다음과 같다.

① 지속적 혁신과 성장으로 좋은 일자리 창출
② 기업 외부 이해관계자에 대한 신뢰와 존중
③ 조직구성원이 보람을 느끼는 기업 문화 조성
④ 친환경 경영 실천
⑤ 지역사회와 함께하는 성장

기업인과 경제단체들은 신기업가정신협의회를 만들어 이런 과제를 추진한다고 한다. 대한상공회의소는 이 행사를 앞두고 국민 700여 명을 대상으로 '시대가 바라는 기업가 정신은 무엇인가'에 대해 설문했다. 그 결과 '지속 가능한 성장', '기업구성원의 행복', '혁신과 도전', '공정하고 투명한 경영'을 중요한 요소로 꼽았다.

기업가 정신과 관련해서 이와 같은 내용을 접하면서 드는 생각은, 기업의 사회적 위치와 역할을 고려하면 대부분 당연히 요청되는 게 아닌가 하는 것이다. 기업이 계속 성장하지 못하면 유지될 수 없고,

직원의 만족이 떨어지면 유지되기 어렵고, 도전과 혁신이 부족하거나 없으면 유지되기 어렵고, 공정하고 투명한 경영을 하지 못하는 기업은 사회의 신뢰를 잃어 유지되기 어렵다는 것은 얼마든지 상식으로 생각할 수 있다.

최근 들어 ESG 등 기업의 사회적 책임을 강조하는 흐름이 있지만 이는 어디까지나 이윤을 창출하는 기업의 기본이 정상적으로 유지될 때 가능하다. 기업의 법인세와 고용은 기업의 사회적 책임에서 가장 중요한 부분일 것이다. 저출산 고령화에 따른 사회적 문제와 과제는 정부의 정책과 제도가 일차적인 기반이고, 기업의 우선 과제는 될 수 없다.

기업가 정신이 머릿속에 맴도는 가운데 "한국이 걱정할 건 기업가 정신의 실종"이라는 신문 헤드라인은 눈길을 끌었다. 인더밋 길(Gill) 세계은행 부총재(수석 이코노미스트) 인터뷰 기사(조선일보 2024년 6월 21일)이다.

길 부총재는 "한국은 지난 한 세기 가장 성공적인 경제 성장을 달성한 국가"라며 "저출산 고령화 문제를 맞은 한국이 가장 걱정할 점은 기업가 정신의 실종"이라고 말했다. 기업가 정신과 관련해 기사에 나온 그의 말은 이렇다. "젊은 청년이 많은 나라에선 새로운 비즈니스에 도전하는 사업가가 많이 나올 수 있다. 저출산 고령화가 진행될 때 보통 노동력 부족을 걱정한다. 하지만 '나는 기업가가 될 거야'라고 꿈을 꾸는 사람이 줄어드는 게 더 심각한 문제라고 생각한다."

인터뷰 기사는 이렇게 끝난다. 이 기사에 따르면 길 부총재가 생각하는 기업가 정신은 기업을 만드는 창업가의 꿈과 도전 정신을 가리키는 것 같다. 하지만 '꿈과 도전' 같은 태도와 노력은 기업이 독차지할 수 있는 사람됨의 태도가 아니다. 예술, 문학, 스포츠 등 삶의 모든 분야에서 필요한 덕목이다. 꿈과 도전 정신은 소중한 가치이지만 이런 것이 기업의 창업과 유지, 발전을 보장하는 핵심은 되기 어렵다.

기업가 정신과 관련해서 나타난 두드러진 사회적 현상은 '진주 K-기업가 정신 청년 포럼'일 것이다. 한국경영학회와 경남 진주시, 진주 K-기업가정신재단, 매일경제신문사가 2018년 진주시를 '대한민국 기업가 정신 수도'로 선포한 후 2023년 12월 제1회 청년 포럼을 열었다. 이병철 삼성 창업자, 구인회 LG 창업자, 조홍제 효성 창업자가 다녔던 진주 지수초등학교(1921년 개교)를 중심으로 기업가 정신을 확산하기 위한 행사이다.

보도된 내용(매일경제신문 2023년 12월 18일)을 종합하면 기업가 정신은 '국부 창출의 원동력'으로 △끈질긴 생존 본능과 승부사 기질 △강한 집단 의지 △개척자 정신 △위기 극복의 DNA △인의예지신(仁義禮智信)의 유교 사상 실천 △도전과 신뢰, 사회적 책임 △시대 요구를 파악하고 신제품 개발 △자강불식(쉬지 않고 노력함)의 절실함 △도전 정신과 인간관계 △인본주의(人本主義) △실패를 두려워하지 않는 불굴의 도전 정신 등을 주요 내용으로 소개했다.

2024년 7월 열린 제2회 청년 포럼의 내용도 △용기 있는 도전 △위기와 기회의 양면성 포착 △경제 흐름을 읽어내는 안목 △기업인이 존중받는 사회적 환경 △위험을 무릅쓰는 용기 있는 도전 △청년 창업 △고객 가치와 인간 존중 △무(無)에서 유(有)를 일궈내는 정신 등이다.

진주를 기업가 정신의 수도로 선포하는 데 주도적인 역할을 한 이두희 고려대 교수(한국경영학회장)는 언론 인터뷰(매일경제신문 2018년 7월 25일)에서 '기업가 정신은 무엇인가'라는 기자의 질문에 "기업은 자신이 이루고 싶은 가치를 실현하기 위한 꿈과 열정을 가진 자들이 모인 곳이다. 기업가 정신은 꿈을 가진 사람들을 모으는 원천적인 에너지라고 볼 수 있다"라고 답했다. 이 교수는 "기업가 정신은 새로운 업을 창출하고 일자리를 만들어낸다"라며 "청년 창업에도 기업가 정신 고취는 반드시 필요하다"라고 말했다.

'기업가 정신'이라는 제목의 칼럼(매일경제신문 2024년 1월 18일)은 이렇게 시작한다. "기업가 정신을 뜻하는 'entrepreneurship'이라는 말은 '시도하다', '모험하다'는 뜻을 가진 프랑스어 동사 'entreprendre'에서 나왔다. 과감한 도전을 통해 세상에 존재하지 않던 새로운 가치를 창출하는 사람이라는 뜻이 기업가라는 단어에는 담겨 있다."

'안트러프러너(entrepreneur)'는 '모험을 무릅쓰는 기업가'의 뜻이다. 모험을 무릅쓰는 이유는 수익을 내기 위해서다. 수익을 내기 어렵거나 불투명한데도 위험을 무릅쓴다는 것은 어리석거나 판단력이 부족하기 때문일 것이다. 그래서 영어 사전에도 이 단어를 'a person who start a business and is willing to risk loss in order to make money'로 풀이한다. '모험(冒險)'은 위험을 무릅쓴다는 뜻인데, '위험(危險)'은 높은 절벽에서 떨어지는 아슬아슬한 상태를 나타내는 글자이다. 목숨을 걸어야 한다는 의미가 들어 있다.

기(企)의 특별한 의미

이 같은 메시지들의 형식적 의미는 쉽게 알 수 있다. 기업가 정신과 연결하지 않더라도 대체로 삶을 성공적으로 살아가는 데 필요한 원칙적인 태도와 능력을 가리킨다. 그러나 기업, 기업인, 기업가, 기업 경영 등 '기업'과 직접 연결되는 생각을 확장하는 데는 특별히 도움이 되지 못하는 한계가 느껴진다.

이 책에서는 기업가 정신의 실마리를 기업(企業)이라는 말의 '기(企)'에서 찾아보려고 한다. '실패를 두려워하지 않고 위험을 무릅쓰는 용기와 도전' 같은 두루뭉술한 원칙보다는 훨씬 구체적인 의미를 낳을 수 있다.

기업에서 쓰는 '企'는 다음과 같은 단어에 쓰는 뜻과 통한다.

- 기대(企待): 일이 이루어지기를 바라고 기다림.
- 기도(企圖): 일을 이루려고 꾀함.
- 기망(企望): 발돋움해 바라보며 성취되기를 원함.
- 기상(企想): 발돋움해 바라보며 애타게 생각함.
- 기종(企踵): 발돋움하여 바라봄.
- 기획(企劃): 일을 꾀하여 계획함.

여기 쓰인 '기'는 공통적으로 '발돋움'의 뜻이 들어 있다. 까치발처럼 발뒤꿈치를 들어 올리는 모양이다. 펄쩍 뛰어오르는 게 아니라 발뒤꿈치를 10센티미터 정도 들어 올리는 뜻이다. 평균적(平均的)이고 통념적(通念的)인 상태에서 1퍼센트 더 넓게, 더 깊게, 더 높게 바라보는 태도와 노력이라고 할 수 있다.

『설문해자』는 '企'를 '擧踵也(거종야)'라고 풀이하는데, 기업의 의미를 살펴보는 데 유익하다. '거종'은 '발뒤꿈치를 높이 들어 올림'의 뜻이다. 그렇게 하면 조금이라도 더 높고 넓게 볼 수 있다. '거(擧)'는 무엇을 들어 올린다는 뜻에서 '일으켜 세우다', '높이 움직이다', '낳아 기르다'의 뜻이 나온다. '종(踵)'은 '발'을 뜻하는 '족(足)'이 부수인 데서 알 수 있듯이 '목표를 향해 나아가다'의 뜻이 나온다. '거종'은 '발돋움하여 목표를 향해 나아가다'의 뜻이 된다. 현재 상태에 만족하면서 그냥 머무르는 상태가 아니라 더 나은 상태를 향하여 조금씩 나아가는 태도와 노력이다. 까치발로는 오래 서 있기 어려운데, 이는 조금씩 성실하게 나아가는 향상심(向上心)이 필요하다는 뜻으로 볼 수 있다.

기업 = 발돋움 = 넘어섬

이 같은 의미를 생각하면 '기업'은 '영리를 얻기 위하여 재화나 용역을 생산하고 판매하는 조직체(표준국어대사전)'라는 뜻을 넘어 '향상과 개선을 위한 태도와 노력을 성실하게 추구하고 이루어 내는 활동'이라고 새롭게 풀이할 수 있다.

'발돋움'은 '지금의 평균적인 상태를 넘어섬'이다. 현재의 상태에 머물면 개인이든 공동체든 삶의 새로운 차원을 열기 어렵다. 조금이라도 넘어서야 새로워질 수 있다. 넘어섬(beyond, 비욘드)은 새로움(新, newness)을 위한 필요조건이다. 피터 드러커가 기업가 정신(entrepreneurship)을 "새로운 것, 기존의 것과 다른 것을 창출(創出)하는 능력"으로 규정(『단절의 시대』, 395쪽)하는 관점과 연결된다. 기업의 활동은 '시장(市場, market)'을 무대로 펼쳐진다는 점에서 드러커는 기업가 정신을 더 구체적으로 "진정으로 새로운 것은 기존의 수요를 충족시키는 것이 아니다. 진정으로 새로운 것은 새로운 기대(企待)를 유발시키고 새로운 기준을 세우고 새로운 만족을 충족시킬 수 있어야 한다"라고 말한다(같은 책, 410쪽). 기업 활동의 새로움은 새로운 시장을 만들어낼 수 있어야 한다는 의미다.

고객과 소비자의 차이

기업의 활동이 이룩해야 할 새로운 기대, 새로운 기준, 새로운 만족, 새로운 시장의 중심축은 '고객'이다. 소비자는 기업이 만드는 물건을 구입하여 쓰는 사람으로 여겨도 충분하다. 소비(消費)는 '써서 없애는 것'이다. 고객(顧客)은 이런 소비자와 다르다. 물건을 사러 오는 손님 정도의 뜻으로 이해하는 것은 피상적이다. 고객을 소비자나 손님에 대한 높임말로 이해하면 기업의 의미와도 연결하기 어렵다. 『설문해자』에는 '고(顧)'를 '還視也(환시야)'라고 풀이하는데, 이는 '민첩하게 사방을 둘러본다'의 뜻이다. 또 '객(客)'은 그냥 물건을 사러 오는 사람이 아니다. 『설문해자』에는 '寄也(기야)'라고 풀이하는데, '마음을 기울여 의지하여 맡길 수 있는 사람'의 뜻이다.

이 같은 고객의 의미를 생각하면 '기업의 고객'은 손님이나 소비자의 뜻을 '넘어(기존의 평균적인 의미를 넘어서는 것도 발돋움이며 이는 새로움의 싹이 된다)' 기업의 활동을 함께 하는 '동업자(同業者)'라고 할 수 있다. 기업이라는 조직체의 구성원을 기업의 1차 고객이라고 한다면 시장에서 물건을 구입하는 사람과 사회, 국가공동체, 지구촌 사람들은 2차 고객이라고 할 수 있다. 기업은 1차 및 2차 고객과 동업을 하면서 모두 발돋움하는, 즉 동사적 의미로 '기업하는' 역할을 할 수 있어야 한다.

'업(業)'이라는 말을 생각해본다. 기업, 취업, 창업, 영업, 동업, 사업, 산업, 생업, 수업, 실업, 농업, 상업, 어업, 임업, 공업, 작업, 직업, 학업 등에 쓰는 '업'은 대체로 어떤 분야의 '일'을 가리킨다. 어떤 일을 시작하다, 어떤 분야에 종사하다의 뜻으로 쓴다. 『설문해자』는 '大版也(대판야)'라고 풀이하는데, 이는 '큰 나무판(널빤지)'의 뜻이다. 이런 풀이로는 업(業)의 고유한 의미가 별로 살아나지 않는다.

『이아주소』에는 업(業)을 '대(大)'와 통하는 글자로 분류한다. 이 의미가 유익하다. '대'는 '넓고 높고 깊어서 훌륭하다'의 뜻이다. 이 뜻을 연결하면 기업(企業)이나 취업(就業), 창업(創業), 동업(同業) 등은 그냥 일을 하는 게 아니라 넓고 높은 차원으로 나아가 훌륭해지는 일이라는 의미를 생각할 수 있다. 업(業)의 가치를 기존과는 다르게 느낄 수 있다.

경영과 운영의 차이

'기업하는', 즉 '발돋움하는' 활동을 운영(運營)이라고 하지 않고 특별히 '경영(經營)'이라고 표현하는 데도 더 깊이 생각할 점이 있다. '기업 운영'이라고 해도 틀린 표현은 아니지만 대체로 '기업 경영'이라고 한다. '기업 경영자(경영인)'이라고 하고 '기업 운영자(운영인)'이라고는 하지 않는다. 대학의 학과나 전공도 '경영학', '경영정보학'처럼 표현하고 '운영학'이나 '운영정보학'이라고 하지는 않는다. 경영이나 운영에서 '영(營)'은 '불을 켜놓고 일하는 모습'을 그린 글자이므로 '일하다'라는 뜻으로는 같다. 그러나 '경(經)'과 '운(運)'은 뜻이 아주 다르다.

'運'은 '운전하다', '운반하다', '운동하다' 같은 표현에서 볼 수 있는 것처럼 어떤 움직임을 다루는 비교적 단순한 의미가 강하다. '運'은 군대(軍)가 쉬엄쉬엄 가는 모습(辶, 착)을 나타낸다. 군대가 목적지를 향해 가다 서다 하면서 이동하는 움직임이다.

'경영(經營)'은 뿌리가 깊은 말이다. 3,000년 전 문헌인 『서경(상서)』의 「주서(周書, 주나라의 기록)」 중 '소고' 편에 나온다. 경영이라는 말의 유래로는 가장 오래된 것으로 추정된다. 나라의 도읍지를 결정한 뒤 “경영을 시작했다”라는 구절이 있다. 도읍(都邑)을 새롭게 조성하기 위해 측량을 하고 건물을 짓는 일을 시작한다는 의미다. 도읍은 나라의 중심이므로 경영의 의미를 좀 더 깊이 살펴볼 필요가 있다.

『설문해자』는 ‘經’을 ‘織也(직야)’라고 풀이한다. “베를 짠다”라는 뜻이다. 베(섬유)를 짜기 위해서는 씨줄과 날줄이 연결돼야 가능하다. 도읍을 조성하는 일은 국가공동체에서 살아가는 사람들의 삶을 베를 짜듯 가꾼다는 의미라고 할 수 있다. 사람들이 함께 살아가는 공동체는 베를 짜 만드는 직물(織物)로서 조직(組織)이다.

경(經)은 베를 짤 때 세로로 놓는 날실이다. 가로로 놓는 씨실은 위(緯)라고 한다. 경위(經緯)는 베의 날줄과 씨줄이다. 날줄과 씨줄이라는 경위가 조화롭게 연결돼야 베를 짤 수 있다. 사람들이 입는 옷은 모두 이런 경위의 작품이다. 도읍을 중심으로 가꾸는 공동체라는 큰 옷도 경위에서 나온다. 경위, 씨줄과 날줄은 일방적이지 않고 쌍방적이고 수직적이지 않고 수평적이다. 눈앞의 계산에 급급해서는 안 되고 멀리 내다보면서 삶의 바탕을 가꾸는, 즉 ‘기업하는’ 태도와 노력이 필요하다.

이런 점에서 경영과 기업은 맞물려 있다. 지금 시대에는 경영이라는 말을 그대로 쓰면서도 기업이라는 말은 대체로 그 의미가 너무 좁아져 있다. 재화와 용역을 생산하는 조직체라는 의미가 틀린 것은 아니지만 본디 의미를 살리고 확장시키면 기업가 정신을 깨닫는데도 도움이 될 것이다. 특히 개개인이 삶을 더 나은 차원으로 가꾸려는 의지와 태도, 노력을 실천할 때는 ‘기업 경영’의 본디 뜻에 닿는다. 개인과 사회공동체는 씨줄과 날줄의 경위(經緯)가 빚어내는 직물이기 때문이다.

피터 드러커의 관점

피터 드러커는 모든 조직에서 일하는 지식 근로자(자신의 지식을 생산 수단으로 인식하고 업무에 활용하는 사람)를 모두 '경영자(경영인, executive)'로 규정하고, 지식 근로자들의 의사결정은 최고경영자(CEO)의 의사결정과 같은 '종류'라고 한다(『프로페셔널의 조건』, 119쪽). 그는 경영자를 "지식의 적용과 성과에 책임을 지는 사람"으로 규정하는데(같은 책, 61쪽), 이는 지식 근로자로서 개개인의 주체적이고 실존적인 차원을 경영의 중심에 두는 관점이라고 할 수 있다.

기자로 일할 때 피터 드러커 박사를 클레어몬트 경영대학원에서 만나 인터뷰(2003년 11월)한 적이 있다. 1954년과 1977년에 우리나라를 방문한 그는 자신의 연구에 한국의 사례를 활용하는 등 우리나라에 대한 애정이 매우 깊었다. 한국이 지식을 활용하여 경제적 성과를 뚜렷하게 이룬 사례라고 보기 때문이다. 드러커는 인터뷰에서 경영자로서 지식 근로자의 주체적 역량이 지식 사회를 발전시키는 핵심이 된다고 강조했다. 지식 사회의 중심으로서 '지식 근로자(knowledge worker)'는 드러커가 1960년대에 만들어 사용했다.

드러커는 '경영자로서 지식 근로자'는 다음과 같은 질문을 스스로

묻고 답하는 노력을 할 의무와 책임이 있다고 했다. 지식 근로자로서 자신의 정체성(아이덴티티)을 위한 자기진단 질문(diagnostic questions)인 셈이다. 드러커는 "지식 근로자는 자기 자신이 스스로 가르칠 때 가장 잘 배울 수 있다"라고 한다. 메모한 내용을 바탕으로 정리하면 다음과 같다.

- 이 지식은 업무에 효과적으로 적용할 수 있는가?
- 조직의 성과를 향상시키기 위해 나는 무엇에 공헌할 수 있는가?
- 나의 강점은 무엇인가?
- 나는 어떻게 성과를 올리는가?
- 나는 어떻게 배우는가?
- 나의 가치관은 무엇인가?
- 이 일의 의미는 무엇인가?
- 나는 이 직무를 충분히 수행할 수 있을 만큼 성장하고 있는가?
- 나는 성과를 위해 무엇을 배우고 무엇을 해야 하는가?
- 나는 어떤 관계에서 다른 사람들과 잘 협력하는가?
- 나의 상사가 가장 잘할 수 있는 것은 무엇인가?
- 나의 상사가 성과를 올리도록 하기 위해 내가 도울 것은 무엇인가?

지식 사회의 경영자로서 지식 근로자는 경영의 기교나 테크닉이 아니라 인간에 대한 깊은 이해와 통찰력이 있어야 한다는 느낌을 받는다.

지식 근로자의 자기 질문

드러커가 조언한 자기 질문 중에서 자신의 삶에 가장 근본적인 영향을 미친 질문은 "나는 어떤 사람으로 기억되기를 바라는가?"였다. 이 질문이야말로 지식 근로자로서 자기 자신을 다른 시각에서 바라보도록, 그래서 거듭나는 사람으로 이끌어준다는 것이다.

드러커가 이 질문을 평생 삶의 거울로 삼게 된 계기는 1950년 1월 그가 41세 때 아버지와 함께 아버지의 가까운 친구였던 조지프 슘페터(1883~1950)의 집을 찾아갔던 일이다. 슘페터는 "사람의 삶을 변화시킬 수 없는 책이나 이론은 아무런 소용이 없다는 것을 깨달았다"라며 "자신이 어떤 사람으로 세상에 기억되기를 바라는지를 생각해야 한다"라고 말했다는 것이다. 슘페터는 드러커 부자의 방문 5일 후에 세상을 떠났다. 드러커는 그때의 대화를 잊을 수 없다며 이후 이 질문은 자신의 삶을 지탱하는 역할을 하고 있다고 말했다.

'삶의 경영자', '지식 사회의 주체적 경영자'로서 지식 근로자의 모습은 자기 자신이 좁아지지 않도록 향상(向上)의 노력을 하는 사람으로 볼 수 있을 것이다. 드러커가 말하는 자기진단 질문들은 모두 이를 위한 구체적인 방향이다.

공자는 공부를 어려워하는 제자에게 "금녀획(今女劃, 『논어』 「옹야」)"이라고 격려했다. "너는 지금 너 자신을 좁히고 있다"라는 뜻이다. 제임스 레게는 이를 "now you limit yourself"라고 간결하게 번역했다.

'금녀획'은 자기 자신의 가능성과 잠재성을 함부로 한계 짓지 말라는 충고로서는 매우 좋지만 원칙을 밝힌 데 불과하다. 자신을 좁히는 모습이 무엇인지는 시대적, 사회적 상황에 맞게 파악하여 적용(適用)할 수 있어야 할 것이다. 드러커가 말하는 지식 근로자로서 자기진단 질문이 '금녀획' 상태를 벗어나 탁월함을 이룩하는 계기가 될 수 있다.

이나모리 가즈오의 발돋움

'경영의 신(神)'으로 불리는 교세라(KYOCERA) 창업자 이나모리 가즈오(1932~2022)는 "나는 늘 스스로에게 '이것으로 족한가(충분한가)?', '좀 더 좋은 방법은 없을까?' 하는 질문을 던지는 일이 습관이 되었다"라고 한다(『카르마 경영』, 72쪽). 발돋움하는, 즉 '기업하는' 자세이다. 넘어서서 새로움의 차원을 여는 태도이다.

이나모리 가즈오는 "일을 성취하기 위해서는 스스로 타오를 수 있는 '자연성(自燃性)' 인간이 되어야 한다. 나는 이것을 '스스로 타오른다'라고 표현한다"라고 말한다. '자연'이라고 하면 사전이나 일상에서 대개 '自然'을 의미하는데, 이나모리는 '自燃'을 말한다. 스스로 태울 수 있으면 일을 좋아하게 되고, 그 에너지를 주위에 나눠줄 수 있는 사람이 일을 성취할 수 있다고 말한다. '타오름'은 '불태움(불사름)'이다. '사르다(불사르다)'는 '살다(삶)'와 뿌리가 같은 말이다(『표준국어대사전』). 삶은 자신을 사르는 활동이어야 한다는 의미로 볼 수 있다. 발돋움하고 넘어서서 새로움을 창출하기 위해서 꼭 필요한 태도와 노력일 것이다.

"일하는 현장에는 신(神)이 있다"라는 그의 생각은 발돋움 활동인 기업의 숭고한 뜻을 느끼게 한다. 그는 다음과 같이 말한다.

> "모든 요소들을 하나하나씩 솔직하고 겸허한 눈으로 구석구석까지 다시 확인해보라. 제품이나 현장을 새로운 눈으로 바라봄으로써 일신(日新)하고 마음에 정성을 더하며 귀를 기울이는 행위이다. 그렇게 하면 신의 음성이 들려온다. 현장이나 제품이 '이렇게 해보는 것이 어떠냐?' 하며 해결 방안을 속삭여줄 것이다. 나는 이를 '제품이 거는 말소리에 귀를 기울인다'라고 표현한다."
>
> —『카르마 경영』, 75쪽

자연성(自燃性) 인간

그의 이 같은 자세는 교세라가 추구하는 '손이 베일 것 같은' 완성도 높은 제품을 완성하는 데 '신의 계시' 같은 영감(靈感)이 필요하다는 차원에 닿는다. 그는 "일에 생명력을 불어넣을 수 있어야 한다"라며 "무기질에 지나지 않는 세라믹 제품에도 '생명'이 더해지면서 무언(無言)의 소리를 낸다. 모든 일은 그 소리를 듣는 과정을 거쳐 성취

된다"라고 한다(『카르마 경영』, 77쪽). 그가 말하는 경영(經營)은 운영(運營) 수준이 아니라 삶의 씨줄과 날줄을 엮어 천을 짜는 높은 수준의 발돋움으로 느껴진다.

이나모리를 오랫동안 옆에서 지켜본 한 작가는 이나모리가 공자의 '금녀획'을 "스스로 자신을 궁지(窮地)에 몰아넣어라"처럼 이해했다고 하는데, 금녀획의 의미와 가치를 구체적으로 실천하는 데 도움이 된다.

이나모리는 자신의 경영 철학을 가꾸는 데 『논어』를 매우 중요하게 여기며 활용했다. 자신의 한계(限界, limits)는 자신이 만드는 경우가 많으므로 시도해보지도 않고 포기해버리면 아무 일도 일어나지 않는다는 것이다. 사람은 궁지(매우 곤란하고 어려움을 당한 처지)에 몰리면 보통 때는 생각할 수 없을 정도로 힘을 발휘하므로, 이를 활용해서 일부러 자신을 궁지에 몰아넣으면 자신도 놀랄 정도로 굉장한 능력을 이끌어낼 수 있다는 것이 금녀획에 대한 이나모리의 이해라는 것이다(미나기 가즈요시, 『이나모리 가즈오, 그가 논어에서 배운 것들』, 135~137쪽). '금녀획'에 대한 유익한 사례라고 할 수 있다.

기업가 정신은 향상(向上) 태도

일상적 의미에서 취업과 창업은 서로 이질적일 만큼 다르다. 취업(就業)은 이미 있는 기업에 채용 절차를 거쳐 '들어가는' 것이다. 창업(創業)은 자신이 기업을 처음부터 '만드는' 것이다. 기업가 정신은 대부분 창업, 특히 청년 창업과 관련지어 말하고 취업과는 특별한 관계가 없는 것처럼 여긴다.

이 책에서 성찰한 것처럼 '기'(企)'의 정신은 취업이든 창업이든 공통적으로 해당하는 발돋움, 즉 '기업하는' 태도와 노력을 의미한다. 이 관점에서 취업과 창업은 맞물려 있다. 취업이라 하더라도 기존의 기업에 그냥 들어가는(입사하는) 자세보다는 '발돋움으로 새롭게 기업하는' 자세와 의지, 노력이 기업에 훨씬 더 큰 호감과 매력을 줄 것이다. 이런 경우 취업은 창업과 마찬가지다.

기업을 만드는 의미에서 창업이라고 해도 무(無)에서 유(有)를 만드는 방식은 불가능할 것이다. 창업의 여러 가지 조건 중에서 투자(投資)를 받는 것은 결정적인 역할을 한다. 실리콘밸리 벤처투자가 음재훈은 "창업 생각하는 당신, 사람 끌어들이는 매력 있는가"라는 헤드라인의 칼럼(조선일보 2020년 1월 28일)에서 이렇게 말한다. "내 경험상 능력 있는 창업자의 공통점은 '사람을 끌어들이는 묘한 매력'이다. 사업 성공을 위해선 좋은 인재와 투자자 모두를 끌어들일 수 있어야 하기 때문이다." 그의 말에 따르면, 창업자 100명을 만나면 투자를 검토하는 경우는 10명이고 실제로 투자하는 경우는 1명, 즉 1퍼센트라는 것이다. 이는 창업 투자에서 핵심 요소가 '창업자의 사람됨'이라는 점을 보여준다.

실제 투자 확률이 1퍼센트라고 하면 창업의 99퍼센트는 창업 후 3년을 넘기지 못하는 '죽음의 계곡(Death Valley)'에 빠질 가능성이 높다는 의미로 볼 수 있다. "대학생 청년들이 열정과 도전 정신으로 창업하여 기업가 정신을 새롭게 발휘하도록 정부와 사회의 관심과 지원이 절실하다"와 같은 주장들은 원칙적으로는 듣기 좋지만 대학생들에게는 대체로 막연하게 느껴질 가능성이 높다.

기업가 정신은 일상에서 조금이라도 자기 자신을 나아지도록 하는 향상적(向上的) 태도로서 비욘드 마인드(beyond mind), 즉 발돋움(企)을 고민하면서 실천하는 사람됨이라는 것이 이 책의 관점이다.

세계적 수준의 경영대학원으로 평가 받는 스페인의 IE 비즈니스스쿨 기업가 정신 & 혁신센터 후안 호세 구에메스 센터장은 언론 인터뷰(매일경제신문 2022년 6월 23일)에서 기업가 정신을 "다루어야 하는 의미 있는(significant, 중요한) 문제를 찾고 이를 사람들에게 말하고 해결책을 찾는 과정"이라고 정의하고 "이렇게 하는 인생이 곧 기업가 정신"이라고 말한다. 문제를 찾아 개선하여 더 나은 삶의 상황을 일상에서 가꾸는 '기(企)의 향상심'이라고 할 수 있다.

대학생 때 이와 같은 태도와 노력을 대학 생활을 통해 갖추면서 직업인의 세계로 나아가는 준비를 하는 모습은 대인으로서 탁월한 사람됨이다.

발돋움은 기(企) 체조

『장자(莊子)』「대종사」 편에는 "진인은 호흡을 매우 깊게 한다. 발뒤꿈치로도 숨을 쉰다. 보통 사람들은 목구멍으로만 숨을 쉰다(眞人, 其息深深. 眞人之息以踵, 衆人之息以喉, 진인, 기식심심. 진인지식이종, 중인지식이후)"라는 말이 나온다. 진인(眞人)은 깨달음이 깊어 거의 신선(神仙) 수준인 사람이다. 진인의 여러 특징을 말하는 내용인데, 진인의 호흡(숨쉬기)은 매우 깊다는 것이다. 보통 사람은 목으로만 얕게 숨을 쉬는데 진인은 목구멍뿐 아니라 발뒤꿈치로도 호흡하므로 숨쉬기가 매우 깊다는 의미다. 맨발로 걸으면 건강에 좋다는 것도 땅의 생생한 기운이 발바닥을 통해 몸의 위쪽으로 퍼지기 때문일 것이다.

이를 뒷받침하는 건강 소식이 들려 눈길을 끌었다. 일본 나가노현이 건강한 사람들의 대명사처럼 된 데에는 여러 가지 이유가 있지만 뼈 건강을 위해 주민들이 즐겨 하는 운동이 '발뒤꿈치 떨어뜨림 체조'라고 한다(조선일보 2023년 4월 20일).

체조는 간단한 편이다. ①손으로 의자나 책상을 잡고 양발을 어깨너비로 하고 섬 ②발뒤꿈치를 최대한 들어 올리고 3초 유지 ③발뒤꿈치를 쿵 하고 떨어뜨림 ④발 앞꿈치를 위로 올려서 스트레칭하고 내려놓기이다. 이 체조를 하루 30~50회 반복하면 뼈 건강과 하체 혈액 순환에 좋고 혈당을 낮추는 데도 도움이 된다고 한다.

이 체조를 '발돋움 기(企) 체조'라고 이름 짓고 수업 시간에 학생들에게 동작을 해보이며 소개했다. 이 같은 체조를 하면서 몸으로 '삶의 발돋움'을 깨닫고 실천하면 이나모리가 말하는 '자연성 인간'에도 연결될 수 있을 것이다.

04

좋은 인상과 취업 능력

"취업에서 제일 중요한 게 뭐겠습니까? 인상 좋은 학생들은 다 취업합니다."

기자로 일할 때 대학에서 오랫동안 취업을 지도한 A 교수가 지나가는 말투로 한 말이다. 이런 말은 공개적으로, 직접적으로 하기 어려운 측면이 있다. 다른 조건들은 대충 해도 된다는 뜻이 아니라 사람의 느낌에서 받는 '인상(印象, 이미지)'이 그만큼 중요한 문제라는 의미다.

A 교수의 경험칙(經驗則, 경험에서 얻은 법칙)처럼 기자도 비슷한 경험칙이 생긴다. 사회적으로 성공한 사람으로 평가되는 인물을 취재하면 대체로 인상이 좋다는 느낌을 받는다. 경찰서에서 조사받는 범죄 피의자에게서는 아주 다른 인상을 받는다. 어떤 직업에서 일하든 이 같은 '인상 경험칙'은 대체로 형성될 것이다.

대학에서 학생들과 공부하면서 A 교수의 말은 또렷하게 되살아났다. 인상이 취업에 큰 영향을 미친다면 이는 결코 소홀히 할 수 없는 부분이다. "자네는 인상이 좋으니 취업에 유리하겠다" 또는 "자네는 인상이 나쁘니 취업에 불리하겠다"라는 말을 공개적으로 또는 당사자에게 직접 하기는 곤란하다. 인상의 좋고 나쁨이 아무리 현실을 반영한다 하더라도 어딘가 객관적이지도, 합리적이지도, 정당하지도 않고 애매모호한 느낌이 들 수 있기 때문이다. 일종의 '불편한 진실'인 셈이다.

'인상과 취업' 문제에 대해 어정쩡한 입장을 가지는 것은 학생들에 대한 무관심이고 무성의이며 결국 무책임이라는 생각이 분명해졌다. '취업', '인상', '첫인상', '채용', '면접', '호감', '비호감', '호감도'를 키워드로 해서 인터넷 뉴스 검색을 해보면 A 교수의 말을 그대로 증명하는 내용이 매우 많기 때문이다.

뉴스를 종합하면, "채용 과정에서 지원자의 인상을 채용 조건으로 반영하는가?", "지원자의 인상이 채용에 영향을 미치는가?"라는 질문에 기업의 채용 인사담당자의 95% 이상이 "그렇다"라고 답하는 내용이다.

인상(人相)의 인상(印象)

기업의 채용에는 여러 가지 조건을 세밀하게 평가하는데, 출신 대학과 학과 전공, 학점, 직무 경험, 자격증, 봉사활동 등 어떤 항목도 '인상'만큼 반영 비율이 높은 것은 없다. 인공지능(AI)이 발달하면 '인상 실력(人相으로 쓰면 사람의 됨됨이 모습이고, 印象으로 쓰면 그 됨됨이가 형성하는 이미지, 즉 심상이다)'이 취업에서 더욱 중요하게 될 것이다.

AI가 기존의 전문 영역에서도 뛰어난 실력을 발휘하면 채용 전형 과정 중 '함께 일하고 싶은 아주 괜찮은 사람'을 가려 뽑는 노력에 기업들은 더욱 관심을 가질 것으로 예상된다.

기업 쪽에서도 인상은 신경 써야 할 부분이다. 인상과 취업에서 기업이 반드시 어떤 우월한 위치에 있는 것은 아니기 때문이다. "입사 지원자의 80%가 면접관에 대한 인상에서 기업 이미지에 대한 영향을 받는다"라는 뉴스를 보더라도 기업이 인재를 확보하려면 면접관의 나쁜 인상 때문에 인재가 지원을 포기하지 않도록 세심하게 대응할 필요가 있다. 면접관이라고 하면 대개 기업의 채용 인사담당자를 가리키지만 취업 지원자들이 또 다른 면접관이 될 수 있는 것이다.

"채용이 전부다"라는 말은 기업과 입사 지원자가 대등한 입장에서 서로에 대한 '좋은 인상'이 작동할 때 정상적이라고 할 수 있다. 지원자들이 기업의 면접관들에 대해 느끼는 '불쾌한 인상'은 △성의 없는 질문 △지원자의 경험 무시 △대답을 중간에서 끊음 △엉뚱한 질문 △외모 평가 △시비 거는 듯한 압박 △반말 △면접 중 전화 등 딴짓 △면접장에서 자기소개서 내용 처음 확인 등이다.

이에 비해 '유쾌한 인상'은 △친절하고 따뜻한 태도 △지원자의 궁금점을 풀어주는 면접관 △자기소개서 내용을 미리 파악하고 질문 △지원자의 장단점에 대한 피드백 △기업의 비전을 자신 있게 제시 등이다.

기업의 면접관에 대한 나쁜 인상이나 느낌을 받았는데도 취업을 하게 될 경우 그 기업에 대한 부정적 이미지가 생기고 이는 업무 소홀이나 퇴사 또는 이직의 원인이 될 수 있다. 기업의 면접 과정에서 좋은 인상이나 느낌을 받을 경우 취업을 하지 못하더라도 부정적인 이미지는 생기지 않아 다음 기회를 준비할 수 있다. 지금은 누구나 온라인 플랫폼에서 메시지를 생산하는 인플루언서이므로, 기업도 취업 지원자들 한 명 한 명을 소중한 고객으로 여기는 분위기가 필요하다. 양조택목(良鳥擇木)이라고 했다. 양조(인재)는 나무(기업)를 가려서 앉고 둥지를 튼다는 의미다.

'인상'을 한글로만 쓰면 의미가 헷갈린다. 인상(人相)은 밖으로 드러나는 그 사람의 언행 같은 됨됨이다. 인상(印象)은 그런 됨됨이가 다른 사람의 마음에 새겨지는 모습, 즉 이미지(심상, 心象)이다.

인상(人相)에서 '상(相)'은 '서로 자세히 본다'가 기본 의미다. 어느 한쪽이 일방적으로, 수직적으로 살피는 게 아니라 양쪽이 쌍방적으로, 수평적으로 살피는 행위다. 취업 준비생은 면접장에서 떨리고 긴장할 수 있다. 이는 기업 면접자(면접관)와 면접 대상자(취업 지원자)의 관계가 일방적이고 수직적이라고 생각하는 데서 비롯될 수 있다.

기업의 면접관들도 회사를 성장, 발전시킬 잠재력을 가진 인재를 선발하는 면접장에서는 또 다른 면접 대상자로서 떨리고 긴장해야 마땅하다. 그것이 '기업하는', 즉 높고 넓은 차원으로 발돋움하는 자세이다. '인상과 취업'은 기업 쪽과 입사 지원자 쪽이 대등(對等)한 입장에서 공통적으로 대처해야 하는 기분 좋은 과정이어야 예의다.

외모보다는 인상

기업의 채용담당자를 대상으로 조사한 '인상과 채용' 설문에서 특별히 주목할 부분은, '인상'은 절대적으로 중요하게 여기면서도 이를 '외모(外貌)'와 엄격히 구분한다는 점이다. 외모가 중요하다고 대답한 경우는 1~2%였다. 인상은 99%, 외모는 1%인 셈이다. 이는 "인상은 실력 또는 역량"이고 외모는 그렇지 않다는 점을 암시하는 결정적인 관점이라고 할 수 있다. 또 인상은 고정된 모습이 아닌 변화 가능성을, 외모는 고정된 모습이라는 점도 암시한다. 또 외모가 나빠도 인상이 좋으면 취업에 유리하고, 외모가 눈에 띌 정도라도 인상이 나쁘면 취업에 불리하다는 점도 암시한다.

상황이 이러하다면 '인상과 취업' 문제는 불편한 진실이 아니라, 당당하게 대처해야 할 핵심 과제가 된다. 그래서 수강생들에게 다음과 같은 과제를 자율적으로 적극 실천해줄 것을 당부한다.

① 강의실을 취업에 대비하는 면접장으로 생각하자!
② 교수를 인상을 평가하는 면접관으로 생각하자!
③ 자기 자신의 인상 변화를 자세하게 평가하자!

이는 수강생뿐 아니라 교수와 학생이 대등한 자격에서 서로 부여하는 자율 과제이다. 교수는 학생들에게 "개강 때와 비교해 인상이 얼마나 어떻게 바뀌었는가?"를 묻는다. 학생들은 자기 자신의 인상이 어떻게 바뀌고 있는지 자기 자신과 친구, 가족 등의 의견과 반응을 파악해 그 내용을 중간고사와 기말고사에 반영하도록 한다.

'A 건물 ○○○호' 같은 강의실이나 교실의 명칭을 '면접장'이나 '면접실', '인터뷰룸'으로 생각하면 수업의 분위기를 바꾸는 데 도움이 된다. 학생들은 강의실에서 뒤쪽 자리에 먼저 앉으려고 하며 앉는 자세도 자기 자신 위주로 편하게 하는 경우가 적지 않다. 보통의 경우라면 대학 강의실의 자유스러운 분위기라고 할 수 있다. 그러나 취업을 위한 면접장(면접실) 역할을 하는 경우라면 사정이 달라진다. 시선(눈길)을 아래로 두거나 의자에 등을 기대고 비스듬히 앉거나 허리를 구부정하게 앉거나 다리를 떠는 행동은 습관이 돼 스스로 둔감하기 쉽다. 학생들이 이런 부분에도 유의하도록 당부한다. 강의실에서는 편한 모습이 실제 취업 면접장에서는 결코 좋은 인상이나 느낌을 주지 못하기 때문이다.

얼굴의 새로운 의미

인상과 관련해 자세히 살펴봐야 할 개념은 '얼굴'이라는 용어이다. '얼굴'의 기본 의미는 '눈, 코, 입이 있는 머리의 앞면', '머리 앞면의 전체적 윤곽이나 생김새'이다(『표준국어대사전』). '머리'(목 윗부분)라는 신체의 '한 부분(일부)'을 가리킨다. 관련 용어로, '인상(人相, 사람 얼굴의 생김새)', '관상(觀相, 사람 얼굴을 보고 운명이나 성격을 판단함)', '외모(外

貌, 겉으로 드러나 보이는 얼굴 모양)', '용모(容貌, 사람의 얼굴 모양)', '미모(美貌, 아름다운 얼굴 모습)' 등에 쓰이는 '상(相)'이나 '모(貌)'는 주로 '얼굴'에 한정된다. 인상을 취업 능력으로 연결하기 위해서는 일상에서 흔히 쓰는 이런 말의 의미를 깊이 살펴야 '새로운 실천'이 가능하다.

'인상(人相)'을 '얼굴 생김새'로 풀이하는 것은 정확하지 않다. '인(人)'은 사람의 몸 전체를 나타내므로 머리 또는 얼굴만 가리키는 뜻이 아니다. 얼굴의 모습을 가리킬 경우 '면상(面相)' 또는 '안상(顔相)'이라고 해야 정확하다. '인상'을 한 단어 명사뿐 아니라 '인 + 상'의 두 단어로 끊어 동사적으로 이해할 필요도 있다. 그럴 경우 인상은 '사람의 전체 됨됨이를 자세히 살펴본다'의 뜻이 된다. '상(相)'은 그냥 대충 보는 게 아니라 깊게 자세히 관찰한다는 뜻이다. 『설문해자』에 '省視也(성시야)'로 풀이하는데, '작은 것도 밝고 분명하게 보는 것'이라는 의미다. 성찰(省察)은 '깊게 살핌'이다.

'관상(觀相)'은 사람의 얼굴을 보고 사람됨을 판단하는 의미가 아니다. 관상은 '관인상(觀人相)'의 줄임말이므로 사람의 몸 전체를 자세히 살피는 것이다. '관'은 '雚(관) + 見(견)'인데, '雚'은 황새이다. 황새는 길이가 1미터가 넘는 큰 새로, 나무의 높은 곳에 둥지를 튼다. 여기서 '觀'은 나무에 앉은 황새가 멀리 넓게 살핀다는 의미가 나온다.

관상(관인상)의 대상은 면상(面相, 머리 앞면)을 비롯해 '낯'을 구성하는 이목구비 상(耳目口鼻 相), 미상(眉相, 눈썹 모양), 이상(頤相, 턱 모양), 치상(齒相, 치아 모양), 족상(足相, 발 모양 또는 걷는 모양), 성상(聲相, 목소리 모양), 언상(言相, 언어 표현 모양), 필상(筆相, 손 글씨 모양), 성상(性相, 성격 모양), 심상(心相, 마음 모양) 등 몸을 이루는 구석구석 모든 부분이 관상의 대상이다.

흔히 "얼굴의 관상보다는 마음의 심상이 더 중요하다"라고 하면서 이를 관상학이나 인상학의 결론적 원리처럼 말하는데, 이는 입체적인 관점으로 보기 어렵다. '심상'도 몸 전체로서 '인상'의 한 부분일 뿐이다. '영상(靈相)'은 '영혼의 모양'이라고 할 수 있는데, 이것도 인상(人相)의 한 가지에 해당한다.

얼굴과 낯은 다르다

'얼굴'은 15세기부터 글자 모양이 같은데, 지금처럼 '머리의 앞면'을 가리키는 말이 아니었다. 이목구비가 있는 머리의 앞면을 가리키는 말은 '낯'이다.

최세진(崔世珍, 1468~1542)은 『훈몽자회(訓蒙字會, 1527년 편찬)』에서 '낫(:낯)'과 '얼굴'을 구별한다. '낯'에 해당하는 한자는 '顔(안)'과 '面(면)'이다. '얼굴'에 해당하는 한자는 '形(형)'이다. 당대 최고의 언어학자인 최세진이 『훈몽자회』에서 풀이한 한자는 3,360자이다. 이 중에서 신체어는 208로 가장 많은 편이다. '身(신)'은 '몸 신'으로 읽고 '身材·얼굴'로 풀이한다. '體(체)'는 '몸 체'로 읽고 '五體(오체, 머리에서 발까지 몸 전체)'로 풀이한다. '心(심)'과 '性(성)', '情(정)', '志(지)', '意(의)'도 신체어 항목에서 다루는데, '心'은 심장을 가리키는 '염통 심'으로 풀이하고

'마음'으로도 일컫는다는 주(註)를 붙였다(최세진, 『훈몽자회 3360』, 62~74쪽).

'몸 신'으로 읽고 쓰는 '身'의 뜻에 '얼굴'을 넣은 것은 '身'은 몸의 일부가 아니라 전체를 가리키기 때문이며 이는 '形(형)'과 연결된다. '形'은 '몸의 모양'인데, 동사적 의미는 '몸에 나타나다(나타내다)'라고 할 수 있다. 흔히 '몸과 마음' 식으로 표현하는데, 몸은 마음을 포함하는 신체어이다. '몸'은 한데 모은 집합성(集合性, 집합적 성질)을 바탕으로 하는 말로, 구체적인 신체 부위들과 추상적인 정신, 영혼, 감정까지 '모아서' 하나에 담은 큰 그릇이다(이경자, 『우리말 신체어 형성 2』, 25쪽). 일상에서나 신문 같은 매스미디어에서 '몸과 마음'이라는 표현을 많이 쓰는데, 이런 표현은 '마음'이 마치 '몸'과 독립된 어떤 실체인 것처럼 생각하게 할 수 있다. 몸, 신체, 육체, 정신, 마음, 영혼 같은 개념의 의미와 관계는 일원론과 이원론 등 매우 복잡하여 많은 연구에도 불구하고 여전히 분명하게 해명되지 못하고 있다. 이 책에서는 정신과 마음은 몸의 한 가지 구성 요소라는 관점을 가진다. 마음과 짝을 이루는 말은 '육체'라고 할 수 있다.

얼굴 = 얼 + 굴

'얼굴'이 '낯(머리 앞면)'이 아니라 '몸(形, 身)'이면 얼굴의 뜻을 다시

정의(定義, definition)할 필요가 있다. 인상(人相)은 '몸 전체의 모습(상)'이며 새로운 의미에서 '얼굴상'이기 때문이다.

얼굴은 한 단어로 읽기보다는 '얼 + 굴'이라는 두 단어로 끊어 읽으면 의미를 확장하는 데 도움이 된다. 얼굴은 어원이 분명하지 않으므로 사용자가 상상력을 통해 의미를 넓히고 실용적으로 활용하면 그것대로 가치가 있다.

'얼'은 '정신의 줏대'이다. 줏대는 사물의 가장 중요한 부분이다. '나라의 얼'은 나라의 줏대이다. '얼 빠진 사람'은 줏대가 흐릿한 사람이다. '얼'은 생명의 근원을 상징하는 '알'과 통하는 글자이다(백문식, 『우리말 어원사전』, 33쪽).

'굴'은 동굴의 '굴(窟)'로 생각할 수 있다. '굴길'이라는 말에서 보듯이 굴은 '길'이다. '길'은 '정상적인 통로'이다. 비행기가 다니는 하늘길(항로, airway)이 있고, 배가 다니는 바닷길(항해로, seaway)이 있다. 해와 달의 길(天道, 천도)이 있고, 사람이 다니는 길(人道, 인도)가 있다. '길'에서 벗어나면 위험하므로 길(道, way)에 '마땅함', '법칙', '도리', '당위' 같은 의미가 들어 있다.

'얼 + 굴'에 대한 이 같은 이해에서 이제 얼굴은 '몸의 줏대가 바르게 다니는 길'로 정의(뜻매김)할 수 있다. 얼굴은 이목구비가 아니라, 머리의 정수리에서 발바닥까지 몸 전체이다. 이목구비도 얼굴이고 오장육부도 얼굴이고 팔다리도 얼굴이고 손가락 발가락도 얼굴이고 머리카락 손톱 발톱도 얼굴이다. '몸 전체'에서 나타나는 '모든' 움직임은 '얼굴의 표정(表情)이고 표현(表現)'이다.

태어나는 일, 밥 먹는 일, 세수하는 일, 대소변 보는 일, 글 쓰는 일, 말하는 일, 걸어가는 일, 잠자는 일, 꿈꾸는 일, 생각하는 일, 느끼는 일, 듣는 일, 직장에서 하는 일, 물건을 사고파는 일, 상상하는 일, 노래 부르는 일, 술 마시는 일, 운동하는 일, 자동차 운전하는 일, 연구하는 일, 등산하는 일, 공부하는 일, 스마트폰 만지는 일, 인터넷 하는 일, 유튜브 하는 일, 죽는 일 등 태어나서 죽을 때까지 몸에서 일어나는 일이 모두 얼굴이 드러나는 표정이고 표현이다.

개인의 얼굴이 확대되는 가족의 얼굴, 기업의 얼굴, 사회공동체의 얼굴, 국가공동체의 얼굴, 지구촌 인류의 얼굴이 모든 같은 차원이다. 제도와 법률, 문화와 문명은 사람의 얼굴이 집합적(集合的)으로 만들어낸 결과라고 할 수 있다.

길상(吉相)과 흉상(凶相)

관상학에 대한 전통적 교과서는 관상의 중심을 '낯(이 책의 관점에 따라 얼굴과 낯은 전혀 다른 뜻이며, 관상이라는 말도 낯을 살핀다는 뜻이 아니다. 얼굴과 관상은 몸 전체에 해당한다)'에 둔다. '낯(좁은 의미의 얼굴이라고 생각하자)' 이외에 신체의 형태와 정신, 기운, 목소리 등 네 가지(形神氣聲, 형신기성)도 관상의 주요 대상이다.

10세기 중국에서 성립한 관상학의 시조 문헌으로 꼽히는 『마의상법(麻衣相法)』은 사람의 8가지 모습(相)을 총론적으로 소개하는 '관인팔법(觀人八法)'으로 시작한다. 8가지 상(相)은 다음과 같다(『마의상법』, 21~23쪽). '낯'이 중심이므로 '관면(觀面) 팔법'이라고 해야 정확할 것이다.

① 위맹상(威猛相): 위세 있고 맹렬함
② 후중상(厚重相): 정중하고 무게 있음
③ 청수상(淸秀相): 깨끗하고 빼어남
④ 고괴상(古怪相): 예스럽고 괴이함
⑤ 고한상(孤寒相): 쓸쓸하고 가난함
⑥ 박약상(薄弱相): 허약하고 여림
⑦ 악완상(惡頑相): 포악하고 탐욕스러움
⑧ 속탁상(俗濁相): 천박하고 우둔함

①~④는 대체로 '좋은 모습'으로서 길상(吉相)이고, ⑤~⑧은 대체로 '나쁜 모습'으로서 흉상(凶相)이라고 할 수 있다.

이 팔상(八相)은 종합적인 인상(人相)이며, 세부적으로 눈, 눈썹, 코, 입, 귀, 이마, 턱, 색깔 등을 세분해서 그 모양을 살펴 길흉화복(吉凶禍福), 부귀영화(富貴榮華), 박복빈천(薄福貧賤), 장수단명(長壽短命)을 판단하려는 것이다. "겉모습을 살피기 전에 먼저 마음 상태를 살핀다(未觀形貌, 先相心田)"라는 표현이 있지만(같은 책, 198쪽) '심상'(心相)을 주요 내용으로 다루지는 않는다.

판단 결과를 표현하는 방식은 대체로 다음과 같다.

"출세하여 이름을 날린다", "수명이 길다", "고귀하고 장수한다", "즐거운 세월을 보낸다", "정신이 건전하다", "신의가 두텁다", "자손이 많다", "집안이 번성한다", "궁핍하여 가세가 기운다", "심성이 고독하다", "권모술수에 능하다", "교활하다", "단명한다", "일이 순조롭지 못하다", "음란하고 방탕하다" 등이다.

이 같은 표현은 진위(眞僞, 참과 거짓), 시비(是非, 옳고 그름)의 영역이 아니라 호불호(好不好, 좋아함과 싫어함) 또는 신불신(信不信, 믿음과 믿지 않음)의 영역이다. 사람의 인식은 복잡한 측면이 얽혀 있으므로 호불호나 신불신의 영역에 해당하는 표현에 대해 진위나 시비의 관점이나 기준으로 판단하면 '영역 착오'가 될 수 있다.

『마의상법』 같은 관상학 교과서의 큰 장점은, 길흉화복이나 빈부귀천 등의 판단과는 별개로, 낯(좁은 의미의 얼굴) 등 몸에 대한 정밀한 해부(解剖)이다. 이는 사람을 대충 개략적으로 보지 않고 구체적으로 관찰하는 데 실용적인 도움을 준다.

사람의 눈(目, 眼)은 특이한 경우가 아니라면 대체로 비슷하게 보인다. 그래서 자기 자신이나 상대방의 눈을 그냥 대충 보기 쉽다. 눈이 붓거나 충혈이 됐을 경우에 좀 구체적인 눈길이 가는 정도일 것이다. 그러나 『마의상법』 경우 눈을 주로 동물의 눈 모양과 비교하면서 용안(龍眼), 우안(牛眼), 귀안(龜眼), 어안(魚眼) 등 39가지 모양(相)으로 구분한다. 눈썹은 일상에서는 눈썹이 길거나 짧음, 짙고 옅음 정도로 말하지만 교가미(交加眉), 첨도미(尖刀眉), 팔자미(八字眉), 신월미(新月眉) 등 24가지로 구분한다. 이와 같이 코(鼻) 모양은 24가지, 입(口) 모양은 16가지, 귀(耳) 모양은 16가지로 각각 구분한다. 손금으로 부르는 손바닥의 줄무늬(장문, 掌紋)는 72가지로 구분한다. 이마에서 턱까지 눈, 코, 귀, 입 사이의 공간도 천중(天中), 중정(中正), 인당(印堂), 인중(人中), 전택(田宅), 법령(法令) 등 100여 개의 부위 명칭이 있다.

"개개인(個個人)의 모습과 성격 등은 모두 다르므로 평균적인 사람은 없다"라는 표현은 사람의 주체성과 개인성(각자성)을 강조할 때 인용하는 말이지만 추상적이고 관념적이어서 손에 잘 잡히지 않는다. 관상학 교과서의 신체 부위 설명을 그림과 함께 살펴보면 "사람은 정말 같은 모습이 없겠구나" 하는 생각이 스친다. 이는 인체의 내부 구조를 주로 설명하는 의학의 해부학과는 다른 점이다. 관상학의 인체 해부와 설명은 사람에 대한 관심을 구체적으로 살펴보는 데 유익하다.

백범 김구의 관상 고민

눈, 코, 귀, 입 등 '낯(얼굴 아닌 머리의 앞면)'의 생김새를 살펴 사람의 길흉화복과 빈부귀천을 판단하는 전통적인 관상학을 비판하고 부정하면서 극복하려는 관점은 오래전 등장했다.

백범 김구는 『백범일지』에 관상과 관련한 자신의 에피소드를 기록했다. 백범은 17세 때(1892년) 고향인 황해도 해주에서 열린 과거시험에 응시하려고 했으나 과거시험을 놓고 벌어지는 부정과 비리를 목격하고 응시를 포기한다.

막막해하던 백범에게 아버지는 관상 공부를 해두면 도움이 될 것이라며 『마의상서(麻衣相書, 마의상법)』를 구해주었다. 백범은 방에 틀어박혀 거울을 앞에 두고 3개월 동안 이 책의 내용을 자기 자신에게 적용해보았다. 부귀(富貴)를 위한 좋은 상은 하나도 없고 얼굴과 온몸에 빈천(貧賤)하고 흉한 모습만 보여 과거시험을 포기한 일보다 더욱 비관스러운 상태에 빠진다. 인간으로서 세상을 살고 싶은 마음마저 없어질 정도였다고 한다.

백범은 『마의상서』에서 "상 좋은 것이 몸 좋은 것만 못하고(相好不如身好), 몸 좋은 것이 마음 좋은 것만 못하다(身好不如心好)"라는 구절을 보고 상 좋은 사람보다 마음 좋은 사람이 되겠다는 결심을 한다. 이에 대해 백범은 "마음 좋지 못한 사람이 마음 좋은 사람으로 되는 방법이 있는가 스스로 물어보니 막연하였다. 그래서 책을 덮어버렸다"라고 썼다(『백범일지』, 38~39쪽). 백범의 말은 자신의 면상(面相)이 길상(吉相)이 아닌 흉상(凶相)으로 생각되어 낙담하고 심상(心相)에서 희망을 기대했으나 심상은 눈, 코, 귀, 입처럼 구체적이지 않아 관상 공부를 포기해버렸다는 뜻이다.

백범이 관상의 이론 공부는 중단했지만 자기 자신의 '심상'을 바르게 가꾸려는 노력은 70 평생 중단하지 않은 것으로 느껴진다. 17세 때 겪은 심상의 막연함은 그의 삶과 함께 점점 뚜렷한 모습을 드러냈다. 이는 『백범일지』의 간행에 맞춰 써서 끝에 붙인 「나의 소원(1947년)」에 잘 나타나 있다. 백범은 다음과 같이 말한다.

"나는 우리나라가 세계에서 가장 아름다운 나라가 되기를 원한다. …(중략)… 인류가 현재에 불행한 근본 이유는 인의(仁義)가 부족하고, 자비가 부족하고, 사랑이 부족한 때문이다. 이 마음만 발달이 되면 현재의 물질력으로 20억이 다 편안히 살아갈 수 있을 것이다. 나는 우리나라가 남의 것을 모방하는 나라가 되지 말고, 이러한 높고 새로운 문화의 근원이 되고, 목표가 되고, 모범이 되기를 원한다. 그래서 진정한 세계의 평화가 우리나라에서, 우리나라로 말미암아서 세계에 실현되기를 원한다."

— 『백범일지』 「나의 소원」, 431쪽

이 같은 심상(心相), 즉 마음가짐은 글을 위한 목적으로 갑작스럽게 지어내기는 어렵다. 그의 삶에서 한결같은 자세로 축적되어 자연스럽게 형성된 심상이 틀림없다.

정약용의 관상 비판

다산 정약용(1762~1836)이 남긴 많은 글 가운데 「상론(相論, 관상에 관한 주장)」이 있다. 당시 관상술(觀相術)에 따른 폐단이 많았기 때문에 이 같은 글을 지은 것으로 추정된다. 한자(漢字)를 기준으로 590자 정도 분량이다.

「상론」의 핵심은 첫 문장인 "상인습이변(相因習而變)"이다. 사람의 품성과 인격 같은 됨됨이는 태어나 성장하면서 무엇을 배워 익혀서 습관이 되도록 하느냐에 따라 바뀐다는 뜻이다. 그런데도 세상 사람들은 거꾸로 인상(人相)이 저러하니 저런 것을 배워 익히고 습관이 되고 어떤 성취를 이룬다고들 하는데, 이는 틀렸다는 주장이다. 다산은 '망(妄, 거짓)', '천(舛, 어긋남)', '우(愚, 어리석음)'라는 표현으로 상(相)이 습(習)을 결정한다는 관점을 강하게 비판한다. 일반 백성(士庶人)이 관상을 믿으면(信相) 직업을 잃고, 경대부(관직이 높은 사람)가 관상을 믿으면 동료를 잃고, 임금이 관상을 믿으면 신하를 잃는다고 주장한다(『여유당전서』「다산시문집」 제11권-論」).

다산은 자신의 주장을 정당화하기 위한 논리로 "어떤 분야에 대한 학습이 오래되면 그 사람의 성품도 바뀐다(習日遠, 性日遷, 습일원, 성일천)"라고 한다. 이는 『논어』「양화」 편에서 공자가 "사람의 본디 성품은 서로 닮았지만 익히는 습관에 따라 서로 달라진다(性相近, 習相遠, 성상근, 습상원)"라고 한 부분을 활용한 것으로 보인다. 『서경(書經, 상서)』「태갑 상」 편에 "습여성성(習與成性, 습관이 성품을 이룸)"이라는 표현이 있는 점으로 미뤄 공자의 말은 전해오는 관점일 것이다.

다산은 이 글의 마무리에서도 공자의 말을 인용하는데, 이 부분은 비판적 검토가 필요하다. 다산의 말은 이렇다. "공자께서 말씀하기를, 용모(貌, 얼굴 모양)를 기준으로 사람을 판단하여(取人) 자우(子羽)를 잘못 판단했다고 하니 성인의 자세가 아닐 수 없다."

공자가 제자 자우(담대멸명)에 대해 했다는 이 말은 사마천(B. C. 145~86, 전한시대 역사가)이 지은 『사기(史記)』의 「중니(공자) 제자열전」에서 '담대멸명'을 소개하는 부분에 나온다. 외모로 그 사람을 판단하여(以貌取人, 이모취인)에서 '외모'는 좋은지 나쁜지 알 수 없지만 앞에 '상모심악(狀貌甚惡)'이라고 했으므로 외모가 매우 못생겼다는 뜻이 된다. 공자가 말하는 맥락은 담대멸명이 너무 못생겨서 재주도 없을 것이라고 짐작했는데, 실제로는 인격과 능력이 훌륭했다는 것이다.

담대멸명은 공자보다 39세 또는 49세 나이가 적다. 공자가 70세 무렵에 20대 청년으로 학단에 들어왔다. 이를 보면 사마천의 기록은 앞뒤가 맞지 않는다. 사마천은 담대멸명이 노나라 대부 관직을 사직하고 훗날 강남 지방에 살 때 제자가 300명이 되는 학단을 만들었고, 공자는 이런 소식을 듣고(孔子聞之) 이 같이 말했다는 것이다. 담대멸명이 많은 제자와 함께 학단을 이뤘다는 일이 사실이라고 할 경우 이는 공자가 죽고 수십 년이 지났을 때가 된다.

공자의 삶을 기록한 중요한 문헌인 『공자가어(孔子家語, 3세기 삼국시대 위나라 왕숙이 편찬)』에는 담대멸명에 대해 전혀 다른 이야기를 하고 있다. 겉모습은 매우 잘생겼는데 재주와 능력은 그에 따르지 못해 공자가 실망했다는 내용이다. 담대멸명은 군자로서 자세가 있었고 공자는 그의 용모를 판단하여 그에 따른 능력을 기대했으나 기대를 충족해주지 못했다. 그러나 공정한 자세로 실력을 발휘해 노나라 대부가 되었다고 36편 「72명의 제자(七十二弟子解)」에 기록되어 있다. 원문의 '공자상이용모망기재(孔子嘗以容貌望其才)'를 볼 때 담대멸명의 외모는 이목구비가 준수했고 공자는 그런 외모와 능력이 일치할 것이라고 판단한 것으로 보인다. 담대멸명은 그런 기대를 만족시키지 못했다는 것이다(其才不充孔子之望).

『사기』와 『공자가어』의 내용 중 어느 쪽이 정확한지는 알 수 없다. 두 내용이 표면적으로는 서로 다르지만 공통점을 찾아본다면 결과적으로 공자는 담대멸명이라는 제자의 외모와 능력의 관계를 인정하지 않는다고 볼 수 있다.

아리스토텔레스의 관상

서양 관상학의 뿌리는 아리스토텔레스(B. C. 384~322)의 『관상학』에서 찾을 수 있다.

아리스토텔레스에 따르면 관상학은 신체와 영혼(정신적인 것)이 상호작용한다는 전제 위에서 성립한다. 그는 "영혼의 상태 변화는 동시에 신체 형태를 변화시킨다. 신체 형태가 변할 때는 영혼의 상태를 변화시킨다"라고 말한다(『관상학』, 111쪽).

아리스토텔레스는 관상학자들은 신체의 형태와 색깔, 얼굴의 특징, 머리카락, 피부, 목소리, 살집 등 징표를 통해 사람의 성격이나 기질을 판단할 수 있다고 본다(같은 책, 90쪽).

이 같은 기준을 적용하여 용맹한 사람과 겁쟁이, 염치없는 사람, 감각이 무딘 사람, 활력이 넘치는 사람, 활력이 없는 사람, 온화한 사람, 소심한 사람의 징표 등 20여 가지 신체적 특징을 소개한다. '인간에 대한 징표(6장)'에서는 다음과 같은 예시를 드는데, 동양의 전통적 관상학에서 이목구비의 생김새를 보고 길흉화복을 말하는 방식과 비슷하다.

크고 균형이 잡힌 가슴을 가진 사람은 영혼이 강건하다, 어깨가 뻣뻣하고 움츠러든 사람은 관대하지 못하다, 목이 굵은 사람은 영혼이 강건하다, 목이 얇고 긴 사람은 겁이 많다, 코끝이 두툼한 사람은 경솔하다, 얼굴이 살찐 사람은 경솔하다, 눈이 작은 사람은 소심하다, 이마가 작은 사람은 교양이 없다, 머리가 큰 사람은 꼼꼼하다, 다리에 털이 수북한 사람은 음탕하다, 눈썹 사이가 가까운 사람은 무뚝뚝하다, 크고 깊은 목소리로 말하는 사람은 오만하다 등이다(같은 책, 125~142쪽).

아리스토텔레스는 바람직한 신체 상태는 지나치지 않는 중간 상태가 가장 좋다는 원칙을 곳곳에서 말하지만 구체적이지 못하다. 예를 들어, 얼굴의 크기는 너무 크지도 너무 작지도 않은 중간 상태 크기가 가장 알맞다는 것이다(같은 책, 133쪽). 그의 『관상학』은 전체적으로 단조롭다는 느낌을 준다.

순자의 관상 비판

이목구비의 생김새를 중심으로 사람의 길흉화복과 귀천부귀를 말하는 방식의 관상술에 강한 비판을 제기한 사람은 기원전 3세기

전국시대 사상가 순자(荀子, B. C. 298~238)일 것이다. 공자 이후 맹자와 쌍벽을 이루는 유학자이다.

『순자』 32편에서 5편이 「비상(非相)」이다. '겉모습을 보고 사람됨을 판단하는 관상을 부정한다'라는 뜻이다. 당시에도 이목구비를 보고 사람의 길흉화복을 점치듯 판단하는 일이 유행했을 것으로 짐작된다. 관상술을 비판하는 순자의 관점은 이렇다.

> "생김새를 살피는 것은 마음(心)을 헤아리는 것보다 못하다. 마음을 헤아리는 것은 배움의 방법을 가려서 선택하는 것보다 못하다. 생김새(形)는 마음(心)을 이기지 못하고 마음은 학문(배움)의 방법(術)을 이기지 못한다."

> "배움의 방법이 바르면 마음이 따르므로 겉모습이 나쁘더라도 군자(대인)가 되는 데 걸림돌이 되지 않는다. 겉모습이 보기 좋더라도 마음과 배움이 나쁘면 소인(小人)이 된다."

순자의 결론은 다음과 같다.

> "사람이 군자(대인)가 되면 좋고(吉), 소인이 되면 나쁘다(凶). 이목구비의 생김새나 체격이 어떻든 그런 것은 길흉과 관계없다(非吉凶)."

순자의 논리와 관점은 명쾌하다. 삶의 길흉화복은 이목구비의 생김새가 좌우하는 게 아니라 '사람됨'에 의존한다. 대인인가 소인인가에 따라 삶이 좌우된다는 것이다.

대인(大人) = 길상(吉相)

소인(小人) = 흉상(凶相)

이와 관련해 순자의 관점에서 핵심은 '마음'보다 '배움'을 가장 중요하게 여긴다는 것이다. 심상(心相)보다 학습(學習)이 더 근본이라는 관점이다.

관상학 또는 인상학에서 "관상(이목구비를 중심으로 살펴 길흉화복과 빈부귀천을 말하는 관상술)보다 심상이 중요하다"라는 주장을 하지만 과연 심상이 무엇이냐에 대한 알맹이는 찾기 어렵다. 백범 김구도 심상의 중요성은 공감했지만 구체적으로 무엇을 어떻게 해야 심상이 좋아지는지 막연해 관상 공부를 포기했을 것이다.

마음가짐의 모습인 심상의 우월성을 생각할 경우 이 또한 하나의 고정된 관점에 지나지 않을 수도 있다. 이목구비 같은 고정된 신체 부위에 비해 '마음'이라는 심상은 어딘가 더 나은 차원처럼 여겨질 수 있다. 대인(大人)은 대인의 심상이고, 소인은 소인의 심상이다. 심상이라고 해서 획일적으로 같은 모습일 수는 없다. 심상이라고 해도 대인의 심상은 길심상(吉心相)이고 소인의 심상은 흉심상(凶心相)이라고 할 수 있다. 막연하게 "심상이 중요하다"라는 주장은 원칙이 되기에는 구체성이 떨어진다.

심상(心相) 보다 습상(習相)

이런 점에서 순자가 '관상 → 심상 → 배움'을 바람직한 단계로 제시한 것은 의미가 깊다. 순자가 관상과 심상을 넘어 '배움'을 최고 단계로 강조하는 이유는 관상과 심상의 '고정적 획일성'이라는 한계를 지적하고 이를 극복하려는 의도일 것이다.

『순자』의 제1편은 「권학(勸學, 배움을 권장함)」으로, 첫 구절이 "배움은 중단할 수 없다(學不可以已, 학불가이이)"이다. 이어 "공부와 배움은 스승을 넘어선다는 자세로 노력해야 한다"라는 뜻으로 '청출어람(靑出於藍)'을 말한다. 소인의 심상이 아닌 대인의 심상이라는 목표는 '대인의 사람됨을 향한 배움'을 바탕으로 추구할 때 그에 적합한 심상이 형성된다는 뜻이다. 타고나는 눈, 코, 귀, 입의 생김새보다는 후천적 배움의 노력이 '결정적'이라는 주장이다. 심상은 배우는 자세, 즉 '습상(習相)'이 중요하다는 의미다.

순자의 이 같은 관점은 기존의 인식을 넘어서는 '비욘드 마인드(beyond mind)'이다. 비욘드 마인드는 대인의 조건인 탁월함이기도 하다.

지금도 『주역(周易)』이라고 하면 점(占)을 쳐서 '괘(卦)'를 얻어 64괘의 괘사(卦辭, 괘 풀이)를 해석하여 길흉화복을 판단하는 문헌으로 이해하는 경우가 많다. 이는 이목구비의 생김새를 보고 길흉화복을 말하는 방식과 다를 바 없다. 『주역』에 대한 많은 해설서가 이 같은 관점에서 크게 벗어나지 않는다.

이에 비해 순자는 『순자』 27편 「대략(大略, 큰 원칙)」에서 다음과 같이 말한다.

> "주역을 깊이 공부한 사람은 점괘에 의지하는 점을 치지 않는다.(善爲易者不占, 선위역자부점)"

『주역』 64괘에 가장 많이 나오는 말은 '정(貞, 충실하고 정성스러운 태도)', '이(利, 유익하고 이로워 통함)', '무구(无咎, 허물, 근심, 미움, 증오가 없음)'이다. 이는 사람의 주체적 의지와 노력이 좋은(吉) 상황을 만들어 나간다는 의미가 들어 있다. 점괘(占卦)가 사람의 길흉화복을 결정한다는 뜻이 아니다.

대인상(大人相) vs 소인상(小人相)

논의를 종합하면, 인상(人相)은 '대인상(大人相)'과 '소인상(小人相)'으로 구분할 수 있다. 대인상은 추구해야 할 인상이고 소인상은 극복해야 할 인상이다. 대인상은 길상(吉相)이고 호상(好相)이요 곱상이다. 소인상은 흉상(凶相)이요 악상(惡相)이요 밉상이다.

> 인상(人相): 대인상(길상, 호상, 곱상) vs 소인상(흉상, 악상, 밉상)

'좋은 인상'을 위해 밝은 표정을 강조하는 주장이 적지 않다. 사람의 인상은 바뀌므로 밝은 표정을 가꾸면 상대방에게 좋은 인상과 느낌을 줄 수 있다는 것이다. 이를 위해 긍정적으로 생각하고 웃는 연습을 많이 하고 목소리도 호감을 주도록 하는 등 인상을 좋은 쪽으로 바꾸어야 한다는 것이다.

이런 관점에 따르면 인상, 특히 좁은 의미의 얼굴로서 낯은 평소 얼굴 근육을 어떻게 가꾸느냐에 따라 좋은 인상이나 나쁜 인상이 된다고 한다. 따라서 좋은 인상을 위한 이미지 훈련도 필요하다. 다음과 같은 방법이다(주선희, 『얼굴 경영』, 356쪽).

> 거울 준비 → 심호흡으로 마음을 가다듬음 → 눈을 감고, 원하는 것을 실현시킨 상황을 머릿속에 그려봄 → 그 상황을 마음껏 즐김 → 기분이 좋아지고 가슴이 뛰면 눈을 뜨고 거울을 봄 → 바로 그 표정이 자기의 최고 표정이므로 기억

이 같은 방법을 활용해서 자신의 낯(좁은 의미의 얼굴) 표정을 좋게 가꾸는 노력은 필요할 것이다. 문제는 이 같은 '표정 근육 훈련' 같은 방식으로 만드는 좋은 인상이 '인상 실력(人相 實力)'이 될 수 있느냐 하는 점이다. 소인의 사람됨에 머물면서 표정 근육 연습을 아무리 많이 하더라도 그렇게 형성된 인상이 과연 상대방의 진정한 호감(好感)과 신뢰(信賴)로 연결되는 '인상(印象, impression)'이 될 수 있을까 하는 의문이다.

교언영색의 가벼움

'교언영색(巧言令色)'은 대체로 '상대방에게 잘 보이고 아첨하기 위해 말을 교묘하게 하고 낯빛(얼굴빛)을 거짓으로 꾸민다'의 뜻으로 쓴다. 『논어』에는 세 번(「학이」, 「공야장」, 「양화」 편)이나 등장하는 성어이다. 세 번 반복은 편집 착오가 아니라 그만큼 공자의 사상에서 중요하기 때문에 편집 과정에서 반복을 알았지만 그대로 두었을 것이다. 여기서 '꾸민다'는 '거짓으로 나타낸다'의 뜻이다. 공자는 교언영색을 매우 경계했다. 그래서 교언영색에 이어 '선의인(鮮矣仁)'이라는 말을 붙였다. 교언영색하는 사람 중에는 '어진 사람(仁人, 인인)'이 드물다는 것이다. '인인'은 대인이고 인인이 아니면 소인이다.

『논어』「자장」 편에는 공자의 제자 자하(子夏)의 말로 다음과 같은 말이 있다.

> "소인은 잘못을 하면 반드시 거짓으로 꾸미려고 한다.(小人之過也, 必文, 소인지과야, 필문)"

'문'(文)은 대부분 긍정적 의미로 쓰지만 여기서는 '보기 좋게 밖으로 꾸미다'의 뜻이다. 몸에 그림을 새기는 '문신(文身)'과 비슷한 용법이다.

교언영색은 출처나 유래를 '논어 학이 편'처럼 소개하는 경우가 많은데, 이는 정확하지 않다. 『논어』보다 훨씬 앞서는 문헌인 『서경』의 「고요모」와 「경명」 편에 '교언영색' 성어가 등장하는 점으로 미뤄 오래전부터 전해오는 성어를 공자가 특별히 강조했을 것이다.

교언영색은 인상(人相)의 인상(印象, 이미지)과 관련이 깊고 널리 알려진 성어이므로 뜻을 자세히 살펴볼 필요가 있다.

교언영색은 대체로 '말을 교묘하게 하고 낯빛(얼굴빛, 얼굴색)을 꾸민다'라는 뜻으로 쓰고, 이는 사람됨에서 경계해야 할 아주 나쁜 태도로 여기기 쉽다. '선의인'이 붙어 있어 교언영색에 대한 부정적 느낌이 더 강해질 수 있다.

인(仁)은 공자의 삶과 사상에서 핵심이지만 의미 설명이 간단하지 않다. 원론적 차원에서 '가장 높은 수준의 사람다움'이라고 할 수 있다. 교언영색이라는 태도가 아주 나쁜 것은 아니지만 그렇다고 교언영색을 어진 사람(仁人)의 특성처럼 여기지 않도록 특별히 경계해야 한다는 의미로 이해하는 것이 적절할 것이다. 그래서 공자는 교언영색을 단정적으로 부정하기보다는 '드물다(鮮)'는 유연한 표현을 썼을 것이다.

『논어집주』에는 듣기 좋은 말과 보기 좋은 얼굴빛의 겉모습으로 다른 사람을 기분 좋게 하는(悅人, 열인) 데 신경을 쓰면 욕심(人欲)이 많아질 수 있다고 보고 공부하는 사람은 교언영색을 깊이 경계(深戒)해야 한다고 해석한다. 적절한 설명이라고 할 수 있다. 리쩌허우는 이를 "인(仁)은 밖으로 드러나는 화려함(外在的華麗)이 아니라는 점을 강조하는 것이다. 겉보기의 용모와 언어는 내면적 정신(內面心靈)을 형성하는 데 따라야 한다는 의미다"라고 설명한다(『논어금독』, 29쪽). 『서경』에 나오는 교언영색의 뜻은 교활한 사람됨의 특징으로 언급된다.

이 같은 내용으로 생각해보면 아무리 좋은 인상이나 표정이라 하더라도 그것이 소인(小人)의 좋은 인상이나 표정이라면 교언영색과 크게 다르지 않을 수 있다는 점에 유의할 필요가 있다.

전형(銓衡) = 사람됨 저울질

'대입 전형'이나 '채용 전형'에 쓰는 '전형(銓衡)'은 인물의 됨됨이나 능력을 저울질하여 골라 뽑는다는 의미다.

'전(銓)'은 '저울질할 전', '사람 가릴 전'으로 읽는다. '金(금) + 全(전)'으로 나눌 수 있는데, 돈을 들여(金) 옥구슬(全, 玉)을 사들인다(入, 입)는 의미로 풀이할 수 있다. 귀한 옥을 사는 과정이므로 저울질을 세밀하게 잘해야 실패하지 않을 것이다. "채용이 전부다"라는 말은 옥석(玉石)을 가려 뽑아야 하는 기업으로서는 사느냐 죽느냐, 성장이냐 퇴보냐를 결정하는 절실한 문제이다.

'형(衡)'도 '저울', '저울질하다'의 뜻이다. '전'은 저울추, '형'은 저울대로 구분할 수 있지만 '전형'이라는 말로 무게를 다는 저울의 움직임을 강조하고 있다. 순우리말로 '드레(인격적으로 점잖은 무게)', '드레질(사람의 됨됨이를 저울로 무게를 다는 것처럼 헤아리는 일)'이 전형의 뜻과 통한다.

전형, 즉 저울질 과정을 통해 찾으려는 옥(玉)은 소인이 아니라 '대인'이다. '열 길(30미터) 물속은 알아도 한 길 사람 속 모른다'라는 격언은 옥으로서 대인을 가려내는 전형의 중요함을 암시한다. 짧은 전형 절차와 시간을 통해 입사 지원자의 '드레'를 파악하기는 매우 어려운 일이다. 지레짐작으로 성급하게 사람 됨됨이를 피상적이고 부분적으로 평가할 가능성도 있다.

오래전 어느 재벌 기업의 회장이 신입사원 면접과 임원 승진 면접 때면 '관상가'를 참석시켰다는 이야기가 전설처럼 전해왔다. 이런 이야기가 널리 퍼지게 된 이유는 두루마기를 입고 수염이 길게 난 관상가의 외모가 눈에 띄었기 때문이 아닐까 싶다. 양복을 입고 면접관으로 앉아 있었다면 그가 관상가인지 아닌지 알 수 없었을 것이다.

지금 이 같은 풍경을 보이면 세간의 큰 비난을 살 수 있겠지만 그 의도는 바뀌지 않았다. 지금은 그때 그 관상가의 역할을 기업의 채용 전형 담당자들이 맡고 있기 때문이다. 전형 과정에서 지원자의 인상을 거의 100% 반영한다는 설문 결과가 이를 분명하게 보여준다.

첫인상의 출발점

'인상(印象, impression)'은 '인상(人相, look 또는 appearance)'을 판단한 결과가 이미지(image, 심상 心象 또는 心像)로 몸에 찍힌 모습이다.

인상—印象, 한글 표기로는 人相과 印象, 引上(끌어올림)이 구분되지 않는 곤란함이 있다— 중에서도 첫인상—first impression, 초인상(初印象)으로 표기해볼 수 있다—이 특히 중요하다고 강조하는 경우가 많다.

그렇다면 첫인상은 언제 시작되는 것일까?

대학생의 취업 상황을 기준으로 볼 때 첫인상은 채용 전형의 첫 단계인 입사지원서 같은 서류평가 이후 '면접' 단계와 관련짓는 경우가 많다. 회사 건물의 오프라인 공간인 면접장(面接場)에서 면접관과 지원자가 만나면서 '인상'도 비로소 생기는 것처럼 여긴다. 그래서 대학생들은 "내일 입사 면접이 있어 수업에 오기 어렵다", "서류 전형은 통과했고 면접이 남았다", "서류는 통과하는데 면접에서 자꾸 떨어진다"처럼 말한다.

이는 입사지원서와 자기소개서는 '서류'로, 면접 장소에 양복 입고 구두 신고 가는 행동은 '면접'으로 구분하는 것이다. 사회 통념이 그러하니 대학생들도 그렇게 생각할 것이다. 사람들은 면접이라고 하면 흔히 '면접시험'으로 알아듣는다. 그래서 면접을 채용 전형의 '일부(一部)' 또는 '한 가지' 절차 또는 단계로 생각하게 된다. 면접 시간은 대체로 짧은 편이므로 "면접 때만 잘 보이면 된다"라는 심리도 작동할 수 있다. '교언영색'이 슬그머니 끼어들어 욕심을 부릴 수 있다.

'면접(面接)'의 사전 풀이(『표준국어대사전』)는 이렇다.

① 서로 대면하여 만나 봄

② 직접 만나서 인품이나 언행을 평가하는 시험. 필기시험 후에 최종적으로 심사하는 방법이다.

이 같은 풀이는 두 사람 이상이 함께 낯(좁은 의미의 얼굴)을 가까이하여 주로 오프라인 또는 온라인의 시간과 공간에서 만나는 것을 의미한다. 면접과 같은 뜻으로 쓰는 '인터뷰(interview)'는 이렇게 풀이한다.

> 특정한 목적을 가지고 개인이나 집단을 만나 정보를 수집하고 이야기를 나누는 일. 주로 기자가 취재를 위하여 특정한 사람과 가지는 회견을 이른다.

인터뷰와 만남

인터뷰를 직업 중에서도 매스미디어 업계에 종사하는 기자(記者)의 취재 활동으로 특별히 규정하는 것은 인터뷰의 의미를 매우 좁힌다. 인터뷰는 사람이든 사물이든 '함께 만나는(inter + view)' 활동이 기본적 의미다.

영어사전의 풀이는 이렇다.

> ① 면접(면접시험)
>
> ② (언론과의 공식적인) 인터뷰(회견)
>
> ③ 면담

영영사전의 풀이는 이렇다.

① a meeting at which people talk to each other in order to ask questions and get information.

② a formal meeting with someone who is being considered for a job or other position.

③ a meeting between a reporter and another person in order to get information for a news story.

영어사전의 풀이도 국어사전과 거의 같다. '만남', 즉 '미팅(meeting)'이라는 표현이 공통으로 들어간다. '만나다'는 '눈앞에 서로 닿을 듯 마주 보는' 것이다. 인성 면접, 역량 면접, 직무 면접, 토론 면접, 합숙 면접, 화상 면접, 인공지능(AI) 면접, 블라인드 면접, 임원 면접 등 여러 가지인데, 특정 시간과 장소에서 만나 대화하는 '일회성(一回性, one-time)' 성격은 공통적이라고 할 수 있다.

이런 사정으로 인터넷에 '면접팁(면접도움말)'을 검색하면 많은 내용이 나오는데, 대체로 이런 것들이다. △짧은 시간 동안 얼굴을 마주하므로 용모와 표정에서 받는 첫인상이 면접의 핵심 △용모가 호감인지 비호감인지 먼저 스스로 체크 △조직 생활에 잘 적응하여 어울릴 사람인가가 중요 기준 △자기 역량을 겸손하게 설명하는 자세 △긴장하거나 떨지 말고 차분하게 대답할 것 등이다.

블링크와 측은지심

면접(인터뷰)에 대한 이 같은 관점에는 '사람을 한눈에 알아보는' 자세나 분위기가 들어 있다. 말콤 글래드웰의 『블링크(*Blink*)』는 첫인상을 판단하는 '처음 2초'를 강조한다. '블링크'는 '눈을 깜박거리는 짧은 시간'을 의미한다. 저자는 책의 가장 중요한 임무를 '순간적 판단과 첫인상'은 교육되고 관리할 수 있다는 확신을 주는 것이라고 한다(『블링크』, 23쪽). 이를 위해 '신속하고 간결한(fast and frugal)' 생각과 '한눈에 알아차리는 힘(power of glance)'을 강조한다.

글래드웰은 "신속한 인식의 가장 흔한(그리고 가장 중요한) 형태는 아마도 우리가 다른 사람에 대해 내리는 판단과 다른 사람에게서 받는 인상일 것이다"라며 "상대방의 동기와 의도를 추론하는 행위는 얇게 조각내어 관찰하기의 전형인데, 미묘하고도 순간적인 단서를 포착해 상대의 마음을 읽어내는 것이다"라고 주장한다(『블링크』, 242~243쪽). '얇게 조각내어 관찰하기(thin-slicing)'는 저자가 심리학자의 이론을 활용한 것인데, 얇은 경험의 조각들을 토대로 상황과 행동 패턴을 찾아 신속하게 인식하는 무의식의 능력을 뜻한다(같은 책, 33쪽).

저자는 신속하고 간결한 인식과 판단을 주장하면서 산책 중에 자신을 향해 돌진하는 트럭을 예로 든다(18쪽). 이런 상황에서는 여러 가지 선택 사항을 검토할 시간이 없고 극소량의 정보를 토대로 매우 민첩하게 판단해야 한다고 말한다. 그는 교통사고를 피하는 이런 즉각적이고 반사적인 판단과 행동 덕분에 인간이 오랫동안 종족(種族)을 보존할 수 있었다고 주장한다. 심리학 연구를 빌려와 이를 '적응

무의식(adaptive unconscious)'이라고 한다(18쪽). 사람의 다양한 사고 방식의 한 가지로 이런 종류의 생각 방식을 소개할 수는 있어도, 이 방식 때문에 인간이 인류라는 종족을 보존할 수 있었다고 하는 주장은 지나치고 성급한 일반화이다.

맹자(孟子)는 사람의 보편적 심성의 한 가지로 '측은지심(惻隱之心, 가엾게 여기는 마음)'을 말하면서 아이가 우물 쪽으로 기어가는 모습을 보면 누구나 놀라고 측은히 여겨 즉시 달려가 구할 것이라고 주장한다. 이는 아이의 부모와 사귀기 위해서도 아니고 동네 사람들에게 칭찬을 받기 위해서도 아니고 위험에 빠진 아이를 모른 체했다는 비난을 두려워해서도 아니다. 이런 마음이 없으면 "사람이 아니다!(非人也, 비인야, 『맹자』「공손추 상편」)"라고 했다. 『블링크』에서와 같은 신속하고 간결한 인식과 판단, 행동을 말하고 있지만 맹자가 하는 이야기가 훨씬 깊은 맛을 준다.

'좋은 인상과 취업 실력'을 고민하는 이 책의 관점은 『블링크』의 '처음 2초 동안에 알아내는 능력'이나 『맹자』의 '측은지심의 보편적 심성'과는 매우 다르다. 취업 능력으로서 좋은 인상은 '인상 실력'이며 대인(大人)의 탁월함과 연결된다. 돌진해 오는 트럭을 피하는 반사적 행동이나 우물에 빠지려는 아이를 구조하는 반사적 행동이 아니다. 취업을 위한 인상 실력의 문제는 2초 안에 파악한 신속한 인식의 문제가 될 수 없다. '관점 착오(viewpoint mistake)'라는 말을 만들어본다. 눈 깜박하는 블링크를 인상 실력에 적용할 경우 관점을 잘못 적용하는 관점 착오가 될 수 있다.

기업의 인재상은 대인상

기업은 홈페이지를 통해 여러 가지 기업 정보를 공개하고 있다. 그 가운데 '인재상(人才像)'이 있다. 해당 기업이 생각하는 인재의 모습, 즉 일종의 인상(人相)이다. 기업이 원하는 인재로서 인상은 당연히 '대인상(大人相)'이다. 어떤 기업도 '소인상(小人相)'을 제시하지는 않는다.

기업에 따라 차이가 있지만 인재상은 대체로 이렇다. △열정과 책임 △창의와 혁신 △인간미와 도덕성 △최고에 도전 △자율과 팀워크 △지성과 패기 △성과 창출 △개인과 사회의 성장 △고객 신뢰 등이다. 원칙적 의미에서 이 같은 가치들은 소인은 불가능하고 대인이어야 실현할 수 있다.

인재상은 해당 기업의 안팎을 향한 공개적인 선언, 즉 사회적 공언(公言)이다. 이미 해당 기업에서 일하는 직원과 함께 그 기업에 입사하고 싶은 예비 직원을 향한 사람됨의 기대와 약속이다. 기업의 인재상은 이 같은 의지와 역할을 통해 공동체와 '만나는' 일종의 '사회적 면접'이다.

어떤 대학생이 A 기업의 인재상을 보고(접하고, 만나고) 입사하고 싶은 마음이 싹튼다면 '이미' 면접은 시작된 것이다. A 기업이 채용을 공고하고 취업준비생이 입사지원서를 작성하면 해당 기업과 지원자의 면접은 구체적으로 진행되는 상황이 된다. 기업 쪽에서는 어떤 지원자가 얼마나 지원할지 관심과 걱정을 한다. 지원자는 좋은 결과를 기대하면서 A 기업에 대한 생각이 머릿속에서 떠나지 않는다.

이런 단계가 모두 면접이고 '전형', 즉 인재를 선발하기 위해 기업과 지원자가 정밀하게 저울질을 하는 과정이다.

쌍방적 전형

인재를 고르기 위한 전형은 기업이 주도권을 쥔 일방적 행위가 아니다. 전형의 모든 과정은 기업과 지원자가 만나(채용 공고를 확인하고 입사지원서를 작성하는 단계가 이미 만남, 즉 면접의 첫 단계이다) 서로를 공유(共有)하는 쌍방적 행위이다. 지원자는 자신이 소인이 아니라 대인의 사람됨을 가꾼 사람이라는 정체성(正體性, 아이덴티티)을 입사지원서의 '지원 동기'와 '성장 과정', '자기소개서' 등을 통해 증명(證明)할 수 있어야 한다. 글이든 영상이든 증명 방식은 부차적인 문제다.

'채용(採用)'이라고 하면 기업이 지원자를 뽑는 방식으로 생각하는 게 통념이지만 이는 2차적인 절차나 단계이다. 1차적 채용은 지원자가 자기 자신의 가치, 즉 업무 또는 직무에 적합하다는 쓰임새를 스스로 '캐낼 수' 있어야 한다. 채용에서 '채(採)'는 '묻혀 있는 것을 파내는 일'을 뜻한다. 전형 과정은 지원자에게 묻혀 있는 잠재력과 가능성이라는 '옥(玉)', 즉 대인의 사람됨(대인상, 大人相)을 기업과 지원자가 서로 힘을 모아 캐내는 발굴 작업이다. 소인상(小人相)은 캐낼 가치가 없다.

지원자가 자기 자신을 먼저 채용한다는 것은 자기 자신의 호감과 매력, 즉 대인의 사람됨을 명확하게 인식하고 표현해야 상대방(기업의 면접관)에게 '공감(共感)의 종소리'를 울릴 수 있다는 의미다. 좁은 의미의 면접을 생각하면서 갑작스럽게 만드는 교언영색으로는 상황을 주도할 가능성이 매우 낮다. 낯(좁은 의미의 얼굴)의 표정을 밝게 하고 입의 말솜씨를 유창하게 하는 근육운동으로는 성공하기 어렵다.

팔미(八美), 팔관(八觀), 팔감(八鑑)

옛날이나 지금이나 그리고 앞으로도 세상에서 가장 어려운 일은 '어떤 사람인지 파악하는' 지인(知人)일 것이다. 어떤 사람이 대인인지 소인인지, 믿을 수 있는지 믿을 수 없는지, 책임감이 강한지 책임감이 느슨한지 등을 최대한 정확하게 알아내는 것은 기업을 포함한 세상일의 성공과 실패를 결정하는 핵심 요소이다. '전형'이라는 말의 중대한 의미다.

인재(人才), 인물(人物), 대인(大人)의 사람됨을 깊이 성찰한 내용으로 3세기 중국 위(魏)나라 유소(劉劭)가 지은 『인물지(人物志)』가 있다. 인재학(人才學) 분야의 고전으로 꼽힌다.

유소는 책의 서문에서 "사람을 알아보는 능력이야말로 가장 중요하다(莫貴乎知人, 막귀호지인)"라고 하는데, 이는 지인이 그만큼 어렵다는 말이기도 하다. 『인물지』는 12편에 많은 내용을 다루지만 '사람됨의 8가지 훌륭함(八美, 팔미)'과 '사람됨을 관찰하는 8가지 기준(八觀, 팔관)'을 소개한다. 앞에서 언급한 『마의상법』의 8가지 관상(관인팔법)과 비교할 수 있다. 유소는 지인을 위한 방법으로 이목구비의 생김새 같은 전통적인 관상술에 대해서는 말하지 않는다.

제4편 「재리(才理 또는 材理, 인재의 원리)」에 있는 '팔미'는 다음과 같다(유소, 『인물지』, 77쪽).

① 다른 사람의 말을 잘 알아듣는 사람인가
② 일의 근본에 닿는 생각이 가능한 사람인가
③ 일이 생기는 기미(징조)를 살필 줄 아는 사람인가
④ 일의 뜻과 의미를 잘 표현하는 사람인가
⑤ 자신의 잘못을 빨리 이겨내는 사람인가
⑥ 자기 자신을 지켜내는 능력을 가진 사람인가
⑦ 혼란스러운 상태를 빨리 정리하는 사람인가
⑧ 상대방과 함께 변화를 이끌어내는 사람인가

제9편 「팔관」의 내용은 다음과 같다(같은 책, 122쪽).

① 강요하는지 돕는지를 보면서 성품의 혼잡함을 살핀다.
② 감정의 변화를 보면서 성품의 일정함을 살핀다.
③ 추구하는 것을 보면서 성품의 충실함을 살핀다.
④ 행동의 동기를 보면서 성품의 참과 거짓을 살핀다.

⑤ 사랑과 공경을 보면서 성품의 원만함을 살핀다.

⑥ 정서의 움직임을 보면서 성품의 포용력을 살핀다.

⑦ 부족한 점을 장점으로 바꾸는 성품이 있는지 살핀다.

⑧ 적극적으로 듣고 상황을 파악하는 태도를 보면서 성품이 우수한지 살핀다.

『논어』는 '지인지감(知人之鑑)'의 경전으로 불린다. '지인지감'은 '사람을 잘 알아보는 능력'이다. 다른 사람이 어떤 사람인지 알아보기에 앞서 자기 자신이 어떤 사람인지 살펴보는 태도가 중요하다. 『논어』에서 공자의 말로 기록된 내용 중에서 지인지감에 해당하는 여덟 구절을 '팔감(八鑑, 사람됨을 비추는 8가지 거울)'으로 이름 짓고 살펴본다.

① 그 사람이 하는 행동을 살펴보고, 왜 그런 행동을 하는지 동기를 살펴보고, 무엇을 추구하는지 살피면 그 사람됨을 숨길 수 없다. — 위정

② 잘못을 하더라도 어떤 잘못인지 살펴보면 그가 어진 사람인지 아닌지 알 수 있다. — 이인

③ 다른 사람을 무시하고 베풀 줄 모르면 다른 됨됨이는 볼 필요도 없다. — 태백

④ 어진 사람은 말이 신중하므로 더듬거리듯 어렵게 말을 한다. — 안연

⑤ 통달한 사람은 질박하고 정직하며 의로움을 좋아한다. 다른

사람의 말과 얼굴빛을 잘 살피면서 사려 깊게 자신을 낮춘다.

— 안연

⑥ 평소 생활하는 모습은 공손하며 일을 할 때는 공경스러우며 사람을 대할 때는 정성스럽게 한다. — 자로

⑦ 말은 증명할 수 있어야 믿음직하고 행동은 말에 따른 구체적 결과가 있어야 한다. — 자로

⑧ 말은 정성스럽고 믿음직하며 행동은 인정스럽고 정중해야 어디서나 통한다. — 위령공

이제마의 대인상(大人相)

유의(儒醫, 유학자 의사) 동무 이제마(1838~1900)는 태양인, 태음인, 소양인, 소음인 등 체질의 네 가지 모습(사상체질, 四象體質)을 세상에 제시했지만 그의 역저 『동의수세보원』에서 사상체질보다 더 중요하게 여겨지는 '사람됨'을 말한다. 체질은 바꾸기 어렵지만 소인의 사람됨은 극복할 수 있다.

동무가 말하는 네 가지 소인상(小人相, 동무가 '소인상'이라는 표현을 하는 것은 아니지만 이 책의 의미 맥락에 따라 이렇게 표현한다)은 △비인(鄙人, 도량이 좁고 인색한 사람) △나인(懦人, 나약하고 무기력한 사람) △박인(薄人, 인정 없고 야박한 사람) △탐인(貪人, 탐욕스럽게 욕심부리는 사람)이

다(『동의수세보원』, 31쪽). 이런 사람됨은 모두 지나친 욕심에서 비롯되는데, 그냥 나쁘다거나 좋지 않다는 식이 아니라 "오래 살지 못한다"라는 것이 의학자로서 동무의 관점이다.

동무는 이목구비에 대해 전통적인 관상학의 관점처럼 '눈이나 코가 어떻게 생기면 어떤 길흉화복을 예측할 수 있다'와 같은 설명을 하지 않는다. 몸의 바탕이 되는 기운(원기, 元氣)을 길러 건강하게 오래 살기 위해서는 "귀는 반드시 멀리 들어야 하고, 눈은 반드시 크게 보아야 하며, 코는 반드시 넓게 맡아야 하며, 입은 반드시 깊이 맛봐야 한다. 이목구비의 작용이 이렇게 깊고 멀고 넓고 크면 정신과 기운과 피가 생긴다"라고 말한다(『동의수세보원』, 57쪽). 이목구비의 이 같은 모습과 작용은 대인의 모습(대인상, 大人相)이다.

이러한 조건들을 자기 자신의 사람됨을 비춰보는 거울로 삼을 수 있어야 대인상(大人相)이다. 대인의 모습에서 비로소 대인의 느낌이요 '큰' 첫인상인 '대인상(大印象)'이 사람들과 공유될 수 있다. 첫인상에도 대인의 첫인상과 소인의 첫인상이 있다. '말 한마디', '글 한마디'에 대인의 느낌 또는 소인의 느낌이 묻어나온다. 3~5분의 대화, 1,000~2,000자 자기소개서 또는 1~3분 자기소개라면 사람됨의 그릇이 어떤지 파악할 수 있다.

대인상과 호감

넓고 깊고 넓은 대인의 사람됨, 즉 대인상(大人相)을 추구하는 이유는 '뻔해서 그저 그런' 사람됨을 넘어서기(비욘드, beyond) 위해서다. 그저 그런 뻔한 사람에게서 호감(好感)과 매력(魅力)을 느끼기 어렵다. 호감은 사람과 사람을 연결하는 끈이다. 호감은 그냥 좋은 느낌이 아니라 신뢰를 쌓는 관계이며 현실적 성과를 내는 경제다(로히트 바르가바, 『호감이 전략을 이긴다』 *Likeonomics*, 14쪽). 호감은 단순한 느낌이 아니라 '확실한 실력'이라는 의미다.

낯(좁은 의미의 얼굴)과 입의 근육운동으로 만드는 표정이나 교언영색으로 보여주는 호감은 피상적이고 일시적이고 방편적이다. 대인의 사람됨에 묻어나오는 호감이어야 깊고 오래가는 그윽한 향기가 될 수 있다. 자기 자신을 신뢰하는 자신감(自信感)은 자기 자신을 뻔하지 않고 새롭게 가꾸는 '자신(自新)'에서 비로소 싹튼다. 스스로를 새롭게 북돋우는 의지와 노력은 대인의 탁월함이다.

이 같은 대인의 대인상(大印象)에서 나오는 좋은 인상은 취업과 창업의 문을 여는 진정한 힘이다. 강거목장(綱擧目張)이라는 말이 있다. 일의 가장 중요한 원칙이요 벼리(綱)를 단단하고 튼튼하게 만들면 나머지 부분들은 자연스럽게 따라서 성장한다는 뜻이다. 이 같은 원칙을 깊이 성찰해야 실천 행동으로 연결되어 습관(習慣)이 될 수 있다.

양습과 악습

습관에도 대인의 습관인 양습(良習, 좋은 버릇)과 소인의 습관인 악습(惡習, 나쁜 버릇)이 있다. 양습은 키우고 악습은 줄여 없애는 노력이 필요하다. 윌리엄 제임스는 "습관은 신경중추들을 통과하는 경로들 때문에 생긴다(『심리학의 원리』, 178쪽)"라면서 이렇게 말한다.

> "교육에서 가장 위대한 것은 우리의 신경 체계를 우리의 적(敵)이 아닌 동맹군으로 만드는 것이다. 습관에 많은 투자를 한 다음에 그 투자에서 나오는 이익으로 편하게 살아가는 것이 최고의 방법이다. 이를 위해 유익한 행동을 가급적 많이, 가능한 한 일찍부터 습관화하고 불리해 보이는 길로 들어가지 않도록 경계해야 한다. 전염병에 걸리지 않도록 조심해야 하는 것과 같다."
>
> — 189쪽

제임스는 특히 젊은이들은 자신이 걸어다니는 습관의 뭉치에 지나지 않는다는 사실을 깨닫는다면 자신의 행동에 주의를 더 기울이며 더 나은 자기 자신을 가꾸는 계기가 될 것이라고 한다(195쪽). 대인상(大人相)을 가꾸는 노력도 좋은 습관, 양습이 될 수 있다는 것이 이 책의 주장이다. 대학생이라면 대인상(大人相)을 통한 대인상(大印象)을 가꾸는 '벼리'를 절실하게 인식하고 실천하는 탁월함을 자율과제로 삼을 수 있다.

05

프레젠테이션과 소통

> 그 타이밍과 물고기에게 바늘을 꽂아 넣는 압력 정도는 완벽해야 한다. 너무 빠르거나 너무 늦으면, 혹은 너무 조금 꽂아 넣거나 너무 많이 꽂아 넣으면, 그 물고기는 며칠 동안 입이 아픈 채로 다니겠지만 자신의 경험을 바탕으로 더 오래오래 살 것이다.
> 나는 너무나 빨리 플라이를 잡아챘기 때문에, 물고기들이 그 바늘을 물기도 전에 바늘이 물고기에게서 빠져나가버렸다.

플라이 낚시를 다룬 노만 맥클린(노먼 맥클레인, 1902~1990)의 『흐르는 강물처럼(*A River Runs Through It*, 1976년 출간)』의 한 장면이다(95쪽). 로버트 레드포드가 감독을 맡아 영화로 제작(1993)돼 대중의 사랑을 받았다. 아버지와 두 아들이 플라이 낚시를 통해 자연과 교감(交感)하며 삶의 의미를 살피는 내용이다. 플라이(fly)는 가짜미끼인 루어(lure)를 가리킨다. 몇 구절 더 읽어본다.

> 낚싯대가 해야 할 일이란, 낚싯줄과 리더 그리고 플라이를 물 위로 들어 올려 머리 위로 잘 쳐들고 난 다음 앞으로 던짐으로써, 그것들이 다음 상태에서 물 한 방울 튀기지 않고 물속에 들어가도록 하는 것이다.

플라이, 얇고 투명한 리더, 그다음 낚싯줄의 차례로…. 그렇게 하지 않으면 물고기는 그 플라이가 가짜라는 것을 알고 도망쳐버릴 것이다. — 15쪽

리더는 낚싯바늘을 낚싯줄에 매는 부분이다.

힘은 언제나 힘으로부터 나오는 것이 아니라 그 힘을 어디에 안배할 것인가를 아는 데서 나오는 것이다. 아버지가 말했던 것처럼 말이다. "기억하거라. 낚시란 10시에서 2시 사이에 4박자 이름에 따라 연주해야 하는 하나의 예술이란다." — 18쪽

12시는 머리 위 방향이 된다.

처음 낚시를 던질 때 물고기들은 물 위를 지나가는 플라이의 그림자를 보고 경계하게 된다. 그래서 그것이 수면을 스치는 순간에 그 플라이 낚싯바늘을 건드리게 되는 것이다. — 55쪽

"낚싯대와 같이 있으면 기분이 좋긴 해도 물고기처럼 생각할 수 있으려면 3년은 더 있어야 돼요." 우리는 강둑에 앉아 있었고 강물은 흘러만 갔다. 언제나처럼 강은 자신에게 들려주는 소리를 만들어내고 있었는데, 이제는 우리를 위한 소리도 만들고 있었다. — 232쪽

낚시(釣魚, 조어, fishing)는 바다낚시든 민물낚시든 물고기를 속여 꾀는 행위다. '꾀'는 '일을 해결하기 위한 생각이나 수단'이므로 나쁜

거나 부정적인 뜻이 아니다. 한자로는 '계략(計略)'이나 '계책(計策)'이다.

낚시 = 꾀

'수단'이나 '방법'이라는 말은 감정적으로 중립적인 느낌을 주지만 '꾀'는 어딘가 부정적인 느낌을 주는 듯하다. 동사 '꾀다'는 '그럴듯한 말이나 행동으로 남을 속이거나 부추겨서 자기 생각대로 끌다'의 뜻으로 역시 부정적 의미다. '속이다'는 '거짓이나 꾀에 넘어가게 하는 것'으로 사기(詐欺, 이익을 위해 나쁜 꾀로 남을 속임)에 해당한다. '꾀로 속임'에서 '꾀'에는 이미 '나쁜 꾀'라는 뜻이 들어 있다.

'잔꾀'는 '약고(자기만 이롭게 꾀를 부리는 성질) 얕은 꾀'인데 매우 부정적인 뜻이다. 잔꾀를 부리는 사람을 '꾀쟁이'라고 하는데, 상당히 부정적인 인격을 가리킨다. 국어사전에는 잔꾀와 비슷한 뜻을 가진 낱말로 '꾀'와 '낚시'를 든다.

'미끼'는 낚시 끝에 꿰는 물고기의 먹이인 낚싯밥이지만 일상에서는 부정적 의미로 많이 쓴다. 사람이나 동물을 꾀어내기 위한 물건이나 수단을 비유한다. 국어사전에는 '꼬임수'를 미끼의 유의어로 든다.

동사 '낚다'는 낚시로 물고기를 잡는 것이지만 꾀나 수단을 부려 사람을 꾀거나 이익 등을 자기 것으로 하는 의미로 많이 쓴다. '꾀다'와 비슷한 뜻이다. 동사 '낚아채다'는 낚싯줄을 힘차게 잡아당기는 것이지만 남의 물건 등을 재빨리 빼앗거나 가로채는 뜻으로도 쓴다.

'낚시성 광고'나 '낚시성 제목'은 매스미디어를 접하는 사람들을 속이는 방법을 비유하는 표현으로 널리 쓰인다. '낚시'에 들어 있는 '꾐수', '속임수'라는 의미를 활용하는 것이다. 목소리를 속여 이익을 챙기는 범죄인 '보이스 피싱'도 마찬가지로 낚시에 대한 부정적 의미 맥락을 가진다.

낚시나 낚시질은 결코 비난받을 행위가 아닌데도 일상에서 나쁘고 부정적인 의미로 쓰이는 경우가 많은 모습은 부당한 폄훼(貶毁, 깎아내려 헐뜯음)이다.

특별한 낚시질, 프레젠테이션

낚시와 관련해 부정적인 의미가 많은 가운데 보석처럼 반짝이는 용어가 있는데 그것은 '프레젠테이션(presentation)'이다.

프레젠테이션은 낚시 중에서도 가짜미끼를 쓰는 플라이 낚시에 쓰는 말이다. 물고기를 향해 플라이(가짜미끼 루어)를 절묘하게 떨어뜨리는 행위를 가리킨다. 『흐르는 강물처럼』에서 인용한 내용이 프레젠테이션 상황을 보여준다. 바다낚시든 강이나 저수지에서 하는 민물낚시든 지렁이 같은 진짜미끼를 쓰는 낚시에는 프레젠테이션이라는 말을 쓰지 않는다. 가짜미끼를 쓰는 플라이 낚시의 용어이다. 루트번스타인은 이 작품을 소개하면서 물고기라는 사냥감을 성공적으로 낚는 상황을 '감정이입(感情移入)' 관점에서 설명한다. 낚시를 하는 사람은 물고기가 플라이를 어떻게 보는지 알아야 물고기를 낚을 수 있다는, 즉 사냥감처럼 생각할 수 있어야 한다는 것이다(『생각의 탄생』, 제8장 감정이입, 254쪽).

낚시의 종류는 다양하지만 물고기를 꾀어 낚아 올리려는 의도와 목적은 모두 같다. 그런데도 플라이 낚시에 프레젠테이션이라는 말을 쓰는 데는 묘한 정서적 차원이 느껴진다. 왜 프레젠테이션이 플라이 낚시의 용어가 됐는지는 알기 어렵다. 프레젠테이션의 기본 의미는 '제시(提示)' 또는 '발표(發表)'이다. 낚시와는 그다지 어울리는 말이 아니다. 물고기를 잡기 위해 낚싯대를 휘두르며 물에 떨어뜨리는 행위를 물고기를 향해 무엇을 발표하는 행위로 보기는 어렵다.

플라이 낚시에서 프레젠테이션은 물고기에 대한 어떤 '미안함'일 것이다. 모든 낚시는 물고기에 대한 꾐수지만 가짜미끼로 꾀어 낚는 것은 좀 비열(卑劣)한 느낌을 줄 수 있다. 가짜미끼로 낚는 플라이 낚시를 친환경적 방식이라고 생각할 수도 있지만 물고기로서는 사느냐 죽느냐의 문제이다. 가짜미끼로 물고기를 낚는 방식을 프레젠테이션이라고 하면 물고기로서는 더 억울할 수도 있을 것이다.

그러나 사람이 동식물을 재배하고 사육하고 채취하고 잡아서 생존하는 것은 '생태계 질서'로서 일종의 먹이사슬에 해당한다. 낚시도 마찬가지일 것이다. 진짜미끼든 가짜미끼든 '낚싯밥'으로는 성격이

다를 뿐 역할은 같다. 그럼에도 플라이 낚시를 던지는 마음에 어떤 불편하고 미안함을 느끼는 프레젠테이션은 물고기라는 사물을 마주하는 '정서적 교감(交感)'이 들어 있는 것으로 보인다. 이는 공자의 다음과 같은 정서(情緖, emotion, feeling)와 통한다.

> "공자께서는 낚시질을 했지만 그물질은 하지 않았다. 활로 새를 잡았지만 둥지에서 잠자는 새를 쏘지는 않았다.(子釣而不綱, 弋不射宿, 자조이불강, 익불사숙)"
>
> —『논어』「술이」

이 같은 공자의 행동에 대해 낚시로 잡든 그물로 잡든 죽이는 것은 마찬가지라는 관점은 적절하지 않다. 불가피하게 죽이더라도 대상의 상태를 세심하게 살피고 최소한의 배려를 하는 것은 아주 다른 정서적 차원이 있다. 가만히 잠자고 있는 새를 활로 쏘아 잡는 행위는 야비한 짓이다. 이런 정서적 배려는 사람을 마주하는 태도에도 영향을 미친다. 옛날에 왕(천자)이 사냥을 할 때는 동서남북 네 방향을 모두 막지 않고 한쪽 방향은 열어놓고 짐승을 몰았다. 이를 삼구(三驅, 세 방향으로 쫓음)라고 하는데,『주역』의 8번째 괘인「비괘(比卦)」에도 관련 내용이 실려 있다. 비괘는 '좋은 괘(길괘, 吉卦)'인데, 그 의미는 '서로 친밀하여 조화와 소통으로 올바른 공동체를 가꾸는 것'이다.

프레젠테이션은 파워포인트와 다르다

'프레젠테이션'과 '파워포인트'는 공개 발표와 관련해서 세계적으로 널리 쓰인다. 대학생들은 '피티(PT)'와 '피피티(PPT)'를 기본적인 학습 도구로 여기고 활용한다.

'PT'와 'PPT'는 뜻이 전혀 다른데도 서로 같은 뜻으로 아는 경우도 많다. '피피티(파워포인트)'는 마이크로소프트사의 소프트웨어이고 'PPT'로 줄여 쓸 수 있다. 그러나 프레젠테이션을 '피티(PT)'로 줄여 쓰는 것은 정확하지 않다. 'PT'는 '피티 체조'라는 말처럼 체력단련을 뜻하는 '피지컬 트레이닝(Physical Training)'의 약자이거나 '파트타임(Part-Time)'의 약자로는 사전에서 쓰는 것처럼 줄임말로 가능하다. 프레젠테이션을 '피티(PT)'로 줄여 쓰는 것은 파워포인트, 즉 '피피티'의 영향으로 생각된다. 파워포인트를 프레젠테이션과 거의 같게 보면서 피피티와 피티가 그냥 섞여 쓰이는 것으로 보인다. 그러나 피피티는 프레젠테이션과 같지 않고, 대체할 수 없다는 점에서 파워포인트와 프레젠테이션을 엄격히 구별할 필요가 있다.

프레젠테이션에 대한 사전의 정의(定義, 뜻매김)도 정확하지 않다. 『표준국어대사전』은 프레젠테이션을 '시청각 자료를 활용하여 사업 따위의 계획이나 절차를 구체적으로 발표하는 활동'으로 풀이한다. 파워포인트에 대해서는 '미국의 마이크로소프트사(社)가 개발한 소프트웨어. 여러 사람 앞에서 자신의 생각을 발표하거나 공동 작업을 할 때 시각적 보조 자료로 활용할 수 있도록 구성되어 있다'로 풀이한다. 두 용어를 거의 같은 의미로 풀이한다.

'Death by Power Point'라는 말이 있다. 파워포인트의 부실하고 불필요한 슬라이드가 프레젠테이션을 죽일 정도로 방해한다는 의미로 쓴다. 파워포인트 슬라이드는 효과적이고 차별화되고 기억에 남도록 만들어야 한다는 점을 강조하면서 생긴 말로 알려져 있다. 피피티를 세계적으로 많이 쓰는 데다 프레젠테이션의 대명사처럼 인식되는 데서 나온 의견일 것이다. 그러나 이는 파워포인트의 잘못이 아니라 발표하는 사람인 '프레젠터(presenter)'의 능력 문제이다.

대학생들이 만들어 발표하는 파워포인트 프레젠테이션을 보는 경우가 있다. 피피티를 빨리 만든다는 느낌을 받는다. 이는 피피티를 다양하게 만들 수 있는 컴퓨터 프로그램이 있으므로 문제가 되는 것은 아니다. 인공지능(AI)이 만든 피피티라고 해도 관계없다.

뉴지 스토리(newsy story)

문제는 피피티의 내용이다. 대학생들이 발표한 내용을 인터넷에 검색해서 살펴보면 피피티 내용이 온라인 자료보다 단조롭고 피상적이고 부분적이라는 것을 발견하곤 한다. 피피티를 빨리 만든다는 것은 형식뿐 아니라 내용도 급하게 만드는 환경이 되어 있는 게 아닌가 하는 생각이 든다. 인터넷에는 '전문가의 맞춤형 PPT 제작으로 강력한 전달력!' 같은 제목을 강조하면서 5,000원부터 시작하는 피피티 제작 업체의 광고도 넘친다.

대학생의 과제 발표용 피피티든 교수의 연구든 근본적인 차별화는 기존의 지식 내용이나 관점, 해석, 연구, 평균적 통념을 1퍼센트라도 넘어 새로움을 담는 '뉴지 스토리(newsy story)' 차원에서 나올 수 있다. 뉴스(News, Newness)가 될 수 있는 '새로움'이 조금이라도 없다면 피피티든 저술이든 논문이든 강의든 토론이든 사회적 가치는 기대하기 어렵다. 부각(浮刻, embossing)시키고 각인(刻印, imprinting)시킬 내용은 최소한 '1% 새로움'이고, 이것은 의미와 가치가 더해진 소통과 공감의 알맹이가 된다. '발표(發表)'는 '활을 쏘듯 밖으로 분명하게 드러난다'의 뜻이다. '새로움'이라는 뉴스가 없거나 부족하면 발표는 뚜렷하지 않고 흐릿해진다. 요즘 많이 강조하는 스토리텔링도 어떤 방식으로 발표하든 새로움을 담아내는 뉴지 스토리 프레젠테이션이어야 의미와 가치를 낳을 수 있다.

애플 창업자 스티브 잡스(1955~2011)는 최고 수준의 파워포인트 프레젠터라는 평가를 받는다. 스티브 잡스의 프레젠테이션을 연구한 저서에 다음과 같은 내용이 있다.

> "뉴스가 될 만한 것만 청중에게 이야기하라.(tell the only News for them) 청중은 자기가 아는 이야기를 듣기 위해 프레젠테이션 자리에 참석하는 것이 아니다. 그들은 새로운 소식, 즉 뉴스를 듣기 원한다. 새로운 정보와 새로운 해석, 새로운 시각(視角)을 원하는 것이다. 프레젠테이션이 뉴스로 가득하면 흥미로워 청중의 관심을 이끌어낼 수 있고, 반대로 너도나도 아는 뻔한 이야기를 늘어놓으면 청중은 점점 더 멀어질 것이다. 스티브 잡스는 청중이 이

미 알고 있는 제품 기능에 대한 이야기는 한마디도 하지 않는다. 청중에게 계속 새로운 이야기만 들려준다. 청중이 뉴스가 아닌 이야기는 듣고 싶어 하지 않는다는 것을 알기 때문이다. 프레젠테이션에서 뉴스만을 이야기하려면 그들에게 어떤 것이 뉴스가 되고, 어떤 것이 뉴스가 되지 않는가를 알고 있어야 한다." — 김경태, 『스티브 잡스의 프레젠테이션 1』, 134~139쪽

뉴스를 위한 스티브 잡스의 탁월

두 권으로 구성된 이 책은 스티브 잡스의 프레젠테이션을 자세히 분석하고 있다. 전체적 특징은 다음과 같다.

- 스티브 잡스의 비즈니스는 기존 방식을 깨는 데서 출발한다.
- 창의적인 오프닝으로 청중의 기대감을 높이는 첫인상을 심어준다.
- 청중은 무엇이 자신을 위한 것인지에 관심을 둔다는 점을 잘 파악한다.
- 청중이 자신(프레젠터)의 이야기에 관심과 흥미를 갖도록 만든다.
- 시각적 전달이 부족하면 청중은 이해와 기억이 어렵다.
- 간결한 슬라이드로 핵심 메시지를 전달한다.
- 내용이 청중에게 어떤 의미가 있는지 생각해야 한다. "그래서

어쨌다는 것인지"를 이야기해야 한다.

- 목소리는 평소보다 5~10% 크게 내고, 제스처와 열정으로 청중을 끌어들인다.
- 청중은 프레젠터가 자신에게 이야기하고 있다는 것을 느낄 때 관심과 집중을 보인다.
- 프레젠테이션의 목적은 무언가 달라지게 만드는 것이다. 청중의 생각과 느낌, 행동을 어떻게 바꿔놓을지 생각해야 한다.
- 어렵고 복잡한 이야기로 청중을 힘들게 해서는 안 된다.
- 핵심 메시지에 대한 은유(메타포)와 비유로 청중이 기억하도록 만든다.
- '파워포인트가 프레젠테이션을 죽인다(Death By Power Point)' 현상이 나타나지 않도록 핵심 메시지가 잘 드러나는 슬라이드가 필요하다.
- 숫자는 청중이 의미를 쉽게 느끼도록 만든다.
- 글꼴(폰트)은 굵은 고딕체를 사용해야 가독성이 높다.
- 청중과 문제를 공유하며 청중과 함께 문제를 해결하는 자세를 보여준다.
- 프레젠테이션은 세일즈다. 결국 '판매'다. 가격에 대한 저항을 없애거나 줄일 수 있어야 한다.
- 가격보다 소비자의 인식이 중요하다. 청중들에게 제품이 그만한 가치를 가진 것으로 인식되느냐 아니냐가 결정적이다.
- 프레젠테이션은 생방송이다. 두 번의 기회는 없다. 철저한 연습으로 청중의 마음에 깊이 연결되어야 효과가 있다.

- '청중의 가슴에 어떻게 여운과 감동을 남길 것인가.' 청중이 기억하는 클로징으로 프레젠테이션의 전체 느낌이 달라지도록 만든다.

이와 같은 내용은 스티브 잡스가 치밀하게 준비하여 실천한 방식이지만 지금은 파워포인트를 이용하는 프레젠테이션의 기교나 테크닉으로서 거의 평준화되어 알려져 있는 내용에 지나지 않는다. 결국 '청중을 위한 뉴스'가 없으면 이 같은 기법이 아무리 많고 다양하더라도 공허해지고, 소통과 공감으로 연결되기는 어려울 것이다. 프레젠테이션은 기교나 테크닉이 아니라 넓고 깊고 높은 수준의 '소통' 행위이고, 이는 대인의 능력이요 탁월함이다.

강태공의 낚시질

낚시 하면 곧바로 떠오르는 사람은 '강태공(여상 또는 태공망)'이다. 중국의 역사에서 중요한 인물이다. 강태공을 '대인(大人)의 프레젠테이션' 관점에서 보면 프레젠테이션의 본질에 다가가는 데 도움이 될 수 있다. 플라이 낚시에 쓰는, 물고기를 가엾게 여기는 동정성(同情性) 미안함이나 교감과는 차원이 매우 다르다.

강태공의 사상은 『육도(六韜, 천하 경영을 위한 6가지 비결)』라는 문헌에 전해온다. 『육도』의 제1편 「문도(文韜)」의 첫 부분에는 강태공의 낚시 철학이 잘 나타나 있다. 문왕(文王)이 강기슭에서 은둔하며 낚시를 하고 살던 강태공을 만나 대화하는 장면과 내용은 인재를 선택하는 '전형(銓衡)'의 본보기로 훌륭하다. 두 사람의 만남은 은나라(상나라) 말기인 기원전 1200년쯤으로 추정된다.

강태공은 문왕과 그의 아들 무왕을 도와 주(周)나라가 건국되고 발전하는 과정에 결정적인 영향을 끼쳤다. 주나라(B. C. 1100~256)는 공자가 꿈에 그리던 왕조였다. 기원전 5세기부터 주나라는 춘추시대와 전국시대를 거쳐 진나라 시황제의 천하통일시대가 열리면서 사라진다.

강태공과 문왕이 처음 만난 낚시터는 프레젠테이션 현장이고 면접장이나 마찬가지이다. 3,000년 전 상황이지만 프레젠테이션과 소통, 면접, 인터뷰, 전형(인재 선발)의 핵심과 본질을 엿볼 수 있다는 점이 중요하다. 그 역사적 낚시터는 중국 산시성 바오지 판시 협곡에 있는 '강태공 낚시터 바오지 조어대'이다. 강태공 조어대(釣魚臺)는 인류 최초로 낚시하기가 문자로 기록된 성지로, 중국 제일의 낚시터로 불린다. 문왕이 이곳에 은둔하던 강태공을 만나 주나라 808년 역사의 토대를 다졌다는 역사적 사실이 알려져 있다(「중국 인민망(人民网) 한국어판」).

문왕의 수준 높은 질문

문왕은 강태공이라는 사람에 대한 구체적인 정보가 전혀 없는 상태에서 어디에 가면 크게 얻는 일(大得, 대득)이 있을 것이라는 사관(史官)의 말을 듣고 사냥용 수레를 타고 더듬듯이 길을 나선다. 3일 동안 목욕을 하고 몸가짐을 바르게 한(齋三日, 재삼일) 이유는 인재(人才)를 찾는 소중한 일이 부정(不淨)을 타지 않도록 하려는 사려 깊은 자세이다. 문왕은 면접관인 셈인데 면접에 참여하는 지원자에 대한 기대감을 이처럼 스스로 공경하는 모습으로 보여준다. 이미 높은 수준의 '소통'이 시작된 것이나 다름없다.

강태공이 숨어 살던 외딴곳을 찾아온 문왕은 우월적인 입장에서 일방적인 태도로 "나와 함께 큰일 한번 해보지 않겠느냐?"처럼 말하지 않았다. 문왕의 첫 질문은 "낚시를 즐기는 것 같습니다(樂漁耶, 낙어야)"이다. 낚시는 강태공에게 가장 중요한 일상이었을 터이다. 문왕은 초라한 모습으로 낚시하는 80대 노인 강태공의 마음속에 세심한 태도로 발을 살짝 들여놓는다. 낚시를 좋아하는 게 틀림없어 보였지만 그는 강태공이 낚시를 즐긴다고 단정하는 말투로 첫 만남을 시작하지 않았다. '낙어야'에서 어조사 '야(耶)'는 "그렇다"라는 단정이 아니라 여운(餘韻)을 두는 말투다. "낚시를 즐기는 듯해 보이는데 그렇습니까?" 같은 분위기다. 대화를 시작하는 분위기를 섬세하게 만드는 인터뷰어(interviewer)이자 면접관으로서 문왕의 태도는 매우 사려 깊다.

문왕의 질문에 강태공은 "나를 채용해주면 큰 성과가 나오도록 최선을 다해 열심히 하겠습니다"처럼 말하지 않는다. "저의 낚시는 뜻을 이룸을 즐기는 군자(대인)의 모습과 비슷합니다"라고 대답한다. 낚시로 물으니 낚시로 대답한다. 좋은 질문이 좋은 대답을 끌어내고 있다. '낚시'는 두 사람을 이어주는 '연결 고리(connecting ring)' 역할을 한다.

문왕의 다음 질문은 "무엇이 비슷합니까?"이다. 간결한 질문으로 상대방(인터뷰이, interviewee)이 스스로 말하고 싶도록 분위기를 만드는 능력은 지금도 가장 중요한 인터뷰 덕목이다. 문왕이 지금 그렇게 하고 있다. 문왕으로서는 하고 싶은 말이 무척 많았을 터이지만 절제하면서 강태공을 성공적으로 낚아 올리는 중이다. 낚시질은 인재를 고르는 전형으로서 '저울질'이다.

낚시질 = 저울질

강태공은 낚시에 빗대어 인재를 낚아 활용하는 세 가지 저울질(釣有三權, 조유삼권)을 말한다. 낚시가 별것 아닌 것 같아도 그 깊은 이치(情深, 정심)를 살피면 천하 세상을 얻는(낚는) '큰 그림'을 그릴 수 있다는 것이다. '조유삼권'에서 '권(權)'은 권력이나 권세가 아니라 '저울질'이다. 물고기를 낚으려면 낚싯대와 낚싯줄을 저울질하듯 세밀하게 잘 조절해야 한다는 의미다.

문왕은 묻는다. "그 이치라는 게 무엇입니까?" 강태공은 간결하게 핵심만 묻는 문왕에게 이미 낚였다. 강태공은 "근원이 깊어야 강물이 흐르고, 물이 흘러야 물고기가 생기는 이치처럼 서로 뜻이 맞고 친하게 화합해야(情同親合, 정동친합) 일이 이루어지는 이치입니다"라고 답한다. 강태공의 결론은 세상 사람들의 민심(民心)이 흩어지지 않도록 모으는 '입렴(立斂)'이다. 천하 민심을 낚아 올리는 큰 낚시질을 하라는 요청이다.

문왕이 가장 듣고 싶은 대답은 어떻게 해야 '입렴'을 해서 천하 세상을 낚을 수 있느냐 하는 것이리라. 강태공의 대답은 세상의 이로움을 왕 혼자 차지하지 말고 세상 사람들과 함께 누려야 천하를 얻는다(同天下之利者, 則得天下, 동천하지리자, 즉득천하)는 것이다. 세상 사람들의 인심(人心)은 어려움에서 벗어나 편안하게 살 수 있는 곳에 모이고 의지하므로(天下歸之, 천하귀지) '인, 덕, 의, 도(仁, 德, 義, 道)'를 발휘해야 한다는 것이다. 강태공의 이 같은 주장은 일반적인 관념론이 아니다. 현실 상황을 면밀히 살피는 낚시질의 결과에 따른 해결책이다. 당시는 은나라 말기로 포악한 임금의 대명사인 주왕(紂王)의 횡포로 민심이 극도로 불안하여 흩어져 혼란스러운 상황이었다(주왕이 그렇게 폭군은 아니었다는 주장도 있다).

감정이입(感情移入)

강태공과 문왕이 보여준, 서로에 대해 '성공한 낚시질 또는 저울질'은 서로에 대해 감정이입가(empathizer)로서 역할을 성공적으로 한 사례이다. 감정이입의 본질은 다른 사람이나 사물이 되어 그것을 통해 생각하는 것인데, 이는 문제 속으로 들어가 그 문제의 일부가 되어보는 것이기도 하다(『생각의 탄생』, 247쪽). 감정이입이 일상생활뿐 아니라 인재 발굴을 위한 전형 과정, 과학의 발견을 위한 연구와 실험이라는 '사냥'에서 중요한 이유는 완성도 높은 인식이나 지각(知覺)에 결정적인 역할을 하기 때문이다. 사냥감 속으로 들어가야 '통찰'을 얻을 수 있다. 루트번스타인은 "자기 자신이 아니라 자신이 이해하고 싶은 것이 될 때 가장 완벽한 이해가 이루어진다"라고 말한다(『생각의 탄생』, 264쪽). 피터 드러커도 "완벽한 커뮤니케이션(소통)은 순수한 경험의 공유일 수 있다"라며 "커뮤니케이션 과정에서 가장 중요한 것은 정보가 아니라 지각(perception, 인식)"이라고 본다(『프로페셔널의 조건』, 267쪽).

문왕은 강태공을 "하늘이 보내준 사람"이라고 하면서 함께 수레를 타고 돌아와 스승으로 삼았다. 높은 수준의 감정이입을 통해 서로를 이해하고 일체감(一體感)을 형성한 결과다. 이는 높은 수준의 프레젠테이션이나 인터뷰(면접)를 위한 핵심이다. 이 같은 차원의 프레젠테이션이어야 단순한 소통이나 공감을 넘어 '문제 해결'의 큰 단서(실마리)를 만들어낼 수 있다.

주나라는 중국 문화와 문명의 중심인 한족(漢族)을 형성하고 갑골문자를 활용해 한자(漢字)를 만들어 문물을 크게 발전시켰다. 지금도 『주역(周易)』이라고 하면 최고 수준의 동양철학 경전으로 평가한다. 『주례(周禮)』는 중국 예악(禮樂) 제도의 뿌리다. 공자가 "나는 주나라를 따르고 싶다(吾從周, 오종주, 『논어』 「팔일」)"라고 하는 이유도 이런 데 있다. 그 주나라가 시작하는 단계에 강태공의 프레젠테이션이 탁월한 현실을 만들었다.

프레젠테이션 = 연기(演技)

강태공과 문왕은 결국 완성도 높은 '연기(演技)'를 한 것이다. 일상에서 연기라는 말은 영화배우나 텔레비전 드라마 배우, 연극 배우를 떠올리기 쉽다. 연기자라는 말도 마찬가지여서, 영화배우나 드라마 배우를 떠올리고 보통의 남녀노소와는 관계없는 사람으로 생각하기 쉽다. 『표준국어대사전』에도 연기를 '배우(연극이나 영화에 등장하는 인물로 분장하여 연기하는 사람)가 배역의 행동을 표현하는 일'로 풀이한다. 실제와 다르게 꾸며서 표현한다는 의미가 강하다. 분장(扮裝)은 가장(假裝)인데, 거짓으로 꾸민다는 뜻이다.

'연기'에 대한 이 같은 이해와 인식은 '연(演)'의 깊은 뜻을 매우 좁게 가두고 그에 따른 현실까지 매우 좁게 생각하도록 만든다. 영화배우나 연극배우, 드라마 배우의 연기는 연기의 작은 부분에 해당

될 뿐이다. '연(演)'의 기본 의미는 '물이 멀리 흘러간다'이다. 여기서 '넓게 펼치다', '스며들다', '영향이나 작용을 크게 미치다', '기운이 서로 통하다', '뜻을 넓혀 풀이하다'의 뜻이 생긴다. 『설문해자』는 연(演)을 '長流也(장류야)'로 풀이하는데, '크고 훌륭하게 나아가 퍼진다'의 뜻이다. 연(演)의 '인(寅)'은 갑골문에 과녁을 맞추고 뚫은 모습이므로, '깊이 들어간다'의 뜻이 된다. 연주(演奏), 공연(公演), 강연(講演), 연설(演說) 등은 모두 이 같은 의미를 담고 있다. '기(技)'는 '손재주'인데, 무엇에 대한 능력을 포괄적으로 가리킨다.

강태공과 문왕의 만남은 깊게 흘러 통하는 연기(演技)를 보여준다. 이는 프레젠테이션의 벼리(핵심, 본질)다. 주나라가 800년 왕조를 이어가면서 문화의 꽃을 활짝 피우게 된 첫 단추(濫觴, 남상)는 문왕과 강태공, 강태공과 문왕의 넓고 깊고 높은 수준의 인터뷰, 면접, 프레젠테이션을 통한 훌륭한 만남, 즉 '소통'에서 비롯됐다. 이 같은 만남의 차원은 고금(古今)에 통하는 소통의 본질을 드러낸다.

역사 기록과 뉴스 보도의 낚시질

플라이 낚시나 강태공 낚시와는 다른 차원에서 '역사 인식의 낚시질'은 낚시질의 관점을 넓히는 데 도움이 된다.

흔히 "그것은 역사적 사실(historical fact)이다!"라고 하면 거짓이나 가짜가 아닌 참이고 진짜이며 주관이 아닌 객관처럼 생각하기 쉽다. 그래서 무엇에 관한 '역사책(歷史册)'이라고 하면 허구(fiction)가 아니라 '있는 그대로'의 사실처럼 여기기 쉽다.

그러나 역사학의 고전으로 평가받는 『역사란 무엇인가(*What is History*)』에서 에드워드 카(1892~1982)는 낚시질 비유를 통해 역사적 사실의 '주관적' 성격을 설명한다. 역사가들이 연구를 통해 제시하는 역사적 사실은 세상을 향한 일종의 프레젠테이션이다. 카는 다음과 같이 말한다.

> "사실들(facts)은 생선 판매 좌판 위에 있는 생선과 같은 것이 결코 아니다. 사실들은 때로는 접근할 수 없는 넓은 바다를 헤엄치는 물고기와 같다. 역사가가 무엇을 잡아 올릴 것인가는 때로는 우연에 좌우되겠지만, 대개는 역사가가 바다의 어느 곳을 선택하여 낚시질을 하는지에, 그리고 어떤 낚시 도구를 선택하여 사용하는가에 좌우된다. 이 두 가지 요소들은 그가 잡고자 하는 물고기의 종류에 따라서 결정된다. 대체로 역사가들은 자신이 원하는 종류의 사실들을 낚아 올릴 것이다. 역사는 해석을 의미한다.(history means interpretation)"
>
> — *What is History*, 23쪽

역사는 그 자체(自體)가 아니라 역사가의 해석이라는 낚시질로 만들어진 반쪽짜리 사실이라는 주장은 역사를 보는 관점을 유연하게 해준다. 그래서 카는 "역사가는 필연적으로 선택을 하게 된다. 역사적 사실이라는 딱딱한 알맹이가 객관적으로 그리고 역사가의 해석과 관계없이 존재한다는 믿음은 터무니없는 오류이다(같은 책, 12쪽)"

라고 말한다. 그렇다면 역사에 대한 공부나 연구는 어떤 역사를 어떤 사람(역사가)이 기록했는지 그 '기록자(기자, 記者)'의 성격과 배경을 연구하는 것이 매우 중요한 측면이 된다.

fact = make

매스미디어가 발달하면서 등장한 이른바 '가짜뉴스(fake news)'와 관련해 '팩트체크(fact check)'라는 말을 참과 거짓, 진짜와 가짜를 구별하는 중요한 기준처럼 언급하는 경우가 많다. 가짜뉴스라는 말은 흔하게 등장하지만 가짜뉴스라고 고백하는 경우는 거의 없다.

이런 사정은 '팩트', 즉 사실(事實)의 성격이 무엇인지 깊이 생각하게 만든다. 영어의 'fact'에 해당하는 라틴어는 '팍툼(factum)'인데, 팍툼의 동사형은 '파키오(facio)'이다. 파키오는 '행동을 하다', '무엇을 하다', '만들다', '짓다', '새끼를 치다', '생산하다'의 뜻이다. 영어로는 'do', 'make', 'produce', 'compose'의 뜻이다.

이런 의미를 생각하면 팩트는 무엇을 인식하고 느끼고 판단하는 사람과 분리되어 있는 어떤 것이 아닐 수 있다. 카는 "역사의 사실들은 순수한 형태로 존재하지 않고 존재할 수도 없다. 역사적 사실들은 우리에게 결코 '순수한' 형태로 다가오지 않는다. 역사적 사실들은 기록자의 마음을 통과하면서 꺾인다. 그러므로 우리가 역사책을 볼 때 최초의 관심사는 그 책에 있는 사실들이 아니라 그 책을 누가 썼는지에 관한 것이어야 한다"라고 말한다(같은 책, 22쪽).

매스미디어 뉴스는 '지금 현실'을 기록하는 역사라고 할 수 있다. 뉴스로 보도되는 과정은, 역사 기록과 마찬가지로 기자와 뉴스 편집자의 취사선택(selection)을 거쳐 구성된다. 뉴스 연구의 권위자인 미첼 스티븐스 뉴욕대 교수는 이런 사정을 "(뉴스를 만드는) 저널리스트는 뉴스를 접하는 사람들을 위해 단순히 세계를 거울(mirror)처럼 비추지 않는다. 뉴스 소비자에게 보여주는 관점(view)은 넓은 세계에서 저널리스트가 어느 곳에 관심의 초점을 두는가에 따라 달라진다"라고 말한다(*A History of News*, 254쪽). 이는 역사가와 역사 기록에 관한 카의 주장과 거의 일치한다.

이 같은 차원은 역사와 뉴스의 표현에 대한 인식 문제뿐 아니라 무언가를 발표하면서 소통하고 공감하려는 거의 모든 상황에서 세밀하게 살필 필요가 있다. 카의 말은 현대인지언어과학의 보편적 결론에 해당하는 "사실이 프레임(frame, 사실에 대해 생각하는 방식을 결정하는 정신적 틀)에 들어맞지 않을 경우 사실은 무시되고 프레임은 유지된다(조지 레이코프, 『코끼리는 생각하지 마』, *Don't think of an elephant*, 82쪽)."라는 주장과 통한다.

소통은 생명의 잉태 과정

'소통'과 '공감'이 중요하지 않은 시대나 사회는 없었을 터이지만 오늘날은 더욱 요청되는 분위기가 느껴진다. 대략적으로 보면 지금 사회는 이전에 비해 훨씬 다양화된 모습이지만 이는 동시에 여러 조각으로 나누어지는 파편화라는 양면성(兩面性)을 가진다고 볼 수 있다.

소통과 불통, 공감과 반감 같은 양면적 짝 개념은 대립과 충돌이라는 가능성과 함께 더 나은 차원으로의 성장 가능성도 동시에 품고 있다. 찬성과 반대, 긍정과 부정, 조화와 분열 등이 모두 이러한 양면 또는 다면(多面)을 가지고 있다. 불통은 더 크고 나은 소통으로 나아갈 수 있고, 반감이나 혐오도 더 크고 나은 공감의 차원을 열 수 있다. 100퍼센트 찬성이나 동의가 반드시 가장 좋은 의사결정을 보장하는 것은 아니다. 부정과 반대가 더 크고 나은 의사결정에 긍정적인 역할을 할 수 있다. 분열은 더 큰 조화를 위한 성장통(成長痛)이 될 수 있다.

이 같은 짝 개념의 현실 상황이 대립과 갈등, 충돌에 머물지 않고 더 넓고 깊고 높은 차원, 즉 '대차원(大次元)'으로 나아가게 하는 방법의 하나는 개념의 이해를 넓고 깊고 높게 하는 것이다.

'소통(疏通)'은 좋고 바람직하며 '불통(不通)'은 좋지 않고 바람직하지 않다는 것은 누구나 아는 통념이다.

그런데 국어사전 또는 일상언어 사용에서 소통은 '막하지 아니하고 잘 통함'으로, 불통은 '서로 통하지 아니하고 막힘'으로 풀이하거나 사용하는 경우가 많다. 소통과 불통을 이런 수준에서 이해하면 소통과 불통이 맞물려 더 크고 나은 차원을 여는 가능성을 발휘하기 어렵다.

소통은 '막히지 않고 통함'이고 불통은 '막혀서 통하지 않음'은 '개나리는 노랗다' 또는 '원은 둥근 모양이다'처럼 기존의 관념이나 통념을 넘어서지 못하여 생각을 넓혀주지 못한다. 개념 이해가 부족하거나 모자라면 부족한 마음과 모자라는 행동으로 이어질 수 있다. 그래서 소통의 중요성을 강조하는 말이나 글에서 볼 수 있는 "소통이 무엇인지 누구나 잘 알고 있다", "한국 사회가 소통에 서툴다", "소통이란 공감의 다른 표현이다", "의사소통은 상대를 존중하는 데서 시작된다", "국어사전에 소통을 막히지 아니하고 잘 통함이라고 풀이하는데, 이는 막힌 것을 뚫어야 한다는 의미이다", "통즉불통(通則不痛), 불통즉통(不通則痛)이다. 통하면 안 아프고, 안 통하면 아프다는 뜻이다" 등 소통에 관한 이러한 표현들은 '원은 둥글다'처럼 기존 생각을 거의 확장시키지 못해 비슷한 내용이 제자리에서 맴도는 모습을 보인다.

소통(疏通)을 '막히지 않고 통함'으로 이해하는 수준과 '생명을 잉태함'으로 이해하는 수준은 말 표현의 차이에 그치는 게 아니라 매우 다른 현실을 낳는다. 현실을 창조하는 언어의 힘을 보여줄 수 있다.

'소(疏)'는 '疋(소) + 㐬'(유)로 이뤄진 글자이다. '疋'는 발이나 다리를 나타낸다. '㐬'는 자식을 나타내는 '子(자)'의 옛 모습인 '孚(자)'가 거꾸로 된 모양이다(진광우, 『상대(商代) 갑골문 한국어 독본』, 90쪽). 그러므로 '소(疏)'는 어머니의 뱃속에서 아이가 태어나려고, 즉 자궁인 태(胎)에서 나오려고 문이 열리고 발이 움직이는 모습을 나타낸다. '소

(疏)'는 생명의 잉태(孕胎)이고 탄생이다.

『설문해자』는 '소(疏)'를 '통(通)'으로, '통'은 '달(達)'로 풀이한다. '達'의 '羍(달)'은 사람이 어린 양을 돌보는 모습이다. '통'과 '달'에 있는 '辶(착)'은 '천천히 걸어가는' 모습이다. 그러므로 '소통'은 생명을 잉태하고 길러 탄생시키는 의미다. 성급하게 억지로 일방적으로 강요하는 모습과는 전혀 다른 차원이다.

소통을 생명의 잉태라는 수준에서 이해하면 소통이 안 되는 상황에서 무엇을 탓하는 구실이나 핑계와는 달리 "생명을 잉태하고 태어나도록 하는 소통을 위해 내 자신부터 노력하고 있는가?" 같은 생산적인 반성과 성찰을 할 수 있다. 질문의 관점을 바꾸는 이런 노력은 새로운 현실을 만드는 '창조적(創造的)' 태도이다. 강태공과 문왕의 만남과 소통은 생명을 잉태하는 수준이고, 그래서 오랜 현실적 생명력을 가질 수 있었다.

공감은 올바른 연결

공감(共感), 교감(交感), 감동(感動), 감격(感激), 감응(感應), 호감(好感), 감명(感銘), 감흥(感興) 등에서 '감(感)'의 깊은 뜻은 『주역』의 31번째 괘인 「함괘(咸卦)」에서 찾을 수 있다.

'함(咸)'은 '남김없이 모두'의 뜻이다. '咸'에 '心(심, 마음)'을 결합하면

'감(感)'이므로 서로 통하는 글자이다. '감'은 단순한 느낌이 아니라 '올바름'이라는 사람됨과 연결된다. 함괘의 풀이는 "함괘는 잘 통한다. 바르게 해야 이롭다(咸亨, 利貞, 함형, 이정)"이다. 사람끼리 공감하고 감응하고 감동하기 위해서는 올바름에 바탕을 두어야 통할 수 있다는 의미 맥락이다. 『설문해자』는 '感'을 '動人心(동인심)'이라고 풀이하는데, 사람의 마음을 움직인다는 뜻이다. 이 같은 차원도 강태공과 문왕의 만남, 즉 인터뷰에서 느낄 수 있다.

소통 = 포용 = 잉태

소통은 '포용(包容)'이기도 하다.

포용의 사전 풀이는 '남을 너그럽게 감싸주거나 받아들임'인데, 오해할 수 있는 여지가 있다. 자기 자신이든 다른 사람이든 어떤 잘못을 하거나 허물이 있을 때 덮어주면 너그러운 사람처럼 여겨질 수 있다. 허물이나 잘못은 그냥 덮어주기보다는 고쳐서 개선하는 모습이 중요할 것이다.

포용에서 '포(包)'는 소통에서 '소(疏)'와 통한다. '包'는 자궁 안에 있는 태아 모습이다. 여기서 '감싸다', '아우르다', '너그럽게 받아들이다' 같은 의미가 생긴다. 『설문해자』는 '包'를 '사람이 잉태한 모습이다(象人裹妊, 상인회임)'라고 풀이한다. 포용은 새끼를 배는 잉태 행위이다.

소통이 잉태의 차원이라면 소통은 자기 자신과 잠시도 떨어질 수 없는 '한몸'을 의미한다. 이는 소통의 1차적 책임이 자기 자신에게 있다는 뜻이기도 하다. 따라서 소통의 시작은 자기 자신과의 소통이다. 먼저 자기 자신과 공감하고 자기 자신을 감동시키는 원초적(原初的) 프레젠테이션을 위한 바탕이다. 강태공은 문왕을 향해, 문왕을 위해서 의도적이고 계산적인 발표, 즉 프레젠테이션을 한 것이 아니라 자기 자신에게 자기 자신을 드러낸, 즉 '표현'한 것이다. 듣는 사람, 즉 청중으로서 문왕은 이 발표를 공유(共有)한 2차적 상황이다.

개인적, 시대적 삶의 올바름을 추구하면서 생명을 잉태하는 자세와 노력은 프레젠테이션과 소통을 피어나게 하는 바탕이요 힘이다. 프레젠테이션을 파워포인트처럼 이해하는 수준과 생명 잉태를 위한 의지와 노력의 표현으로 이해하는 차원은 근본적으로 다르다. 소통은 생명과 영혼의 공감을 위한 포용이다. 소통의 이 같은 넓고 깊고 높은 의미를 성찰하고 일상에 적용하는 태도는 대인의 특권이고 탁월함이다.

Ⅲ부

01

새롭게 봄

나를 '새롭게 보는' 2024년 '봄'

보고 싶은 수강생 여러분!

여러분과 함께 1학기 공부를 하는 **이권효** 교수(57세)입니다. 함께 공부하며 성장하는 일은 살아가면서 매우 소중한 인연입니다. 독서와 토론 과목으로 우리에게 주어진 시간을 지혜롭게 활용해서 세상에 통하는 공부, 삶을 성장시키는 공부, 직업인을 위한 확실한 토대를 쌓는 공부가 되도록 합시다. 인공지능(AI) 시대입니다. 모든 면에서 낡은 공부가 되지 않도록 태도를 아주 새롭게 해야 합니다. 이전과는 전혀 다른 능력이 필요한 시대이기 때문입니다.

우리가 함께 가꾸는 수업이 뚜렷한 경쟁력을 가지면서도 자유롭고, 즐겁고, 알맹이가 주렁주렁 열리는 열정의 현장이 되도록 주체적으로 노력합시다. 대한민국 대학생으로서 당당한 자부심을 가지고 최고 수준의 수업이 되도록 관심을 가집시다. 우리 모두 일심동체가 되어 전국 어떤 대학에서도 흉내 낼 수 없는 최고 수준의 수업이 되도록 합시다. 자기 자신에 대해 많이 느끼고 생각하고 구체적으로 성장하는 경험을 쌓도록 노력합시다. 교수와 학생 사이에 친밀한 느낌이 형성되어야 비로소 스승과 제자의 관계도 만들어집니다. 이 모든 것을 위해 다음 몇 가지를 당부하니 잘 실천해주기 바랍니다.

수업계획서 숙지

강의지원시스템(LMS)에 수업계획서가 있습니다. 꼼꼼하게 살펴보면서 이번 학기에 무엇을 중심으로 공부하는지 파악하기 바랍니다. 여러 내용이 있지만 핵심은 '호감 주고 매력 있는 사람됨을 어떻게 가꿀 것인가' 하는 것입니다. 기업 입장에서 보면 '채용하고 싶은 사람인가, 함께 일하고 싶은 사람인가' 하는 것입니다. 매우 중요한 기준입니다.

적극적인 수업 자세

교재를 보면서 하는 수업이 아닙니다. 수업 내용을 메모하기 바랍니다. 휴대폰만 책상에 얹어놓고 그냥 있는 낡은 태도를 버립시다. 노트 또는 피시(PC) 필기, 녹음 등 편리한 방법으로 수업 내용을 최대한 기록하기 바랍니다. 강의실을 내 삶의 가장 중요한 면접(인터뷰) 현장이라고 생각하고 수업 시작 5분전에 도착해서 준비합시다. 밝은 표정, 설레는 마음도 중요한 교재입니다. 수업이 자기 자신에 대해 많이 느끼는 계기가 되도록 합시다. "이 수업이 내 삶을 구체적으로 성장시키는 데 어떤 도움과 역할을 하는가"에 대해 생각합시다.

독서와 독책 이해하기

네이버나 다음에 '독서와 독책'을 검색하면 내가 쓴 칼럼(2021. 10. 28.)이 있습니다. 자세히 음미하기 바랍니다. 독서는 책읽기가 아닙니다. 그 이유가 무엇인지 정확하게 이해해야 합니다. 독서는 우리 삶을 성찰하면서 새롭게 성장하는 성실한 태도와 실천이라는 관점(프레임)이 명확해야 합니다. 우리 수업은 온라인이나 오프라인 형태로 이미 있는 텍스트를 되풀이하는 방식의 공부는 하지 않습니다.

질문 실력 키우기

질문 실력은 매우 중요합니다. 그렇지만 수업 시간에 질문을 하는 것은 쉽지 않습니다. LMS에 '질의응답' 코너가 있습니다. 이를 활용해 월 1회 이상 어떤 내용이라도 질문(제안, 건의, 고민 상담 등)을 하기 바랍니다.

하루 삶 쓰기

표현은 다양한 의미가 있지만(표정, 태도, 몸짓도 중요한 표현) 글 표현은 피할 수 없는 기본 능력입니다. 하루에 200~300자 정도 자신의 일상에 대해 쓰는 습관을 기르도록 합시다. 200자를 쓰면 2,000자를 쓸 수 있고 20,000자를 쓸 수 있는 실력이 쌓입니다. 글쓰기는 기교나 테크닉이 아닙니다. 자신의 삶을 개성 있게 성장시키는 표현 활동입니다.

매스미디어 뉴스 읽기

매스미디어 뉴스(기사)는 현실을 이해하는 데 매우 중요한 텍스트입니다. 현실 감각을 키우는 데 뉴스만큼 효과적인 것은 없습니다. 그냥 검색하지 말고 하루에 1건 정도 읽고 자신의 생각을 연결해보는 습관을 키웁시다. 관심 있는 분야를 선택하면 되지만 경제 기사에 관심을 가지면 유익합니다. 현실에 통하지 않는 공부는 아무 소용이 없습니다.

하늘 올려다보면서 상상의 나래 펴기

멀리 내다보면서 높이 올라가는 정서와 마음가짐은 우리 삶을 자유롭게 펼치는 소중한 바탕입니다. 고개 들어 하늘을 보면서 멋지게 날갯짓을 하는 꿈을 가꿉시다. 이번 학기 공부가 우리의 겨드랑이에 날개가 돋아나도록 하는 즐거운 에너지가 되도록 신나게 노력합시다. 2024년 '봄'이 내 삶을 '새롭게 보면서' 북돋우는 결정적(decisive) 순간이 되도록 합시다!

02

일상의 깊이

일상의 깊이가 창의력이다

The depth of everyday life is creativity

동학(同學) 여러분

여러분과 함께 1학기 공부를 힘차게 시작했습니다. 우리를 '동학'이라고 표현했는데, '함께 대등한 자격으로 공부하는 벗'이라는 뜻입니다. 교수와 학생, 스승과 제자, 선배와 후배 같은 관계가 아니라 서로 머리를 맞대고 공부하며 서로를 성장시키는 동업(同業)의 의미입니다. 내가 가진 것, 여러분이 가진 것, 나에게 부족한 것, 여러분에게 부족한 것, 나에게 없는 것, 여러분에게 없는 것을 서로 관심을 갖고 살피면서 채우는 노력을 하는 관계가 되도록 합시다. 이런 게 '융합 태도'입니다. 융합은 이것저것 섞어 배우는 게 아니라 자기 자신을 부드럽고 개방적인 사람됨으로 가꾸는 태도와 노력입니다.

낡은 감옥에서 탈출

모든 분야에서 이론은 넘칩니다. 인공지능(AI) 등 온라인의 발달로 이미 축적되어 있는 엄청난 이론과 지식을 공부 또는 교육이라는 이름으로 외우고 평가하고 하는 것은 낡은 방식입니다. 이번 학기 공부는 지금 현실에 통하여 가치가 있는 태도와 노력이 되는 '새로운 기회와 상황'이 되도록 해야겠습니다.

우리를 짓누르고 있는 낡고 뻔하고 진부하고 식상하고 상투적이고 그저 그렇고 하나마나한 생각(관점, 사고방식, 프레임)은 감옥의 창살입니다. 오랫동안 내 삶을 갉아먹고 있는 이런 걸림돌을 최대한 걷어내면서 '생각의 새살'이 돋아나도록 즐거운 기분으로 노력합시다. 이것이 삶을 시대에 맞게 성장시키는 확실한 길(way)입니다. 공자의 삶과 논어라는 문헌도 근본적으로 자신을 새롭게 하는 메시지를 담고 있습니다. 매우 중요한 관점입니다.

새로움을 추구하는 삶

이 모든 것을 위한 확고한 토대는 삶 자체인 하루하루의 일상을 조금씩 '새롭게' 가꾸는 일입니다. 새롭지 않다면 모조리 버리겠다는 다부진 야성(野性)이 필요합니다. 이성이니 감성이니 지성이니 하는 말보다는 다부진 야성이야말로 우리를 가슴 뛰게 하면서 앞으로 나아가게 하는 에너지입니다. 지금 자신을 이끌고 있는 생각과 태도가 과연 성장에 도움이 되는 영양분인지, 점점 더 딱딱해지는 암덩어리인지 냉정하게 성찰하는 공부가 되도록 합시다. 그 출발점은 자신의 일상 모습이 새로운지 낡았는지 살피면서 느끼는 활동입니다. 자기 자신과 잘 연결(커넥팅)되는 노력이 무엇인지 학기 내내 즐겁게 생각하고 실천합시다.

수업 때 보여준 활의 시윗줄을 당기면서 여러분과 날아오르는 목표를 명확하게 설정했습니다. 당길 때마다 가능성과 잠재력으로 꽉 찬 여러분의 멋진 모습이 떠오릅니다. 일상이 조금씩 깊고 넓고 높아질 때마다 '새로움 = 창의력'은 선물처럼 돋아날 것입니다. 새로운 현실을 만들어내는 크리에이터(creator) 활동입니다. 우리 수업이 이를 위한 힘이 되도록 주체적이고 실존적인 노력을 함께합시다. 비슷비슷한(평균적인) 99%가 아니라 화살촉처럼 뾰족한 1%가 있어야 과녁을 향해 날아가 적중(的中)시킬 수 있습니다.

03

아마추어와 프로페셔널

아마추어인가, 프로페셔널인가, 이것이 결정적이다

Amateur or Professional, this is decisive

든든한 동지(同志) 여러분!

오늘은 여러분을 '동지', 즉 '뜻을 함께하는 사람'이라고 부릅니다. 주체적으로 능동적으로 적극적으로 자신을 뾰족하게 성장시키는 뜻과 의지를 명확하게 공유(함께함)한다는 의미입니다.

1학기 개강 후 교실에서 우리가 두 번 만났습니다. '만남 = 맛남 = 멋남'이어야 한다고 했습니다. 함께 공부해보니 어딘가 즐거운 느낌이 생기는가요? 삶에서 느낌(feeling, mood)은 매우 중요한 디딤돌이고 에너지입니다. 무엇을 하든 좋은 기분이나 즐거움이라는 감정이 흐르지 않으면 알맹이 있는 결과를 기대할 수 없습니다.

우리가 깊은 관심을 가져야 할 즐거움은 '성장을 위한 즐거움'이어야 공부의 목적에 적중합니다. 이를 위해서는 삶과 현실을 마주하고 대결하는 자세와 태도, 노력이 아마추어인가 프로(프로페셔널)인가 하는 기준을 일상에 적용하는 게 꼭 필요합니다.

국어사전에 아마추어는 '예술이나 스포츠, 기술 따위를 취미로 삼아 즐겨 하는 사람'으로, 프로페셔널은 '어떤 일을 전문으로 하거나 그런 지식이나 기술을 가진 사람'으로 정의합니다. 이 같은 풀이는 우리 공부와 관련해서 도움이 되지 않습니다. 나는 다음과 같이 정의(definition)합니다.

- 프로(프로페셔널): 나의 상황을 주체적으로 능동적으로 만들어내는 사람
- 아마추어: 나의 상황을 이미 만들어진 상황에 소극적으로 따라가는 사람

삶은 현실 상황(situation)과 잠시도 분리될 수 없습니다. 상황을 어떻게 요리(음식 만들기가 아니라 잘 헤아림)하느냐, 어떤 프레임(생각하는 틀)이나 관점(POV)으로 보느냐에 따라 온갖 모습으로 나타납니다. 일상에서 1%라도 새로운 상황을 만들 수 있다면 이는 대단한 능력입니다. 프로페셔널은 '나의 삶의 상황을 새롭게 만들어내는 사람(시추에이션 크리에이터, situation creator)'이라고 하겠습니다. 이 같은 태도와 노력은 수업에서 말한 '비욘드 애버리지(beyond average)'이고, 공자의 '금녀획(now you limit yourself)'입니다.

'나는 프로인가 아마추어인가, 비욘드 애버리지와 금녀획을 위해 무엇을 하고 있는가' 같은 자기 질문은 일상을 깊고 넓고 높게 만드는 결정적인 동기(모티브)가 될 수 있습니다.

04

점수(點數)

이 표현에서 주목할 부분은 무엇인가

What are noteworthy features in this expression

여러분! '점수'라는 단어를 지금까지 많이 들었죠? 국어사전에는 '성적을 나타내는 숫자'라고 풀이합니다만 이런 뜻은 알맹이가 없습니다. 비욘드 애버리지(beyond average)를 할 테니 깊이 생각하면서 활용하기 바랍니다. 대학생 때는 물론이고 직업인으로 살아갈 때는 더욱 중요합니다. 일상 또는 업무 대화, 보고, 발표, 기획, 제안, 설명 등 모든 표현의 생명을 좌우합니다.

점수에서 '점'은 한자로 '點'이라고 씁니다. 관점, 장점, 단점, 초점, 결점, 점심 등에 쓰는 글자입니다. '점수'에서 '점'은 특별한 의미가 있습니다. 그냥 점이 아니라 '방점'이라고 합니다. 여기서 방(傍)은 주목이나 관심을 끌기 위해 글자 옆이나 위에 찍는 점을 가리킵니다. 문자의 역사만큼이나 오랜 전통입니다.

주목(눈길)을 끄는 표현에 찍는 점이니 주목을 끌 만한 곳이 없으면 방점(傍點)을 찍지 않습니다. 어떤 표현 내용에 찍은 방점의 숫자가 점수(방점의 숫자 갯수)가 되는 것입니다. 방점이 없으면 영점(零點

또는 무점(無點))이고, 아주 많으면 만점(滿點)입니다. 방점이 몇 개인지 헤아려 평가하는 방식입니다. 조선시대 과거시험 답안지도 이렇게 했습니다.

핵심은 어떤 부분에 방점이 찍히는가 하는 것이겠죠? 내가 제시하는 원칙은 다음과 같습니다.

> 부각점(浮刻點) → 인상점(印象點) → 각인점(刻印點) → 기억점(記憶點) → 호감점(好感點)

이것을 외우기 쉽도록 '부-인-각-기-호' 점이라고 이름 짓습니다(네이밍). 영어로는 'Big Five Points'라고 합시다. 다섯 가지 중요 방점이라는 뜻입니다.

어떤 내용을 표현(메시지 디자인)할 때는 무엇을 두드러지게 할 것인지(부각), 그것을 어떻게 상대방이 느끼도록 할 것인지(인상), 느끼는 것을 어떻게 도장을 찍듯이 새겨지도록 할 것인지(각인), 어떻게 기억되도록 할 것인지(기억), 결국 어떻게 좋은 느낌을 주도록 할 것인지(호감)를 반드시 생각해야 합니다.

표현하는 내용에서 무엇을 부각시켜 인상 깊게 만들고 가슴에 새겨지도록 해서 기억에 남도록 하여 호감을 줄 수 있느냐 하는 것이 핵심입니다. 모든 표현(생각, 관점, 프레임, POV, 몸짓 등 몸에서 일어나는 모든 움직임)에서 이런 측면이 부족하거나 없으면 방점을 찍을 곳이 없게 됩니다. 이는 표현에서 껍데기와 알맹이의 문제입니다. 껍데기 표현에는 방점을 찍을 수 없고 알맹이 표현에는 방점을 찍습니다. 삶의 역량에 결정적인 영향을 줄 수 있는 중대한 문제입니다.

05

좋은 인상

좋은 인상을 위한 뚜렷한 목표를 세우자!

Let's set a clear goal for a good impression!

지금 소리 없이 내리는 비는 풀과 나무가 잘 자라도록 응원하는 듯합니다. 개나리, 산수유, 목련 등 꽃으로 피어나는 모습에 '창조'라는 말이 스칩니다. 작은 풀 한 포기든 거대한 태양이든 자기 자신을 피어나게 하는 모습만큼 멋있고 맛있는 일이 어디 있겠습니까. 모두 '우주적 만남'이라고 하겠습니다. 북돋움이라는 정직한 축적의 과정과 결과입니다. '북'은 '뿌리를 감싸고 있는 흙'이라고 했습니다.

오늘 뉴스(기사)에 채용과 관련하여 **"서류-필기보다 면접 우선 92%"**라는 헤드라인이 눈에 띕니다. 서류전형(7.3%)이나 필기시험(0.6%)보다는 면접(92.1%) 결과를 중심으로 채용하고 있다는 내용입니다. 인공지능(AI)은 이와 같은 사회적 현상을 빠른 속도로 확산시키고 있습니다. 예민하게 직시하면서 대처해야 하는 현실입니다.

면접(인터뷰)은 지원자가 전체적으로 괜찮은 사람인지, 팀워크 등 인간관계를 잘하면서 업무를 잘하겠는지를 구체적으로 파악하려는 것입니다. 그것도 아주 짧은 시간에 판단합니다. "채용이 전부다."는 말은 기업에서는 오래전부터 가장 중요한 기준입니다. 지금은 세상(사회)이 바뀌면서 그 기준이 더욱 세밀해지고 더 중요해지고 있습니다.

면접 실력(인터뷰 능력)은 급하게 준비할 수 있는 게 아닙니다. 평소 자신을 가꾸는 북돋움을 성실하게 하지 않으면 적중할 수 없습니다. 내가 강의실을 그냥 평균적으로(애버리지하게) 강의실로 생각하지 말고 '내 삶에 중요한 면접장'이라고 생각할 필요가 있다고 한 것도 이런 상황과 연결됩니다. 이렇게 하면 시대 현실에 맞는 기회(機會, chance)를 만들어낼 가능성이 높습니다. 그런 사람이 프로페셔널입니다.

면접 실력을 위해 '좋은 인상(good impression)'에 대한 뚜렷한 목표 의식을 갖는 게 효과적입니다. 이는 취업 이전에 우리의 일상생활을 소중하게 가꾸는 바탕을 위해서도 중요합니다. 자신의 평소 일상이 취업 역량으로, 유능한 직업인으로 연결되도록 하는 게 바람직합니다.

인상은 몸 전체의 표현에서 숨김없이 드러납니다. 글씨, 말씨, 마음씨 등 모든 언행이 인상을 풍깁니다. 눈, 코, 귀, 입이 있는 면상(面相)은 일부일 뿐입니다. 자기 자신이 어떤 인상을 가지고 있는지, 무엇을 조금씩 개선할 것인지 생각하는 마음가짐이 필요합니다. 면접은 인상이 결정적(decisive)인 영향을 미칩니다. 가장 중요한 실력인 셈입니다. 이전과는 매우 다른 능력이 필요한 현실을 깊이 생각할 수 있어야 합니다. 우리가 만나 공부하는 시간이 우리를 북돋우는 소중한 삶의 현장이 되도록 즐거운 기분을 가꿉시다. 이런 태도와 노력이 우리의 인상을 긍정적으로 만듭니다.

06

자기 리더십

The first person you leads is YOU

자신을 잘 북돋우고 있을 수강생 여러분께

헤드라인은 "당신이 리드할 첫 번째 사람은 자기 자신이다"라는 뜻입니다. 멋진 말이죠? 리드(lead)는 리더십과 함께 많이 쓰는 말입니다. 보통(평균적으로) '이끌다'라는 뜻으로 씁니다. 그러나 이 같은 뜻은 피상적이고 부분적입니다. 리드를 '이끌다'로 이해하면 리더십을 이야기할 때 "나를 따르라!" 같은 낡은 액션이 나오기 쉽습니다. 리드는 "함께 연결하다"라는 의미가 훨씬 깊이 있습니다.

지금부터 이렇게 정의합시다. 'lead = connecting together'. 이런 게 비욘드 애버리지입니다. 비욘드하는 만큼 우리가 마주하는 현실의 상황은 넓고 깊어집니다. 그렇게 하는 사람이 프로페셔널하다고 했습니다. 공자와 논어도 근본적으로 이런 주체성(줏대)과 연결되는 메시지입니다. 논어라는 문헌을 유교 경전처럼 이해하기 쉬운데 그런 수준은 논어를 거꾸로 공부하는 것입니다. 이에 대해서는 나중에 따로 이야기하겠습니다.

지난주(5주차) 수업 시간에 실시한 학습 평가를 리뷰(review, 다시 살펴보기)하겠습니다. 리뷰는 모든 일에서 중요합니다. 돌아보며 살피고 개선할 때 앞으로 나아갈 수 있기 때문입니다. 유연하고 개방적이며 겸손한 태도는 이런 과정을 통해 자연스럽게 생기는 효과입니다. 6반 50명, 9반 42명, 11반 54명, 14반 53명이 참여했습니다.

여섯 문제 중에서 대체로 잘 이해하고 있지만 ①독서와 책읽기, ⑤관심 뉴스에 대한 이해가 부족한 편입니다. 또 글씨 크기가 너무 작거나 아무렇게나 쓰는(갈겨쓰는) 경우 읽기가 매우 어렵습니다. 글씨에서 받는 인상이 매우 중요하므로 꼭 개선하는 노력을 하기 바랍니다.

독서 ⊃ 책읽기(독책)

독서(讀書)에서 독(讀)은 '무엇을 계산해서 이해하다'가 기본 의미입니다. 서(書)는 그냥 글이 아니라 '무엇을 기록하다(기록하는 것)'입니다. 책(冊)은 옛날에 대나무를 잘라 다듬어 글로 기록한 죽간(竹簡) 모양을 나타냅니다. 지금은 대나무 대신에 종이에 본드로 제본한 방식이 널리 쓰이는 책입니다. 그러니까 서(書)와 책(冊)은 다른 개념입니다. 독서를 독책(책읽기)과 같은 뜻으로 보고 가두면(한정하면) 독서는 질식하여 죽습니다. 독책을 독서로 여기는 것은 애버리지(평균적) 통념입니다. 서(書)의 대상은 우리의 삶에서 우주 자연까지 모든 것입니다. 우리 각자의 삶도 그렇지만 바깥의 풀 한 포기, 나무 한 그루, 해와 달, 목성, 토성 등등 모든 것은 각자의 삶을 기록하고 있습니다. 해와 달의 천체 운행이 스스로의 삶을 질서 있게 기록하지 않는다면 사람은 천체의 질서를 파악할 수 없습니다. 독서는 이 모든 일을 읽어내는 활동입니다. 책은 그와 같은 삶의 질서에 대해 아주 부분적으로 담아내는 현대판(버전) 죽간입니다. 논어는 책이 아니라 '서물(書物, 삶을 기록한 물건)'이라고 보는 것이 정확합니다.

뉴스 = 새로운 현실

⑤번과 관련해서, 현실 감각을 키우기 위해서는 매스미디어 뉴스를 즐기면 매우 효과적입니다. 현실 감각은 굉장히 중요합니다. 아무리 실력을 갖춰도 현실 감각으로 현실에 적중시키지 못하면 모든 것이 헛발질이 됩니다. 뉴스를 검색하는 데 그치지 말고 관심 있는 내용을 반드시 내 자신의 일상과 삶에 연결하는 노력을 하는 게 필요합니다. 나는 며칠 전 "2년 후… 인류 첫 '우주 농부'가 달에 식물 키운다"라는 헤드라인의 뉴스(기사)를 흥미롭게 봤습니다. 미국의 나사

(항공우주국)가 2026년 우주비행사들이 달에서 농작물을 키우는 프로젝트를 추진한다는 내용입니다. 어떻게 실현될지는 모르지만 달이 훨씬 더 가까워지는 듯합니다. 우리 모두 오래 살아서 달에서 농사지을 날을 기대해봅시다. 달 농부라는 뜻으로 '문 파머(moon farmer)'라고 네이밍(이름짓기)해볼까요? 뉴스는 우리를 깨어 있게 합니다. 과장이나 축소 같은 현상도 있지만 새로움에 목숨을 걸다시피 하는 뉴스의 세계는 활용할 가치가 매우 높습니다. 글쓰기말하기 수업을 수강하는 학생은 교재에 내가 뉴스에 대해 쓴 부분이 있으니 참고하면 도움이 됩니다.

주인공인가, 구경꾼인가

다음 주는 6주차입니다. 자신을 뚜렷하게 성장시키는 소중한 계기가 되도록 더욱 관심과 애정을 가지고 수업에 참여합시다. 우리가 공부하는 내용을 크게 깨달아야 변화와 성장을 위한 구체적인 동기와 계기, 자극이 될 수 있습니다. 여러분 한 명 한 명이 수업의 주인공입니다. "구경꾼에게는 자기만의 역사가 없다"라는 말이 있습니다. 깊이 음미할 내용입니다. 올해 봄에 우리의 배꼽 밑 단전(丹田)이라는 밭에 순수하고 정직한 나무를 식목한 이유(공지사항 '식목' 확인)도 삶의 구경꾼이 아닌 주인공이 되기 위한 주체적 차원을 위해서입니다. 자주 단전을 살피면서 북돋우는 노력을 하기 바랍니다. 나는 여러분 덕분에 학기마다 단전에 나무를 200그루 이상 심어서 가꾸고 있습니다. 세월이 더 흐르면 나의 단전은 큰 숲을 이루지 않을까 설레는 기대를 합니다.

07

압솔리지 디톡스

압솔리지 디톡스는 자기 존중의 실천이다
Obsoledge detox is a practice of self-respect

이번 학기 '독서와 토론' 과목의 방향과 벼리(핵심)로 압솔리지 디톡스(독소 제거)를 강조하고 있습니다. '내 삶의 1% 특별화'를 위한 구체적인 방법으로 제시했습니다. 오늘 여러분에게 압솔리지 관련 이야기를 하면서 위와 같은 헤드라인(headline)을 생각해봤습니다. 어떤가요?

내가 압솔리지라는 개념을 접한 때는 17년 전인 2006년으로 기억됩니다. 그때 세계적으로 널리 알려진 미래학자인 앨빈 토플러가 펴낸『부(wealth)의 미래』라는 책에서 이 용어를 만들어 제시했습니다. 당시 꽤 주목을 받았고 지금도 쓰이고 있습니다. '무용(無用, 쓸모없음)지식', '쓸모없는 지식'으로 번역됐습니다.

그때는 내가 신문기자로 일할 때였습니다. 기사를 쓸 때 "이 내용은 압솔리지가 아닐까" 하는 생각을 좀 막연하게 하곤 했습니다. 책이나 논문, 기사를 쓸 때, 이런저런 생각을 할 때 압솔리지는 세밀하지는 않더라도 어떤 기준으로 작용했습니다.

대학에서 학생들과 공부할 때도 압솔리지를 중요한 기준으로 삼았습니다. "내가 하는 강의가 혹시 압솔리지가 아닐까, 그래서 학생들의 삶에 나쁜 영향을 주는 건 아닐까" 하는 생각이었습니다. 이런 문제의식은 압솔리지라는 개념을 점점 더 깊이 성찰하는 소중한 계기가 됐습니다.

이것은 혹시 압솔리지가 아닐까 하는 의문

토플러가 자신의 책에서 다룬 '압솔리지 - 무용지식의 함정'이라는 부분은 대체로 단순합니다. 이전에는 상식이나 사실(팩트)이던 지식이 지금은 쓸모없는 지식이 될 수 있다면서 사례를 보여줍니다. 그러나 어떤 상식이 시대에 따라 달라질 수 있음은 압솔리지라는 특이한 용어로 설명하지 않더라도 그야말로 상식이라고 할 것입니다. 조선시대에 상식으로 통하던 어떤 지식(앎)이 지금 시대의 기준으로 보면 전혀 현실에 맞지 않는 경우처럼 말입니다.

여러분은 천동설(지구중심설)과 지동설(태양중심설)에 대해 알고 있을 것입니다. 인류는 오랫동안 천동설을 상식으로 인식했습니다. 지구는 가만히 있고 태양이 지구 둘레를 돈다는 것입니다. 지동설은 그 반대입니다. 이런 관점과 설명은 '사실'일까요? 사실은 사실이지만 '부분적' 사실입니다. 지구가 자전하면서 태양의 주위를 도는 것은 맞지만 태양도 그냥 있지 않고 자전하면서 더 큰 은하계 주위를 공전하기 때문입니다.

부분적 사실은 '진실'이 아닙니다. 진실은 사실보다 그 맥락(context)이 '전체적'입니다. 무엇이, 어떤 현실이 '부분적 사실'인가 '전체적 진실'인가 하는 기준은 중요합니다.

오늘 아침에 신문기사를 읽다가 카이스트 전기전자공학 교수가 쓴 칼럼을 읽었습니다. 챗GPT 관련 이야기였는데 이런 구절이 있었습니다. "지구상에서 인간만이 생각을 하고 세상을 알아본다." 이런 주장은 사실, 나아가 진실일까요? 사람이 다른 동물에 비해 판단을 더 정교하게 할 수는 있어도 사람만이 생각, 즉 판단을 한다는 건 인간 중심의 편견, 즉 압솔리지가 아닐까요?

부분적 사실인가, 전체적 진실인가

압솔리지를 늘 생각하면서 그에 대한 나의 생각은 조금씩 깊어지고 넓어지는 경험을 하고 있습니다. 특히 여러분과 공부하는 과정은 이를 위한 중요한 계기가 되고 있습니다. 무엇보다도 압솔리지라는 개념을 더 유연하고 개방적으로 생각할 필요가 있겠다는 것입니다. 좁고 단순한 잣대(예를 들어 이것은 사실인가 아닌가 하는 기준)로 무엇을 단정하는 태도나 판단도 압솔리지일 것이기 때문입니다.

내가 압솔리지에 대해 앨빈 토플러를 넘어서는(비욘드, beyond) 차원은 사람됨의 태도와 가치에까지 적용을 확대한다는 점입니다. 나의 삶, 즉 생각 + 말(언어) + 행동이 진부하고 낡고 식상하고 상투적이고 그저 그렇고 하나 마나 한, 즉 뻔하다면 '압솔리지 삶'일 수 있다는 차원입니다. 압솔리지는 '작음(小, 소)'의 사람됨이고 압솔리지를 넘어서려는 의지와 태도와 노력은 '큼(大, 대)'의 사람됨이라고 할 수 있습니다.

압솔리지를 사실적 앎에 대한 판단에 한정하면 그 또한 일종의 압솔리지가 될 수 있습니다. 이는 사람이 무엇을 인식하고 판단하고 생각하고 느끼고 해석하는 과정이 매우 복합적이고 복잡하기 때문입니다. 사람은 무엇을 바라볼 때 그것이 맞는가 틀리는가뿐 아니라 옳은가 그른가, 아름다운가 추한가, 좋은가 나쁜가, 믿을 만한가 그렇지 않은가 같은 기준이 복합적으로 작동합니다. 이런 복잡한 과정을 거쳐 무엇에 대한 '인식의 틀(프레임, frame)'이 만들어집니다.

압솔리지에 둔감하지 않고 민감하려면 매스미디어를 통한 현실 이해가 매우 중요합니다. 예를 들어 기사(뉴스) 중에는 "○○○는 이젠 옛말"이라는 표현이 종종 나옵니다. 통계로 뒷받침되는 경우 이런 내용은 신뢰성이 높습니다. 이런 현실을 모르고 이전부터 상식처럼 여겨지는 내용(지식)을 그냥 그렇게 생각하는 경우 이는 압솔리지 생활이라고 할 수 있습니다. 중간고사 이후에 매스미디어 내용을 자신의 일상과 연결하는 과제가 있습니다. 기사를 읽고 자신의 일상과 연결하는 습관을 가지면 좋습니다.

결론적으로 압솔리지는 내 삶의 걸림돌이고 비욘드 압솔리지(압솔리지 디톡스)는 내 삶의 디딤돌이라고 할 수 있습니다. 다음은 내가 제시하는 기준이니 잘 음미하면서 일상에서 성실하게 실천하면서 성장하기 바랍니다. 압솔리지에 대한 이와 같은 태도는 '나'를 주체적이고 실존적으로 깨어 있게 하는 자극제로서도 의미가 있습니다. 이제 챗GPT를 넘어서는 '비욘드 챗GPT'도 압솔리지 디톡스를 위한 새로운 과제로 삼을 수 있겠네요. 이런 생각을 통해 우리는 점점 더 향상될 수 있으며 대학생으로서 높은 수준의 공부를 하는 즐거움을 느낄 수 있을 것입니다.

내 삶의 걸림돌과 디딤돌

압솔리지(내 삶의 걸림돌): 통념, 고정관념, 편견, 편협, 단순 반복, 뻔함, 어정쩡, 그저 그런, 두루뭉술, 식상, 진부, 상투, 막연, 배타, 자폐(자기 자신을 좁게 가둠), 폐쇄, 부정, 비관, 혼함, 압솔리지, 가짜, 엉터리, 가벼움, 불통, 교언, 막말, 허언, 부언, 하한지언(막연한 말), 간언, 식언, 엽기심, 추함, 낡음, 부분적, 좁음, 낮음, 얕음, 무례, 오만, 거만, 경박, 경솔, 교활, 사나움, 거칠음, 난폭함, 잔꾀, 농단, 사사로움, 시기 질투, 게으름

"뻔하면 진다."

비욘드 압솔리지(내 삶의 디딤돌): 경이로움(일상에서 새로움을 찾고 발견하는 자신에 대한 놀라움), 호기심, 유연, 개방, 호감, 매력, 아우라(aura, 독특한 분위기), 소통, 공감, 교감, 배려, 포용, 감동, 영감, 자유, 독립, 특립, 공경, 신뢰, 아름다움, 사람다움, 줏대, 주체성, 실존성, 창의, 새로움, 호학, 전체적, 입체적, 참말, 바른말, 알찬 말, 분위기 살리는 말, 호리천리, 향상심, 적소성대, 하학상달, 신독, 무불경(공경하지 않음이 없음), 자강(스스로를 강하게 단련함), 반구(자기 자신에게 돌이켜 구하는 자세), 되새김, 넓음, 높음, 깊음

"새로워야 이긴다."

08

위기와 기회

수강생 여러분!

일상에서 '기회'라는 말은 대체로 "기회가 많다", "기회가 적다", "기회를 잡지 못했다", "열심히 준비했는데 기회가 없다", "나에게도 ○○○ 기회가 생길까"처럼 표현합니다. 국어사전은 '어떤 일을 하는 데 적절한 시기나 경우'라고 풀이합니다. 틀린 건 아니지만 '압솔리지'일 수 있습니다.

생각이나 의견, 해석, 관점(프레임) 등 판단과 표현을 할 때 "혹시 압솔리지 아닐까" 하는 문제의식이 필요합니다. 압솔리지의 가능성을 열어놓는 자세나 태도는 문제를 발견하고 개선하는 실마리입니다. 그래야 '비욘드'의 차원으로 조금씩 나아갈 수 있습니다.

'기회'를 위와 같이 생각하면 그야말로 기회를 놓치기 쉽습니다. 기회라는 한글 표현은 기회의 의미를 파악하는 데 도움이 되지 않습니다. 한글은 소리글자이기 때문입니다. 영어의 '어퍼튜너티(opportunity)'나 '챈스(찬스, chance)'도 마찬가지로 구체적 의미는 찾기 어렵습니다.

기회의 뜻을 파악하기 위해서는 한자(漢字, 한자는 뜻글자)를 살펴봐야 합니다.

기회에서 '기'의 뜻이 중요합니다. '기회', '위기', '동기', '계기', '기미'에 쓰는 '機'입니다. 이 한자의 기본적 의미는 베(섬유)를 짜는 기구(機具)입니다. 의식주라는 말처럼 옷은 생활에서 가장 먼저입니다. 옷감을 잘 짜는 일은 옛날이나 지금이나 중요합니다. 그래서 가장 중요한 조건을 '기틀'이라고 합니다. 조건은 일이 이루어지는 데 필요한 상태나 상황입니다.

어떤 일이 성공적으로 이루어지느냐 실패로 기울어지느냐 하는 상황은 언제나 매우 미묘(微妙)합니다. 경계가 뚜렷하지 않다는 것이죠. 그래서 마주하는 상황을 잘게 쪼개서 미묘한 상태를 세밀하게 관찰해야 합니다. 이를 "기미(機微, 낌새)를 살핀다"라고 합니다.

어떤 상태나 상황이 미묘하다는 것은 성공과 실패, 전진과 후퇴처럼 '갈림길', 한자로는 '기로(岐路)'와 마주한다는 뜻입니다. 갈림길 상황이 '위기(危機, crisis)'입니다. 그러니까 위기라는 말은 부정적인 의미가 아닙니다. "○○○가 위기다"라고 하면 그냥 위험하고 위태로운 상황이 아니라 우리가 갈림길, 즉 선택해야 하는 상황을 마주하고 있다는 뜻입니다.

"압솔리지를 선택할 것인가, 압솔리지 디톡스를 선택할 것인가", "애버리지를 선택할 것인가, 비욘드 애버리지를 선택할 것인가", "금녀획에 머물 것인가, 비욘드 금녀획 또는 금녀획 디톡스를 추구할 것인가" 하는 이런 갈림길이 모두 '위기 상황'입니다.

기미는 '낌새'입니다. 복잡미묘한 현실에서 갈림길의 낌새를 세밀하게(디테일) 살피고 파악해야 '틈새'가 비로소 보입니다. 우리의 공부는 그 틈새에 적중(的中, 들어맞음)해야 압솔리지가 되지 않습니다.

기회를 다음과 같이 정의합니다. '회(會)'의 기본 의미는 '만나다'이므로, 무엇에 꼭 들어맞는다는 뜻입니다.

기회 = 갈림길의 미묘한 상황을 깨달음

기회라는 단어를 이렇게 분석해서 새롭게 이해하는 이유는 기회라는 것이 '나 자신'과 분리된 어떤 상황이 아니라 '나 자신'에게 상당 부분 의존하는 차원을 열어 보이기 위해서입니다. 언어를 어떤 차원에서 이해하느냐는 자신이 마주하는 현실 상황을 진단하고 대응하는 데 굉장히 큰 영향을 미칩니다. 깊이 음미하면서 자신의 일상에 적용합시다. 이 글의 헤드라인은 여러분이 붙여보기 바랍니다.

09

표현력 벼리

수강생 여러분!

다음은 내가 글이나 말의 표현에서 활용하는 기준이고 원칙입니다. 여러분도 잘 참고해서 표현력을 키우는 데 도움이 되기를 바랍니다. 자기소개서와 입사지원서, 기획서, 제안서, 설명서 등 어떤 종류의 표현에도 활용하면 유익할 것입니다. 원칙이고 기준이므로 실제 연습은 여러분이 쌓아가야 합니다. 밑에 붙인 '표현 10미'는 더 압축한 원리입니다. 깊이 음미하고 활용하기 바랍니다.

영어 헤드라인은 "진부하고 뻔한 표현으로는 이길 수 없다"라는 뜻입니다. 글이나 말의 표현은 재주나 기교, 테크닉이 아니라 자기 자신의 일상을 깊고 넓고 높게 가꾸는 만큼 돋아나는 실력입니다. "나는 글재주가 없다, 말재주가 없다"는 자신의 일상을 무시하거나 소홀히 하는 압솔리지입니다. "표현 실력이 떨어지면 아무 일도 할 수 없다"라는 말은 좀 과장이긴 하지만 표현, 특히 언어적 표현이 중요하고도 중요하다는 의미입니다. "언어의 탐구자, 언어의 마술사가 되겠다"라는 강한 야성으로 표현력과 대결하기 바랍니다.

표현력 벼리

You cannot win with cliche(stereotyped) expressions

- 부드러운 말은 부드러운 길을 연다. 정중한 말은 고생을 줄이고 이익을 늘린다.
- 언어는 간결하고 신중하고 진실하고 절실한 것이 제일(간중진절, 簡重眞切).
- 한마디 말도 반드시 조심한다(편언필근, 片言必謹).
- 그림을 그려주는 단어를 쓴다.
- 의미를 다시 일깨우는 단어를 쓴다. 다르게 쓰고 다르게 말하는 습관을 키운다.
- 나의 언어 한계가 나의 삶(세계)의 한계. 새로운 언어의 탐구자가 되자.
- 글은 읽히기 위해서, 제목(헤드라인)은 눈길을 끌기 위해 분투(힘껏 노력함)한다.
- 표현의 3원칙: 간결함, 단순함, 보여주기
- 개념적으로 설명하지 말고 그림으로 보여주는 글쓰기와 말하기.
- 글쓰기는 1인 기업. 자신의 삶이 밑천이다. my life is my message.
- 독창성은 사물에 개인적인(개성적인) 시각을 부여하는 것이다.
- 눈에 보이고 손으로 만져지고 냄새가 나고 소리가 들리고 촉감

이 느껴지는 어휘를 찾아 생동감 있는 문장을 만들어야 한다.

- 사물의 소리, 모양, 움직임을 살펴 표현에 활용한다.
- 독자(청자)가 글(말)의 맛을 느끼도록 묘사한다.
- 동물, 식물, 사물과 반갑게 악수하는 정서와 느낌을 살린다.
- 독자(청자)와 거리를 좁혀 일체감을 느끼도록 한다.
- 첫 문장, 첫 마디부터 눈길을 끌도록 세밀하게 구상한다.
- 언근지원(言近旨遠, 일상 언어의 뜻을 깊게) 원칙.
- 공손한 설득으로 메시지를 디자인한다.
- 메시지(message, 알맹이)인가 메스(mess, 껍데기)인가.
- 언제 어디서나 기억하며 대처해야 할 tell & sell 대원칙
- 단어를 낯설게 조합(결합)하여 새로운 느낌을 만들어낸다.
- 이미지를 가지고 생각한다. 느낌으로 생각한다.
- 정확한 표현이란 구체적인 표현이다.
- 일상을 떠난 말과 글 표현은 공허하다. 자기 일상을 자세히 관찰하자.

표현 10미(美·味, 멋·맛): 주체미 + 인정(人情)미 + 조화미 + 소박미 + 자연미 + 간결미 + 신선미 + 함축미 + 실용미 + 통찰미

10

헤드라인

수강생 여러분!

헤드라인 표현은 중요한 실력입니다. 자신이 표현하는 글이나 말을 읽도록, 듣도록 관심을 갖게 만드는 기술입니다. 문학작품의 제목과는 다릅니다. 개인적으로 쓰는 글, 중간고사, 기말고사, 보고서, 제안서, 기획서 등 모든 표현에 헤드라인이 필요합니다. "내가 말하는 내용은 한마디로 이것입니다" 하고 상대방 입에 쏙 넣어주는 표현입니다.

내가 공지사항에 올리는 학습자료에는 헤드라인이 붙어 있습니다. 본문을 읽기 전 헤드라인을 통해 핵심을 알 수 있도록 하는 역할입니다. 본문도 헤드라인의 연속이라고 생각하면 군더더기를 줄이고 표현을 명확하게 하는 데 효과적입니다. 취업 역량에 필수인 '엘리베이터 피치(스피치 ― 승강기를 타고 가는 1분 안에 자기 콘텐츠의 핵심을 표현하는 방식)'도 헤드라인 실력으로 익혀야 합니다. 간결하면서도 알맹이 있는 표현 연습은 헤드라인으로 가능합니다.

헤드라인은 최고의 문장이다

Headlines are the best sentences

- 헤드라인은 모든 종류의 표현에서 성공과 실패를 좌우한다. 대중은 언어공동체로서 언중(言衆)이다. 기억되고 각인되는 표현은 헤드라인이다.
- 헤드라인 감각과 표현력은 보고서, 기획서, 제안서, 소개서 등의 수준을 보여주는 확실한 능력이다.
- 매력적인 헤드라인으로 읽을 사람(독자, 수용자, 소비자)을 유혹할 수 있어야 한다.
- 헤드라인은 카피(광고 문장), 홍보, PR, 슬로건, 캐치프레이즈, 프로파간다, 네이밍(naming) 등 모든 언어적 소통의 효력에 결정적인 영향을 미친다.
- 헤드라인(headline)과 데드라인(deadline)의 차이는 생명력(life, 생동감)이다.
- 좁은 뜻의 헤드라인은 매스미디어(대중매체) 헤드라인, 넓은 뜻은 내 삶의 좌표(포지셔닝)로서 헤드라인이다.
- 매스미디어는 헤드라인 각축장이다. 비유, 상징, 사자성어, 아포리즘, 신조어, 유행어, 유머, 재치, 생동감, 암시, 리듬 같은 표현이 대결한다.
- 헤드라인은 상대방(소비자, 대중)에게 어필(호소)하려는 자극적 욕망이 강하게 작동하므로 과장과 축소, 의미 왜곡 같은 부정적 측면이 나타날 수 있다.

- 헤드라인 실력을 위해서는 사례 학습과 함께 어휘 공부를 열심히 해야 한다. 어휘가 뒷받침돼야 필요한 경우 신속하게 활용할 수 있다.

헤드라인 수사(修辭, 레토릭)

새로움, 참신, 신선, 압축, 간결, 함축, 요점, 분위기, 설명, 대화, 흥미, 친근, 친밀, 호기심, 암시, 주장, 특이, 기억, 예측, 리듬, 유머, 재치, 생동감, 활력, 자극, 상징, 비유, 호감, 매력, 소통, 공감, 설득, 영향, 영감, 감동, 가치, 의미, 확장, 아우라, 균형, 관심, 정성, 감정, 교감, 정감, 태도, 통찰, 구체, 명확, 인상, 각인, 낙인, 부각, 겸손, 소박, 존중, 솔직, 신뢰, 긍정, 윤리, 신조어.

헤드라인 사례

- 다르게 생각해서 바르게 만든다.
- 정부는 워라밸, 기업은 비상벨

- 나이는 숫자에 불과하다.
- 차이는 인정한다. 차별에는 도전한다.
- 생각이 에너지다.
- 가전을 나답게.
- 내가 번 돈, 뇌가 쓴다.
- 나는 생각한다. 그러므로 존재한다.
- 실존은 본질에 앞선다.
- 인간은 생각하는 갈대다.
- 너 자신을 알라.
- 배워 익히면 얼마나 기쁜가.
- 닭의 목을 비틀어도 새벽은 온다.
- 시련은 있어도 실패는 없다.
- 세계는 넓고 할 일은 많다.
- 대한민국은 민주공화국이다.
- 계속 갈망하라.
- 철학은 어떻게 삶의 무기가 되는가.
- 성공의 비결은 평범한 일을 비범하게 하는 것이다.
- the best ship is leadership.
- think!
- think different!
- think new! think deep!
- less is more.
- 생각의 수준이 삶을 결정한다.

- 새로움에 민감하라!
- 새로움은 일상의 깊이에서 나온다.
- 대가(大家)는 군더더기 없는 경지!

표현은 눈길을 끌고 시선을 모으고 주목을 받고 관심을 일으키고 흥행이 되도록 하는 차원을 명확한(clear & distinct) 목표로 삼아야 합니다.

11

자기소개

수강생 여러분!

자기소개 콘텐츠는 매우 중요합니다. 취업과 창업에서, 직업인, 생활인으로서 나의 모든 말과 행동, 마음가짐이 모두 자기 자신을 소개하고 표현하는 것입니다. 나는 이와 같은 자기소개를 '바르게 연결하는 힘 + 자기 사랑의 확장 + 나의 분신(分身)'으로 정의(定義, 뜻매김)합니다. 아래 방식으로 정리한 내용은 자기소개의 벼리(핵심, 본질)라고 생각합니다. 깊이 음미하면서 실천해서 자소서의 정체(正體, 아이덴티티)를 명확하게 파악하고 실천하는 실력을 하나하나 쌓기 바랍니다. 삶과 세상은 어떤 수준에서 어떻게 연결하느냐가 좌우합니다.

자기소개는 연결하는 힘이다

Self-introduction is the power to connect

- 자기소개서는 글쓰기 또는 말하기 테크닉이 아니다. 자기가 현실과 대결하면서 성장하는 태도와 노력을 증명하는 실력이다.

함께 일하고 싶은 호감과 매력이 느껴지는 사람됨이 열쇠다.

- 소(紹)와 결(結): 나를 무엇으로 어떻게 연결할 것인가 — 부각(浮刻), 각인(刻印), 인상(印象)
- 세상 현실과 잘 연결하기 위해서는 시대 인식이 필수다. 뷰카(VUCA) 시대, 빅 블러(Big Blur) 시대, 융합 시대, 잠재력(포텐셜, potential) 시대, 저성장 시대, 저출산 고령화 시대, 1인 가구 1인 미디어 시대 등
- 기업은 이 같은 시대 흐름에 대응하려고 절실하게 노력한다. 기업에 취업하려는 대학생은 이 같은 흐름에 대처할 수 있는 취업력(employ ability)이 필요하다.
- 현실에 대처하는 능력을 통한 성장 가능성을 증명할 수 있어야 한다.
- 일상에서 조금씩 도전하며 성장하는 '업글(upgrade) 인간'의 매력. 낡은 틀을 깨고 성장하는 즐거움을 가진 사람됨을 증명할 수 있어야 한다.
- 왜 지금 시대에 사회와 기업에서 개인의 잠재력, 유연성, 개방성, 협력성, 융합성 같은 됨됨이(인성, 성품)를 중요하게 여기는지 직시할 수 있어야 한다.
- 자기소개는 이와 같은 상황에서 자신을 긍정적으로 적극적으로 증명하는 일이다. 자기정체성(아이덴티티), 자기다움, 자기 브랜드는 이와 같은 시대적, 사회적 흐름과 밀접하게 연결되어야 한다.
- 지원 이유 + 무엇을 이루고 싶은가 + 나의 성장에 큰 영향을

끼친 일 + 중요하다고 생각하는 사회적 이슈에 대한 견해 + 지원 분야를 위한 지식과 경험

- tell & sell 원칙이 지배한다. 개인, 기업, 지자체, 정부 등 모든 분야가 그렇다.
- 나를 소개하기 위한 그릇으로 글자 및 영상의 분량 감각(200자, 500자, 1,000자, 1,500자, 2,000자, 5,000자 쓰기, 1분, 3분, 5분, 10분, 30분 말하기 등)을 익혀야 한다.

자기소개는 자기 사랑의 확장이다

Self-introduction is an extension of self-love

- 자기소개는 사랑의 차원에서 연결하는 에너지이고 실력이다. 사랑은 부분적, 피상적인 인식에서 전체적, 입체적인 인식으로 나아가는 노력이다. 자기 자신을 사랑한다는 것은 자기 자신을 깊고 넓고 높게 알아가는 과정이다.
- 두 측면: 반듯한 사람됨(인성 됨됨이) + 쓰임새 잠재력(직무 역량)
- 채용 과정은 우유를 만드는 사람과 독(毒)을 만드는 사람을 구분하는 절차이다.
- 호감(好感, good feeling) 자기소개서: 지원 기업과 연결 내용, 지원자의 장점에 맞춤.
- 자소서를 통해 직무와 관련된 구체적인 경험과 생각, 목표를 알고 싶어 한다.

- 문항: 조직 적합성(지원 동기, 입사 후 포부, 팀워크 협업 소통, 인재상) 직무 관련(역량, 아이디어 제안, 목표 성취, 문제 해결, 실패 극복 경험), 인성 태도(성장 과정, 가치관, 장단점)
- 인재상: 책임감, 문제 해결력, 위기 대응력, 소통 능력, 성실성
- 합격 기준: 직무 지식과 역량, 자신감 적극적 성향, 질문 요지에 맞춰 핵심을 보여줌, 확고한 입사 의지

질문

- 지원 분야를 선택한 이유와 입사 후 10년 뒤 모습을 서술하시오.
- 본인의 장단점, 입사 후 장점을 어떻게 활용할 것인가
- 자기에게 가장 어려웠던 경험은 무엇인가
- 가장 열정적으로 한 일과 이를 통해 이룬 것은 무엇인가
- 자신의 가치관 형성에 가장 큰 영향을 끼친 경험은 무엇인가
- 지원 직무를 수행할 때 필요한 역량을 위해 어떤 노력과 도전을 했는가
- 지원 회사에 대해 아는 내용 중 가장 관심 있는 것을 서술하시오.
- 지원 직무를 위해 노력한 과정과 결과를 나타내시오.
- 대학 생활 중 가장 뛰어난 성과를 이룬 경험을 서술하시오.

- 시키는 일을 넘어서 자발적으로 도전한 경험을 서술하시오.
- 창의적 아이디어와 발상 전환으로 문제를 해결했던 경험이 있는가
- 지원하는 기업은 고객에게 어떤 회사가 되어야 하는가
- 글로벌 기업이 되기 위해 필요한 이미지는 무엇일까
- 기존 관행을 개선한 경험이 있는가
- 최고의 고객 서비스는 무엇인가
- 자발적으로 찾아서 일을 처리한 경험이 있는가
- 자발적으로 최고 수준의 목표를 세우고 끈질기게 성취한 경험이 있는가
- 공동 목표를 달성하기 위해 성공적으로 협업한 경험이 있는가
- 다른 사람을 설득하고 지지를 이끌어낸 경험이 있는가
- 인간미를 발휘해 감동을 준 경험이 있는가
- 누군가에게 기대 이상의 만족을 준 경험이 있는가
- 남들이 꺼리는 일을 자발적으로 수행한 경험이 있는가
- 불리함을 감수하고 정직하게 대처한 경험이 있는가
- 500자로 당신을 정의하시오.
- 지원 회사의 성장에 가장 중요한 요인은 무엇이며 무엇을 기여할 수 있는가
- 기억나는 성공이나 실패 사례와 이를 통해 느낀 점은 무엇인가
- 지원한 분야에서 펼치고 싶은 꿈은 무엇이며 그 이유는 무엇인가
- 최근 사회 이슈에서 중요하다고 생각하는 한 가지와 자신의 견

해는 무엇인가

- 지원 이유와 이루고 싶은 꿈 + 나의 성장 과정에서 가장 큰 영향을 끼친 사건 또는 인물 + 중요하다고 생각되는 사회 이슈에 대한 견해 + 지원 직무 관련 본인의 전문 지식과 경험
- 본인이 감당했던 가장 어려웠던 문제는 무엇이며 그것을 어떻게 해결했는가
- 틀을 넘어서는 고객 감동은 무엇이라고 생각하는가
- 1분(60~90초) 자기소개: 자신의 강점 + 지원 이유 + 회사 기여
- 90초 영상으로 자신의 능력과 인간적 매력을 보여주시오.
- 2분 이내 영상에 자기소개와 지원 동기를 보여주시오.

표현 형식

- 글이나 영상에 지원자의 선명한 이미지와 느낌이 드러나도록 한다.
- 두괄식 첫 문장(첫 부분) — 부각 + 각인 + 인상
- 적절한 수사(레토릭) — 표현의 멋·맛(味·美)
- 간결하여(단문) 리듬감 있는 정확한 문장 — 미사여구, 중언부언, 군더더기 주의
- 헤드라인 및 카피(copy) 실력 발휘

• 오탈자, 맞춤법, 띄어쓰기, 문장부호는 지원자의 성의, 신뢰, 능력에 큰 영향

자기소개서는 나의 분신(分身)이다
The self-introduction document is my alter-ego

• 자기소개서(自己紹介書) 글쓰기의 특성 파악이 매우 중요하다.
• 취업과 창업을 위한 자기소개서는 문학적, 감상적 글쓰기가 아니다.
• 자기소개서는 '비즈니스 프로젝트 프로포절(business project proposal, 사업 계획 제안서)'이다.
• 소개(紹介) = 연결(連結, connecting). 나를 무엇으로 어떻게 연결할 것인가
• 자기소개서를 읽는 사람은 기업의 채용담당자이다.
• 소개서의 형식과 내용은 철저하게 기업 입장에서 구성해야 한다.
• '경험' 표현: 어떤 상황에서 어떤 과제를 위해 내가 어떻게 행동했고 그 결과는 무엇인지, 어떤 교훈을 얻었는지, 이 과정이 직무 역량에 어떻게 연결되는지 구체적이고 계량적으로 제시한다.
• 대학생(취업준비생)에게 기업은 만족시켜야 할 '고객'이다.
• 지원자의 자기소개서를 보면서 기업이 하는 생각과 고민은, "이 사람이 이 업무를 잘할 수 있을까?", "이 회사에 정말 입사하고

싶어 준비해 온 것일까?", "이 회사에 잘 적응해서 성과를 내고 성장할 수 있을까?"

- 자기소개서는 짜깁기 복붙이 아니라 철저하게 자기 자신의 이야기여야 한다.
- 자기소개서에서 느껴지는 지원자의 됨됨이가 좋은 느낌과 인상(印象)을 주어야 합격으로 이어진다.

12

인터뷰

수강생 여러분, 국어사전은 '인터뷰'를 '특정한 목적을 가지고 개인이나 집단을 만나 정보를 수집하고 이야기를 나누는 일. 주로 기자가 취재를 위하여 특정한 사람과 가지는 회견을 이른다'라고 정의합니다. 틀린 것은 아니지만 풀이(의미)가 너무 좁아 압솔리지에 가깝습니다. 뜻과 의미가 좁으면 현실도 좁아집니다.

다음은 인터뷰에 대한 나의 관점(프레임)입니다. 우리가 매주 하는 수업도 인터뷰입니다. 강의실은 '면접실'입니다. 가장 기본적이고 중요한 만남은 자기 자신을 만나는 인터뷰입니다. 독책을 포함한 독서도 인터뷰입니다. 자기 자신에 대해 느끼고 경험하는 모든 것은 만나는 행위이고 인터뷰입니다. '만남은 맛남이고 멋남'이라는 차원을 생각합시다. 인터뷰를 이렇게 이해하면서 일상에서 실천해야 취업 면접(인터뷰)에도 자연스럽게 대처할 수 있는 실력이 쌓입니다.

인터뷰는 내 일상의 모든 만남이다

- 인터뷰는 삶의 시작이고 끝이다. 태아의 몸짓에서 유언까지.

- 인터뷰는 인격의 바로미터(기준)이다. 과정이 매우 중요하다.
- 인터뷰(inter+view) = 인터뷰어(interviewer) + 인터뷰이(interviewee)
- 면접(面接), 접견(接見), 회견(會見) — **面**: 표정, (겉)모습, 대면하다 / **接**: 접하다, 접촉하다, 체험하다, 사귀다, 대우(대접)하다, 대답(응대)하다, 가까이하다 / **見**: 보다, 나타나다, 만나다, 소개하다

태도와 방법

- 인생은 인터뷰 능력에 좌우된다. 상대방의 마음을 움직이는 언행을 세밀히 기획한다.
- 좋은 인터뷰어가 되려면 좋은 사람이 돼야 한다. 기교가 아니라 인격의 드러냄이다.
- 인터뷰는 인격끼리 부딪히는 영혼의 싸움(대결)이다.
- 만남(사람, 정보, 재료 등)의 99%는 인터뷰. 겸손, 예의, 성실, 정직, 신뢰 이미지가 필수다.
- 인터뷰는 사람 됨됨이의 문제이다. 인터뷰어는 자신을 세일즈한다.
- 인터뷰이에게 호감을 주지 못하면 인터뷰는 실패한다. 인간적 신뢰를 맺는다.

- '나'를 상대방(인터뷰이)에게 확실하게 인식시켜야 한다. 신뢰 분위기 형성.
- 불쾌한 기분을 주지 않고 친근하게 느끼도록 세밀하게 준비한다. 말하기 쉬운 분위기를 만든다.
- 질문이 애매모호하면 안 된다. good questioner & good listener.
- 상대방이 스스로 말하도록 만드는 것이 핵심이다. 분위기에 세밀한 신경.
- 인터뷰이에게서 새롭고 가치 있는 내용을 알아낼 수 있어야 한다.
- 대화에 생동감을 불어넣는 방법을 연구해야 한다. 일체감(一體感) 형성.
- 쉽고 감동적인 문장으로 인터뷰 내용을 정리하는 실력이 있어야 한다.
- 자기 자신과 하는 인터뷰(셀프 인터뷰) 실력을 반드시 쌓아야 한다.
- 대학생의 직업사회 진출에 필수 관문도 인터뷰이다.

13

논어의 핵심

논어의 핵심은 활기찬 배움이다

The core of Confucius' Analects is dynamic learning

수강생 여러분!

논어(論語)라는 문헌은 '천하제일서(天下第一書)'라는 표현처럼 현실에서 영향력이 매우 큽니다. 우리는 수업을 통해 이미 논어의 핵심을 실천하고 있습니다. 이 같은 실천이 중요하지만 논어라는 문헌의 특성을 정확하게 알아둘 필요가 있습니다. 논어라는 말은 공자와 학생들이 나눈 이야기를 기록한 문헌이라는 뜻입니다.

사전을 비롯해 논어라고 하면 대부분 '유교에서 가장 중요한 경전'이라고 소개합니다. 이는 정확하지 않습니다. 공자라는 사람과 논어라는 문헌을 유교라는 어떤 종교의 틀에 가두는 것은 좁은 관점입니다. 공자는 바람직한 삶과 공동체를 일상에서 고민하고 실천한 사람이기 때문입니다. 그래서 가톨릭이나 기독교, 불교 같은 종교에서도 공자와 논어를 친근하게 여기는 경우가 많습니다.

동양과 서양에는 여러 분야에 많은 고전(古典, 클래식)이 있지만 지은이(저자 또는 주인공)가 어떤 사람인지 생생하게 알 수 있는 경우는 논어가 유일합니다. 논어에는 소박하고 정직한 공자의 삶이 들어 있습니다. 이런 게 논어의 생명력입니다. 논어의 저자는 공자가 아니라 공자가 죽은 뒤 제자들이 편집하여 책으로 만든 것입니다. 서양에서도 소크라테스는 어떤 기록도 남기지 않았습니다. 그의 뛰어난 제자인 플라톤이 소크라테스의 삶을 기록했던 것과 비슷합니다. 고전으로 분류되는 책(문헌)은 모두 옛날이야기입니다. 그냥 저절로 보편적 가치가 있는 게 아니라 지금의 내가 어떻게 연결하느냐에 따라 가치가 있을 수도 있고 압솔리지가 될 수도 있습니다.

논어에는 공자의 삶이 살아 있다

논어를 공부하는 중요한 태도는 그 속에서 공자라는 인물의 생생한 모습을 만나는 것입니다. 그의 고민과 노력을 음미하면서 우리의 일상에 활용하면 좋을 부분들을 익혀서 나의 성장에 도움이 되도록 하는 것이 논어 읽기의 열쇠입니다. 논어는 공자가 죽고 수백 년이 지난 후에 책 형태로 나왔기 때문에 내용 중에는 공자의 말이라고 하기에 의심스러운 부분도 상당히 많습니다. 그렇지만 '공자 = 논어', '논어 = 공자'라는 인식은 크게 틀리지 않습니다.

위 타이틀(작은 헤드라인)은 공자와 논어 연구자인 나의 견해를 압축한 것입니다. 논어, 즉 공자의 삶은 '배움(學, 학)'에서 시작해서 배움으로 끝납니다. 구체적으로 무엇을 배우는가 하는 점은 2,500년 전과 지금 시대가 같을 수 없습니다. 그러나 올바른 사람됨의 관점에서 배우는 태도와 노력의 방향에는 보편적 가치가 있습니다.

무엇을 위한 배움(學)일까요? 지금이나 옛날이나 배움에는 온갖 종류가 있고 그 방법도 다양합니다. 대학에서 배우는 다양한 전공, 일상의 여러 가지 취미 또는 관심 분야 등은 배움을 통해 실력을 쌓고 활용합니다, 살아가는 데 필요한 배움입니다. 키가 2미터 가량으로 덩치가 컸던 공자는 가정형편이 어려워 홀어머니를 모시고 20대부터 여러 가지 일을 하면서 생계를 꾸렸습니다. 기술도 많이 배웠습니다. 술도 상당히 잘 마셨다는 기록이 있습니다.

많은 배움(공부) 중에서 공자가 가장 중요하게 생각하면서 죽을 때까지 열심히 노력한 일은 '사람됨의 그릇'을 넓고 깊게 만드는 일이었습니다. 됨됨이가 좁고 낮고 얕은 사람을 '소인(小人)'이라고 합니다. 됨됨이가 넓고 깊고 높은 사람을 '대인(大人)'이라고 합니다. 대인은 옛날 말로 '군자(君子)'라고 합니다. 공자의 삶을 관통하는 공부(배움)의 핵심은 작은 사람인 소인에서 큰 사람인 대인으로 바꾸는 것입니다.

소인(작은 사람) ======= 배움(공부) =======> 대인(큰 사람)

이와 같은 목표가 뚜렷했기 때문에(오리엔티어링이 명확했다는 의미)

배움은 억지가 아니라 즐거움(기쁨)이 될 수 있었습니다. 작고 좁은 틀에 갇혀 어정쩡하게 살다가 죽는다면 이는 자신을 존중하지 않는다는 것과 마찬가지일 것입니다. 성실하게 공부하면 좁고 작은 사람됨을 극복할 수 있다는 자신감은 즐거운 감정입니다. 공부(배움)가 즐겁고 활기찰 수 있는 이유는 추구하는 삶의 방향과 목표, 의미, 가치가 분명했기 때문입니다. 이와 같은 자세로 공부하는 태도를 '배움의 즐거움', '즐거운 배움'이라는 뜻으로 '호학(好學, love of learning, love to learn)'이라고 합니다. 호학은 이론적 공부가 아니라 '몸'을 전체적으로 단련하는 활동입니다.

삶은 호학하는 성실한 과정이다

소인에서 대인으로 점프(근본적 전환)하는 호학의 삶은 그냥 되는 게 아닙니다. 세심하게 자신의 삶을 살피고 북돋울 수 있어야 합니다, '어질 인'이라고 읽는 '인'(仁)이라는 글자가 중요합니다. 대인을 향한 배움이 즐겁고 활기차려면 특별한 정서가 필요한데, 그것이 '인'입니다. 어질다 같은 뜻보다는 인(仁)에 있는 '씨앗'이라는 뜻이 매우 좋습니다. 씨앗은 생명력의 상징이니까요. 인은 소인에서 대인으로 성장하려는 자신의 삶에 민감한 태도(sensitivity)입니다. 삶을 아름답게 가꾸려는 감수성입니다.

공자는 이와 같은 태도를 하루하루의 '일상'에서 실천하는 모습이 가장 바람직하다는 것을 보여줍니다. 그의 삶이 그의 메시지(message)입니다. 논어에는 이 같은 모습을 보여주는 내용이 많습니다. 말을 바르게 하여 신뢰를 쌓는다, 잘못이 있으면 즉시 고친다, 상황을 유연하고 입체적으로 파악한다, 자신의 내면을 깊이 살핀다, 교언영색, 온고지신, 과유불급, 살신성인, 극기복례, 무신불립, 하학상달 등 논어에 기록된 내용들은 좁은 틀에 갇히지 않으려는 태도와 의지, 노력을 생생하게 보여줍니다. 이와 같은 벼리(핵심)를 생각하면서 논어를 읽으면 맥락과 의미가 쉽게 느껴질 수 있습니다. 일상에서 보여주는 말 한마디 행동 하나하나가 모두 자신을 표현하고 소개하는 모습입니다. 우리가 수업 시간에 깊이 생각하며 이야기한 내용들입니다.

사람은 누구나 부족하여 자신의 좁은 틀(생각, 관점, 가치)에 갇혀 살아가기 쉽습니다. 그렇지만 자신의 됨됨이가 어떤 상태인지 성찰하면서 조금씩 나아지려는 태도와 노력은 누구나 할 수 있습니다. 자신의 됨됨이가 어떤지 둔감할 수 있습니다. 공자는 그런 사람을 '인(仁)하지 못한' 즉 '불인'(不仁)하다고 합니다. 우리 수업에서 압솔리지를 강조하는 이유는 우리의 사람됨을 넓고 깊고 높게 성장시킬 수 있는 구체적인 기준과 방법이 되기 때문입니다.

압솔리지 디톡스(obsoledge detox)는 소인의 삶을 넘어서는(비욘드, beyond) 송곳 같은 뾰족한 무기가 될 수 있습니다. 이번 학기 공부를 통해 자신을 근본적으로 새롭게 가꾸는 계기가 되도록 힘껏 노력합시다. 달라지면서 성장하는 자신을 만나는 즐거움을 만끽합시다. 얼마나 즐거운 일입니까. 공자와 논어는 이런 이야기를 하고 있습니다. 아래에 붙인 '논어 20구절'을 편한 마음으로 살펴보며 **'깨+닫는'** 노력을 해보기 바랍니다. 이미 우리가 수업에서 대부분 강조한 내용입니다. 더 깊은 이해는 살아가면서 음미하면 되겠습니다. 논어 구절은 헤드라인 스타일이라는 점도 중요한 포인트입니다.

논어 20구절

논어(500구절)에는 많은 사람이 등장합니다. 아래 구절은 모두 공자가 한 말(자왈, 공자왈)로 기록되어 있습니다. 여기 소개하는 20구절을 일상에 적용하며 삶을 성장시키면 논어를 높은 수준에서 이해하고 활용하는 것입니다. 이 정도 내용만 음미해도 논어와 공자의 핵심을 꿰뚫는다고 볼 수 있습니다. 공자가 말하는 배움(학, 學)은 '소(小, 작고 좁음)'에서 '대(大, 크고 넓음)'로의 변화입니다. 아래 구절은 이에 대한 구체적인 방법인 셈입니다. 구절 끝에 [5-27] 같은 표시는 '5장의 27번째 구절'이라는 의미입니다. 구절 뒤에 별표(*)로 쓴 부분은 원문 그대로 인용하는 성어(숙어)입니다. 알아두면 좋습니다.

군자는 논어의 핵심 개념이지만 옛말이므로 지금 그대로 쓰기에는 적절하지 않습니다. 그래서 여기서는 '사람됨의 그릇이 큰 사람(대인)'으로 바꿉니다. 소인도 중요한데, 여기서는 '사람됨의 그릇이 작은 사람'으로 씁니다. '인(仁)'은 '아름다움에 대한 감수성'으로 풀이합니다. 공자 말투의 특징은 일상의 평범함에 미묘한 깊이를 보여주는 데 있습니다. 논어 첫 구절(학이시습지 불역열호)은 논어 전체를 관통하는(일이관지) 벼리입니다.

- 배우면서 상황에 맞도록 익히면 얼마나 즐거운가. [1-1] * 학이시습지 불역열호 — 논어 첫 구절
- 정성과 신뢰를 삶의 줏대로 삼는다. [1-8] * 주충신
- 잘못이 있으면 머뭇거리지 말고 고치면 된다. [1-8] * 과즉물탄개
- 다른 사람이 나를 알아주지 않는다고 걱정하지 마라. 걱정할 일은 내가 다른 사람을 알아주지 못하는 게 아닐까이다. [1-16]
- 전통을 존중하면서 새로움을 창조하면 좋은 모델이 될 수 있다. [2-11] * 온고지신
- 자기가 무엇을 알고 모르는지 분명하게 인식하는 태도가 진정한 앎의 시작이다. [2-17]
- 아름다움에 대한 감수성이 있어야 사람을 좋아하고 미워할 수 있다. [4-3]
- 사람됨의 그릇이 큰 사람은 의로움에 민감하다. 그릇이 작은 사람은 이익부터 챙기려고 한다. [4-16]
- 배우는 자세는 민첩하게 한다. [5-14] * 민이호학
- 나(공자)만큼 배움을 즐기는 사람은 없지 않을까. [5-27] * 호학
- 자기 자신의 한계를 함부로 단정하지 마라. [6-10] * 금녀획
- 사람됨의 그릇이 큰 사람은 다른 사람의 삶이 아름답게 되도

록 돕는다. 사람됨의 그릇이 작은 사람은 그렇지 않다. [12-16] * 군자 성인지미

- 아름다움에 대한 감수성은 사람의 바른 모습을 알고 친밀하게 느끼는 데서 드러난다. [12-22] * 애인 지인
- 언어를 바르게 쓰지 못하면 일이 이루어지지 않는다. [13-3] * 정명
- 나(공자)는 작은 일을 잘 배우면서 점점 나아지려고 했다. 이런 삶을 하늘은 알아주지 않을까. [14-37] * 하학상달
- 의지가 굳은 사람이나 감수성이 깊은 사람은 죽더라도 삶의 아름다운 모습을 완성하려고 한다. [15-8] * 살신성인
- 사람됨의 그릇이 큰 사람은 자기 자신부터 돌아보면서 상황을 살핀다. 사람됨의 그릇이 작은 사람은 다른 사람부터 탓한다. [15-20]
- 여러 사람이 미워하더라도 실제 그런지 살핀다. 여러 사람이 좋아하더라도 실제로 그런지 살핀다. [15-27]
- 잘못이 있는데도 바로잡지 않는 태도가 더 큰 잘못이다. [15-29]
- 삶의 주체적 차원을 모르면 사람됨의 그릇이 큰 사람이 되기 어렵다. 언어의 깊이를 모르면 삶의 깊이도 알기 어렵다. [20-3] * 지명 지언 — 논어 마지막 구절

14

뉴스 공식

수강생 여러분!

AI(인공지능) 경쟁이 치열해지면서 나타나는 현상 가운데 하나가, AI가 학습하는 데 뉴스를 어떻게 이용할 것인가 하는 것입니다. 구글과 오픈AI 등 생성형 인공지능 업체들은 뉴스(기사)를 만드는 언론사와 소송을 하거나 협력하는 방식으로 뉴스를 연결하고 있습니다. 요즘처럼 매스미디어 뉴스가 24시간 넘치는 시대는 인류 역사상 처음 있는 풍경입니다.

매스미디어 뉴스의 본질을 알고 실용적으로 활용하는 능력은 현실적으로 매우 중요합니다. 뉴스 감각(news sense), 뉴스 가치(news value), 뉴스 노우즈(news nose, 무엇이 뉴스인지 냄새 맡는 코) 능력입니다. 다음은 매스미디어 역사에서 유명한 '뉴스 공식'입니다. 매스미디어 뉴스를 활용하는 기본이므로 잘 음미하고 궁금한 것은 나에게 질문하기 바랍니다.

개가 사람을 물면 뉴스가 아니다.
왜냐하면 그것은 흔하기 때문이다.
사람이 개를 물면 뉴스다.
왜냐하면 그것은 흔하지 않기 때문이다.
When a dog bites a person, it is not news.
Because it is very common.
But when a person bites a dog, it is news.
Because it is not common.

뻔하고 진부하고 상투적이고 식상하고 막연하고 그저 그런 생각과 관점(프레임)은 개가 사람을 무는 경우이므로 원칙적으로 뉴스가 될 수 없습니다. 이 공식을 매스미디어 뉴스를 파악할 때뿐 아니라 여러분의 일상적인 모든 표현에도 응용해보기 바랍니다. 이 공식은 unusual, unique, uncommon, extraordinary, interesting, amazing, surprising, attractive, remarkable, wonder 같은 단어와 통합니다. 비욘드 애버리지(beyond average), 압솔리지 디톡스, 금녀회과도 연결됩니다.

내가 생각하는 가장 높은 수준의 뉴스는 '삶의 새로움으로서의 뉴스'입니다. 이를 위해서 매스매디어 뉴스를 활용하면 매우 효과적입니다. '이 생각과 관점은 뉴스, 즉 사람이 개를 무는 특이함이 있을까' 하는 식으로 일상에서 적용하면 유익합니다.

15

격려

비욘드 마인드를 실천하고 있을 수강생 여러분께

지난주 중간고사 시간에 진지하게 자기 자신과 대화하는 모습이 선명하게 떠오릅니다. 정말 아름다운 모습이죠. 매주 또는 2주에 한 번 정도는 시간을 정해놓고 1,500자 글쓰기를 습관(좋은 습관인 양습)으로 만들기 바랍니다. 그게 이기는 길이고 압솔리지 디톡스이기도 합니다.

중간고사 때 내가 칠판에 '중간고사 = 자기소개서 = 비즈니스 문서(기획, 제안, 보고)'라고 썼습니다. 또 '좋은 느낌이 전달되도록 하자'라고도 했습니다. 헤드라인(타이틀이라도 함)은 특별히 강조했습니다. 자기소개서는 전공 불문, 업종 불문하고 직업(비즈니스) 세계로 진입하는 데 첫 번째 문입니다. 피할 수 없습니다.

기업의 채용담당자가 자기소개서(2,000자 기준)를 우선 훑어보는 데 걸리는 시간은 30초 정도입니다. 계속 자세히 읽을 것인지 그냥 대충 넘어갈 것인지 판단하는 30초입니다. 이때 전체 내용을 읽도록(먹도록) 유혹하는 미끼가 밑밥으로서 헤드라인입니다. 헤드라인만 읽고도 전체 내용에 관심이 가도록 만들어야 프로페셔널입니다. 그냥 읽겠지가 아니라, 읽지 않으면 내용이 궁금해서 안달이 나도록 만들어야 합니다. 자기에게 유리한 상황을 만드는 프로여야 합니다. "타이틀로 승부하라"라는 말은 이런 뜻입니다. 부실한 헤드라인은 헤드라인의 흉내만 내는 '데드라인'입니다.

헤드라인(타이틀)은 핵심 내용을 담는다

중간고사를 보니(읽는 중입니다. 모두 읽은 뒤에 리뷰) 메인 헤드라인뿐 아니라 서브 헤드라인(서브 타이틀)까지 구체적으로 잘 붙인 내용이 적잖이 있습니다. 매우 중요한 실력입니다. 글이든 말이든 마찬가지입니다. 읽도록, 듣도록 만들어야 합니다. 여러분이 대학생으로서 만드는 모든 콘텐츠와 나중에 직업인으로서 작성하는 각종 보고서, 설명서, 제안서, 기획서 등에 공통적으로 해당합니다. 여기서 헤드라인은 브랜드 간판 역할을 합니다.

헤드라인은 문학작품의 제목이 아닙니다. 핵심 내용이 구체적으로 언급돼야 합니다. 본문을 읽지 않더라도 전체 내용이 어떻게 전개될지 떠오를 수 있어야 합니다. 이 정도 실력이 되는 경우는 직장인도 쉽지 않습니다. 여러분은 이미 헤드라인에 대한 마인드가 빠르게 형성되고 있습니다.

다음은 이번 중간고사에서 여러분이 쓴 헤드라인입니다. 핵심 내용을 구체적으로 담는 사례가 부족합니다. 헤드라인은 2~3줄로 표현해도 됩니다. 완성된 문장이어야 합니다. 일반적이고 추상적인 표현이 아닌지 살펴야 합니다. 본문 중에서 가장 강조하고 싶은 내용을 헤드라인에 섞으면 완성도가 높아집니다. 이는 빨리 개선할 수 있으니 더욱 관심을 갖기 바랍니다.

중간고사 헤드라인 사례

• 예전의 모습과 많이 달라진 나 • 나를 뛰어넘는 사람이 되자 • 내가 나아가야 하는 길 • 나와 친해진 나의 모습 • 모든 것은 긍정적으로! • 압솔리지 디톡스와 나의 울림 스토리 • 그때의 내가 아닌 나 • 작은 변화는 성장에 다가가기 위한 통로이다 • 새로운 삶의 시작 • 일상의 이면적 사고 • 성인의 첫걸음 • 망설이지 말고 부딪쳐보는 봄 • 나의 성장과 변화 • 한 끗 차이의 생각이 결정적이다 • 나 자신 돌아보기 • 망설임, 내 삶의 압솔리지 • 나 자신을 발견하는 과정 • 압솔리지 디톡스한 삶 • 인생은 고민과 결과의 전부 • 나의 압솔리지에 대하여 • 나의 꿈을 위한 첫걸음 • 나의 금녀획 이야기 • 자아성찰과 자기발견 • 나는 농조인가 양조인가 • 너머를 넘어 • 미늘을 가진 독보적인 프로! • 앞으로 더 나아질 나 • 새로운 것을 맞이하는

법 • 삶을 숙제가 아닌 축제처럼 살자! • 나를 소개하는 힘 • 의미 없는 열정과 노력은 답이 아니다 • 삶을 헤엄치다 • 주연에서 주연까지 • 내 삶의 디딤돌이 된 '감사일기' • 비욘드 애버리지와 압솔리지를 위한 나의 작은 노력 • 끊임없는 성장을 위한 여정 • 차갑고 무서운 낡은 감옥에서 도망치자 • 포기하는 순간, 경험을 얻을 수 없다 • 아마추어에서 프로가 된 나 • 프로처럼 나 자신을 리드하다 • 작지만 큰 인생을 바꾸는 1% • 변화와 도전으로 새로운 시작의 여정 • 인상은 나이테와 같다 • 주체적인 삶 • 20살, 나 자신의 생활관리자가 되다 • 내 삶을 게임으로 • 새로운 다짐 • 생각의 틀을 바꿔라 • 내 삶의 가로등 밝히기 • 사랑 • 소극적이고 평범했던 나의 인생의 변화 • 나의 천 리 길 출발하기 • 내 삶의 공허함을 채워가다 • 당당하게 나도 스무 살이다 • 우물 안에서 벗어나기 • 내 인생의 프로 • 대학생으로서 새로운 나를 위하여 • 나의 꿈은 ing! • 압솔리지를 넘고 태도를 바꾸다 • 세상에 나를 내던져보기 • 내 삶이 프로페셔널해지는 방법 • 변화를 위한 노력 • 더 나은 내가 되고자 하는 노력 • 새로운 단계의 시작 • 나 되찾기 • 상투적이고 뻔했던 나에게 프로페셔널한 나 되기 • 자책과 후회, 그리고 또 한 번의 성장 • 나의 도전의식 성장 • 변화와 성장을 위한 압솔리지 디톡스 실천 • 나를 체인지하자 • 내가 만드는 창살 • 압솔리지 디톡스로 찾아가는 나.

헤드라인의 힘은 강력하다

논어라는 문헌이 오랫동안 많은 사람들의 관심을 받는 이유 가운데 하나는, 내용의 표현이 헤드라인 스타일이기 때문입니다. 이는 중요한 특징인데 내가 『논어 신편』이라는 저서에서 이런 점을 분명하게 이야기했습니다. 논어 내용의 절반 정도는 지금 시대와 맞지 않아 압솔리지라고 할 수 있습니다. 『논어 신편』이라는 책을 쓴 문제의식도 그 때문입니다. 공자 이전에 논어보다 훨씬 뛰어난 문헌이 있는데, 예를 들면 『관자』 같은 책입니다. 그런데 관자라는 책은 너무 두꺼워 일반 대중이 읽기가 매우 어렵습니다. 『노자 도덕경』이라는 문헌도 대중적으로 유명합니다. 이 책도 헤드라인 스타일로 되어 있으며 분량은 논어의 30퍼센트 정도입니다.

헤드라인 표현 실력을 반드시 쌓아야 하는 이유는 자기소개서를 비롯해 보고서와 제안서, 기획서, 설명서 등 대부분의 문서는 결론을 맨 앞에 제시하는 두괄식(頭括式)이어야 하기 때문입니다. 문서뿐 아니라 1분 자기소개 같은 방식도 마찬가지입니다. 결론적 주장을 먼저 제시하고 '왜냐하면'으로 증명하는 방식이 효과적입니다. 입사용 지원서와 면접에 단골 질문으로 나오는 △특정 직무에 지원한 동기 △자신이 지원한 직무에 적합한 이유 △입사 후 포부 △성장에 큰 영향을 미친 일 △사회 이슈에 대한 생각 △어려움을 극복한 경험 등은 두괄식의 헤드라인 방식으로 글을 쓰고 말을 해야 내용이 잘 전달됩니다. 꼭 알아두고 꾸준히 연습해야 합니다. 헤드라인처럼 본문을 쓰면 라이팅 파워(writing power)가 달라집니다.

자기 자신을 바라보는 힘을 키워야 한다

취업 과정에서는 직무(업무) 역량을 최우선으로 중요하게 여깁니다. 기업 입장에서는 지원자가 지원한 직무를 잘 해낼 수 있는지를 살핍니다. 지원자는 잘할 수 있다는 점을 증명해야 합니다. 산업 분야를 선택하고 일하고 싶은 기업(회사)과 업무를 선정하는 과정은 결코 간단하지 않습니다. 그냥 '해보고 싶다'가 아니라 이 분야를 직업으로 삼기 위해 대학 생활을 하면서 이러이러한 노력을 하고 있다는 점을 구체적으로 보여줘야 하기 때문입니다.

이런 과정에 대처하기 위한 기본은 '자기 자신에 대한 깊고 넓고 높은 인식'입니다. 자기 자신에 대한 이해가 빈약하면 직무 선택과 준비가 부실해질 가능성이 높습니다. 우리가 수업을 통해 모든 것의 단단한 출발점으로 자기 자신을 강조하는 이유이기도 합니다. 자기 자신을 바라보는 힘이 부족하면 모든 게 겉돌기 쉽습니다. 그런 상태에서 눈에 띄는 직무 역량을 쌓는 것은 거의 불가능하다고 봅니다. 자기인식이 단단해야 한다는 것이죠. 논어 공부는 부분적으로 이런 데 도움이 될 수 있고, 그렇게 활용하지 못하면 논어를 달달 외워 봤자 압솔리지일 뿐입니다.

'자기(自己)'라는 말은 매우 중요합니다. 자기가 들어간 표현을 아래와 같이 소개할 테니 자기 자신을 단단하게 하는 토대로 삼기 바랍니다. 자기소개(서)를 위해 1%라도 차별화를 하려면 꼭 필요한 툴(tool)입니다. 자기 자신이 좁고 얕고 낮은데 세상(비즈니스 세계)의 직무를 선택하고 관련 실력을 키우겠다는 다짐은 막연하여 그 자체가 압솔리지가 될 가능성이 높습니다. 직무 지원 동기와 적합성 등 위의 단골 질문은 매우 세밀하고 체계적으로 대처해야 할 문제입니다. 결국 '이기는 상황(winning situation)'을 1%라도 확실하게 만들 수 있느냐가 벼리(핵심)입니다.

• 자기관찰 • 자기분석 • 자기인식 • 자기감정 • 자기광고 • 자기규정 • 자기기만 • 자기만족 • 자기모순 • 자기반성 • 자기책임 • 자기발견 • 자기방치 • 자기부정 • 자기비판 • 자기소외 • 자기고립 • 자기실현 • 자기암시 • 자기완성 • 자기진단 • 자기평가 • 자기표현 • 자기학대 • 자기폭력 • 자기혐오 • 자기도취 • 자기숭배 • 자기최면 • 자기과시 • 자기위축 • 자기생각 • 자기관점 • 자기계발 • 자기방어 • 자기해방 • 자기긍정 • 자기극복 • 자기억제 • 자기분열 • 자기폐쇄 • 자기각성 • 자기성장 • 자기존중 • 자기세계 • 자기직시 • 자기상실 • 자기초월 • 자기강화 • 자기관리 • 자기경영 • 자기정체성 • 자기다움.

두려움은 창의력을 위한 용기로 바꿀 수 있다

구체적으로 믿고 의지할 수 있는 언덕이 없으면 살면서 마주하는 현실 상황이 두렵게 느껴질 수 있습니다. 상황이 막연하고 두렵게 느껴지면 싸워보기도 전에 이미 지는 것입니다. 우리가 수업에서 강조하면서 음미하는 콘텐츠(반려어, 금녀획, 비욘드 마인드, 압솔리지 등)는 현실 상황에 잘 대처하는 상황을 만들기 위한 기초 공부 성격이 강합니다. 공자와 논어의 핵심도 별것 없습니다. 자기 자신의 삶에 둔감하지 말자, 민감하게 자기 자신을 들여다보자, 좁은 데 갇히지 말자, 자신을 넓고 깊고 높고 북돋우자, 조금씩 쌓아가자 —이를 하학상달(下學上達)이라고 합니다— 같은 메시지입니다. 두려움은 우리가 어떻게 다루느냐에 따라 부정적 감정에 그칠 수도 있고 새로움, 창의력을 위한 힘으로도 작용합니다. 자기 자신을 보는 힘을 키우려는 야성(wild nature)이 작동해야 용기가 돋아납니다.

이번 편지에는 맨 위에 헤드라인을 쓰지 않았습니다. 여러분들이 이번 글을 깊이 살피면서 헤드라인을 채워주기 바랍니다(자율 과제). 헤드라인을 생각해본 학생은 강의지원시스템의 쪽지 또는 질의응답 코너를 통해 소통해주기 바랍니다.

16

자기 고용

자기 자신을 고용하자!

Employ yourself!

수강생 여러분!

6월이 되면서 1학기도 종강 주를 맞습니다. 종강이라고 하면 대체로(평균적으로, 애버리지) 강의 수업이 끝나는 뜻으로 생각합니다. 틀린 것은 아니지만 의미가 좁습니다(그래서 압솔리지입니다). 종강에서 '종(終)'은 '이룬다, 완성한다'라는 뜻이 있습니다. "유종(有終)의 미(美)를 거둔다"라는 표현을 들어봤을 것입니다. 목표로 삼은 일을 이루어내는 아름다움이라는 뜻입니다.

종강은 그냥 정해진 학기의 강의(수업)를 끝내는 게 아니라 더 큰 이룸을 위한 바탕을 마련하는 것입니다. 종강으로 수업을 하지 않는 대신 그동안 공부한 내용을 삶에서 실천하여 훗날 자기 자신을 이루고 완성하는 과제가 생기는 맥락입니다. 우리가 3월 개강 수업 때 오리엔테이션이 아니라 한 학기 동안 계속 '오리엔티어링(방향 잡기)'을 한다고 말했습니다.

우리의 삶과 현실은 매우 복잡미묘하므로 방향을 바르게 잡는 일은 가장 중요한 과제입니다. 지금처럼 인공지능이 발달하는 새로운 시대에는 더욱 그렇습니다. 우리 수업을 활용하면서 오리엔티어링을 꾸준하고 절실하게 해나가야겠습니다. 평생 과제이기도 합니다.

여러분과 내가 '대등한 동업자' 관계를 맺고 함께 공부를 시작한 몇 달이 훌쩍 지난 듯한 느낌입니다. 여러분도 학생, 나도 학생입니다. 좁고 얕고 낮은 소학생이 아니라 넓고 깊고 높은 차원을 추구하는 '대(大)학생'으로서 우리는 똑같은 자격입니다. 배움의 본질은 '소(小)에서 대(大)'로 질적 전환입니다. 우리가 많이 강조한 '금녀획'은 시대를 초월하여 배우는 사람에게는 유쾌한 자극(刺戟, 가시로 찌름)입니다.

일상적 의미에서 취업이라고 하면 주로 기업에서 입사지원자를 '고용' 또는 '채용'하는 근로(노동) 계약을 가리킵니다. 이 또한 틀린 건 아니지만 좁은 의미입니다. 그래서 본질적인 차원은 아닙니다. 자기 자신이 자기 자신과 계약(약속)하여 일상의 일을 잘 처리해나가는 모습이 고용(雇用)의 본질이라고 할 수 있습니다. '용(用)'이라는 글자는 '나무로 만든 둥근 통'을 그린 글자입니다. 의미를 확대하면 '사람됨의 그릇'이라고 하겠습니다. 자신의 사람됨이 넓고 깊고 높은 그릇이 되도록 스스로 약속하고 성장시키는 자기 약속, 자기 계약이야말로 고용의 깊은 뜻이라고 할 수 있습니다.

여러분의 생각은 어떻습니까?

의미를 더 넓혀 나의 일상에 필요한 어떤 물건을 사는(구매하는) 행위도 '물건의 고용'입니다. 어떤 쓰임새(用)를 구입하는 것이기 때문입니다. 여러분이 수업에 참여하여 공부하는 행동도 고용 행위가 됩니다. 이런 관점(프레임)을 가지고 보면 어떤 기업이 여러분을 고용할 수도 있지만 여러분이 그 기업을 고용하는 것이기도 합니다. 어느 쪽이 고용하든 핵심은 '그릇의 모습'입니다. 기업도 사람들이 모여 가꾸고 이끄는 곳이므로 결국 '사람됨의 그릇'에서 벗어나지 않습니다.

공자는 자신이 공부한 내용을 현실 정치에 적용하고 싶어서 온갖 노력을 쏟았습니다. 14년 동안 여러 나라를 돌아다니며 호소했습니다. "나 자신을 팔고 싶다. 나를 알아주고 살(구입할) 사람을 기다리고 있다!"라는 기록(논어 자한)이 있습니다. 영어로는 "sell it!"으로 번역합니다. 그렇지만 아무도 공자의 능력을 구입하지 않았습니다.

60대 중후반의 나이로 볼 때 좌절하고 포기하고 싶었을 텐데 공자는 다른 방식으로 '자기 자신을 고용'했습니다. 고향으로 돌아가 청년들을 교육하는 한편 전해오는 문헌을 정리하기로 단단히 결심했습니다(공자는 키가 2미터가 넘음. 체력적 뒷받침 중요. 그렇지 않았다면 금방 노쇠해져 아무것도 못 했을 것임. 여러분도 운동 열심히!). 공자의 이 같은 '방향 전환'은 적중했습니다. 그래서 지금 우리가 수업 시간에 '금녀획'을 말하면서 우리 삶을 성장시키고 있는 것도 공자와 논어가 역사의 시장(마켓)에서 살아남았기 때문입니다.

우리는 모두 각자의 삶의 최고경영자(CEO)입니다. 그러니까 자기 자신을 잘 고용하는 일은 자연스러운 임무이고 책임입니다. 직업 세계에 들어가는 고용은 자기 자신과의 고용이 확장되는 것입니다. 이와 같은 관점(프레임)은 시야를 넓히고 높일 수 있습니다. 우리가 수업 시간에 공중을 향해 활을 쏘는 의미이기도 합니다. 함께 공부하는 소중한 인연의 끈이 단단하게 이어지도록 학기를 마칠 때까지 성실하게 노력할 수 있기를 바랍니다.

기말고사는 별도 안내하겠지만 이번 학기에 스스로 리더십을 발휘해서 자신의 삶을 성장시킨 모습을 증명하는 것입니다. 자신의 일상을 잘 살피고 수업과 공지사항을 잘 활용하면서 준비하기 바랍니다.

고용(취업), 자기소개, 프레젠테이션(표현)은 본질적으로 자기 자신과 얼마나 잘 연결(連結)되는가의 문제입니다. '잘'은 '통(通)'이고 '비욘드(평균적인 자기를 넘어섬)'가 필수적 조건입니다. 자기 자신과 좋은 관계를 맺으며 잘 연결될 수 없는 사람은 소인(좁은 사람)에 머물기 때문에 자기 밖의 세상 현실과도 잘 통할 수 없습니다. "나는 내 자신과 잘 연결되는 사람인가?"는 본질적인 의미를 가진 질문입니다.

17

프레젠테이션

수강생 여러분

프레젠테이션은 플라이(루어, lure) 낚시 용어라고 수업 시간에 설명했습니다. 예의를 갖추어 선물처럼 정성스럽게 루어 낚시를 던지는 행위입니다. 그러나 모든 종류의 낚시는 결국 물고기를 낚아 올리는 것이 목표입니다. 낚시는 '미늘'이 없으면 소용이 없습니다. 미늘 없는 낚시는 이미 낚시가 아닌 셈입니다.

프레젠테이션은 자기 자신의 몸에서 나오는 모든 몸짓(언행, 표현, 중간고사 기말고사, 과제 등)입니다. 일상의 모든 행동이 프레젠테이션이고 자기소개입니다. 상대(인터뷰어)가 있는 경우에는 그 상황을 세밀하게 파악하고 대처해야 합니다. 상대방이 관심과 호감, 매력을 갖도록 만드는 것(이것이 이기는 상황, winning situations)이 미늘입니다. 그냥 '발표'가 아닙니다. 발표에서 '發(발)'은 '꽃을 피우거나 활을 쏘는 것처럼 뚜렷하게 결실(적중)을 나타내는 활동'이라는 뜻입니다.

다음 내용을 참고하고 활용해서 프레젠테이션 실력을 키우기 바랍니다. 중복되는 내용도 있지만 결국 핵심은 **비욘드**입니다.

프레젠테이션은 꽃을 피우는 활동이다

Presentation is a blossoming activity

- 프레젠테이션은 상대방과의 '감정 교류'이다. 친밀감(라포)이 형성되도록 세밀하게 준비해야 한다.
- 프레젠테이션은 세일즈, 즉 '판매'이다. 내 지갑에 구체적으로 돈이 들어와야 판매가 완성되는 것처럼 프레젠테이션도 마찬가지다.
- 상대방에게 의미와 가치가 있는 것으로 인식되고 기억되도록 하느냐 못하느냐가 핵심이다. '기억'이 중요하다. "삶은 기억이다.(Life is a memory.)"
- 프레젠테이션에 두 번의 기회는 없다. one final이다. 상대방에게 깊이 연결(커넥팅)될 때만 효과를 발휘한다.
- 상대방(면접관, 고객, 시장)의 뇌리(머릿속)에 확실하게 심어줄 것은 무엇인지 세밀하게 기획해야 한다.
- 상대방을 내가 원하는 곳으로 데려갈 수 있어야 한다. 무엇을 부각시켜 인상적으로 기억에 남도록 할 것인가.
- 상대방은 무엇이 자기에게 도움이 될 것인지를 가장 중요하게 생각한다. 상대가 기업 면접관이면 그 기업에 도움이 되는 콘텐츠에 집중해야 한다.
- 상대방이 나의 발표에 관심과 흥미를 갖고 즐거운 기분이 들도록 메시지 디자인을 해야 한다.
- 상대방은 자신이 이미 알고 있는 내용이나 뻔한 내용을 듣고

싫어 하지 않는다. 그래서 '새로움(뉴스)'이 중요하다. 새로운 관점(프레임)과 해석에 관심을 보인다. 사람의 뇌는 새로움에 민감하게 반응한다.

- 상대방에게 어떤 의미와 가치가 있는지 명확하게 보여줘야 한다. "그래서 어쨌다는 것인가"라는 생각이 들게 하면 아무 소용이 없다.
- 발표하는 사람(프레젠터)의 목소리, 말하는 속도와 리듬, 적절한 몸동작(제스처), 표정, 시선(눈맞춤) 같은 비언어적 요소도 매우 중요하다. 어떤 제스처가 좋을지 기획해서 연습한다.
- 프레젠테이션은 그냥 일방적 발표가 아니다. 상대방의 생각과 느낌, 행동이 달라지도록 만들어야 한다.
- 상대방이 기대감을 느끼도록 해야 한다. 메시지는 눈에 잘 들어오고 쉽게 기억되도록 구성해야 한다. 복잡하게 설명하고 알맹이 없는 내용으로 나열하면서 상대방을 피곤하게 하면 실패다.
- 상대방에게 무엇이 기억에 남도록 만들 것인가를 세밀하게 구성하고 전달해야 한다.
- 선명하게 이미지가 연상(떠오르는) 단어를 사용해야 기억으로 연결된다.
- 발표자의 인간적인 매력이 상대방에게 전달되도록 하는 점도 중요한 측면이다.
- 숫자 등 데이터 자료는 딱딱하지 않게 의미를 부여하고 스토리를 입힌다.
- 나의 프레젠테이션이 상대방에게 어떤 이익(이로움)이 될지 명확

하게 제시해야 한다.

- 상대방에게 잊지 못할 순간을 경험하도록 만들려는 목표가 분명해야 한다.
- 연습하고 연습하고 연습해서 발표자가 내용을 확실하게 파악하고 있다는 느낌을 줘야 한다.

18

반추(되새김)

수강생 여러분

아래 내용은 여러분과 함께 공부한 이번 학기를 돌아보면서 내 스스로 생각해본 것입니다. 여러분도 음미하면서 수업의 의미와 가치를 반추(되새김)해보기 바랍니다.

- 삶은 대결(wrestling)과 해결(solution)의 과정이다. 자기와 경쟁하며 이겨내야 진정한 강자이다. 자승자강(自勝者强)! 현실을 구성하고 마주하는 수준이 핵심이다.
- '함께 일하고 싶은 느낌'이 들도록 나의 사람됨을 절실하게 가꾸며 '표현으로 증명하고 각인(刻印)되도록' 하자.
- 말투와 표정, 발걸음 등 언행의 모든 면이 반듯하도록 치밀하게 기획하고 실천하자. '태도'가 전부다.
- 막연한 두려움이나 불안은 자신을 갉아먹는다. 새로움을 만들어내는 뚜렷한 의지와 목표 의식으로 이를 물리치자. 자신을 북돋우며 발돋움하는 태도와 노력을 신뢰하자.
- 평균적인(애버리지) 자기 생각은 사회에 통하는 가치가 생기지

않는다. 평균(통념)을 넘어서는(비욘드) 생각을 할 수 있을 때 의미와 가치가 생긴다. 수업 내용을 철저히 되새김(반추)하자.

- 겸손하게 배우는 태도로 자신을 유연하고 개방적으로 가꾸는 노력을 게을리하지 말자. 꾸준히 쌓아야 단단해지고 자기다운 향기가 나온다.
- 매스미디어 뉴스를 즐기면서 나의 일상과 연결하여 현실 감각을 키우자. 경제 현상과 기업 움직임에 적극적인 관심을 가지자. 사람이 개를 무는 유니크하고(unique) 놀라운(wonder) 현실을 발견하고 만들자. 뉴스메이커(newsmaker)가 되자.
- 어휘는 생각, 인식, 판단의 밑천이다. 어휘력은 현실과 대결하는 시력(視力)이고 청력(聽力)이다. 어휘가 빈약하면 표현력은 그저 그런 수준을 벗어나지 못한다. 글쓰기는 어떤 분야에서나 필수적인 역량이다.
- 자기 자신과 인터뷰(대화)를 즐기자. 사물과도 이야기를 나누자. 모든 것이 연결되어 있음을 인터뷰를 통해 느끼자.
- 무엇이 평균적(average) 수준인지 파악할 수 있어야 넘어서는 차원을 고민할 수 있다. 평균에 갇히면 뻔해진다. 뻔하면 반드시 패배한다.
- 글 표현의 기본에 철저하자. 비문(非文, 형식 + 내용)에 민감하자. '흰 눈이 밤새 내려 동네가 하얗게 변했다' 같은 하나마나한 수준에 머물지 말자.
- 일상에서 새로움을 조금씩 쌓아야 날개가 돋는다. 삶의 새로운 차원이 선물처럼 얼굴을 내민다.

- 기업에서 '기(企)'는 '발돋움하여 멀리 깊이 높이 내다본다'의 뜻이다. 기업은 기획, 즉 '넘어서는 활동'이다. 각자 '1인 기업의 경영자'라는 의미를 새기자.
- 좁고 얕은 생각으로 자신을 규정하거나 프레임 짓지 말자. 감옥이다.
- 일상의 모든 언행이 자기소개이고 프레젠테이션이다. 의미가 생기도록 땅을 깊이 파야 샘물이 솟는다. 나의 일상에 사소한 것은 없다.

다음 질문을 스스로 던지면서 대학 생활이 축적 과정이 되도록 하자

- 자발적으로 최고 수준의 목표를 세워 끈질기게 성취한 경험을 서술하시오.
- 가장 열정적으로 임했던 일과 이를 통해서 이룬 것에 대해 쓰시오.
- 대학 생활 중 가장 뛰어난 성과를 이뤄냈던 경험을 서술하시오.
- 자신이 지원 분야에 적합한 이유를 증명하시오.
- 지원한 직무를 수행하는 데 필요한 역량을 갖추기 위해 어떤 노력을 했는가

- 창의적인 아이디어와 발상의 전환으로 문제를 해결했던 경험을 서술하시오.
- 기존 관행을 개선한 경험이 있는가
- 공동 목표를 달성하기 위해 성공적으로 협업한 경험이 있는가
- 다른 사람을 설득하고 지지를 이끌어낸 경험이 있는가
- 가족 친구 선후배를 대상으로 인간미를 발휘해 감동을 준 경험이 있는가

나는
현실에 통(通)하는 인재(人才)인가,
불통(不通)하는 인재(人災)인가

19

대인 얼굴

수강생 여러분

'얼굴'은 머리의 앞부분이 아니라 '얼(정신의 줏대) + 굴(통로 혹은 모습)'이라는 뜻으로 이해할 수 있습니다. 좁고 낮고 얕은 소인(小人)의 얼굴에서 넓고 높고 깊은 대인(大人)의 얼굴을 가꾸는 일이 우리 수업의 벼리이고 고갱이, 즉 핵심이요 본질입니다. 우리가 많이 음미한 '비욘드 애버리지', '비욘드 금녀획', '압솔리지 디톡스' 같은 원리는 대인(사람됨의 그릇이 큰 사람)을 추구하는 자세와 노력입니다. 논어에 많이 나오는 군자(君子)라는 말이 대인을 가리킵니다. 다음은 수업과 관련해 대인 얼굴을 가꾸는 기준입니다. 일상에서 적극적으로 실천하여 대인의 차원을 열어나가기 바랍니다.

나를 비추는 대인(큰사람) 얼굴

얼굴 = 얼 + 굴

- 나의 새로운 잠재력과 가능성에 심장이 뛰는 소리가 들리는가?

- 일상을 새롭게(넓고 깊고 높게) 북돋우는 노력을 성실하게 하는가?
- 취업력(employ-ability)의 벼리 고갱이 내용을 적극적으로 실천하는가?
- 어휘 확장 등 언어 실력을 키우는 노력을 구체적으로 하는가?
- 좋은 느낌과 이미지를 주는 사람됨을 성실하게 가꾸는가?
- 수업 내용을 되새기며 몸 전체에 깊숙이 기억되도록 하는가?
- 압솔리지 디톡스를 성장의 마디로 다양하게 활용하는가?
- 기업의 노력(신제품, 신사업, 마케팅 등)을 뉴스를 통해 민감하게 살펴보는가?
- 300~2,000자 쓰기와 1~30분 말하기 감각과 실력을 키우고 있는가?
- 매스미디어 뉴스를 다양하게 즐기면서 나의 일상과 연결하는가?
- 자기 인터뷰와 타인 및 사물 인터뷰가 일상 양습(좋은 습관)이 되도록 하는가?
- 좁은 소인 프레임을 뛰어넘어 대인으로 성장하려는 태도가 명확한가?
- 겸손하고 개방적인 자세로 새로움을 동경하는 의지와 노력이 확실한가?
- 나의 역량을 부각하고 각인시킬 수 있는 알맹이 콘텐츠를 쌓고 있는가?
- 헤드라인 연습으로 라이팅 파워(writing power)를 키우는가?

20

일상의 새로움

새로움은 일상의 깊이에서 나온다

Newness comes from the depth of everyday life

우주의 중심! 수강생 여러분

이번 주 여러분과 함께 배를 타고 항구를 떠나 항해를 시작했습니다. 나는 선장이고 여러분은 선원이 아닙니다. 우리는 모두 선장이고 모두 선원입니다. 동업자로서 운명공동체입니다. 항해하는 과정은 순탄하지 않습니다. 잔잔한 바다를 편하게 나아갈 때도 있고 폭풍우를 만나 침몰할 뻔하는 상황도 있습니다. 어떤 상황에서도 헤치고 나가 목적지에 닿도록 합시다. 우리가 세상에 올 때 주체적인 선택을 한 것은 아니지만 이제는 주체적으로 선택하면서 삶을 단단하게 가꿔야 합니다.

여러분을 우주의 중심이라고 했는데, 과장(誇張, 부풀림)이 아닙니다. 우주(宇宙)라는 말은 '집'이라는 뜻입니다. 태양, 지구, 화성, 목성 등은 자기인식이 없습니다. 그렇지만 우리는 모두 순식간에 우주를 생각할 수 있습니다. 그래서 한 사람 한 사람은 가장 큰 우주라는 집이면서 동시에 우주의 중심이라고 해도 틀리지 않습니다. 우리가 태어나 지구에 살기 이전에는 어디에 있었을까 생각해본 적이 있습니까? 우주의 어느 한 점으로 있다가 부모의 몸을 빌려 세상에 왔을 것으로 생각합니다. 여러분 의견은 어떻습니까?

이렇게 소중한 우리의 삶을 허투루(아무렇게나 되는대로) 보내서는 절대로 안 됩니다. 그것은 자기 자신에게 폭력을 행사하는 것이나 다름없습니다. 맹자라는 철학자는 자기 자신을 아무렇게나 팽개치는 사람을 '자포자기'라고 표현합니다. 자포자기하는 사람은 상대할 가치가 없다고 합니다. 동의하는가요? 우주의 중심이라는 특별한 자격을 생각해서라도 그렇게 하면 안 되겠습니다.

온갖 어려움을 이겨내고 상쾌한 기분으로 목적지에 닿으려면 나침반 같은 도구와 항해 기술이 필요합니다. 그게 내가 수업에서 말한 '1%', 나를 근본적으로 바꾸는 실력입니다. 다음은 자율 과제이니 진정성 있게 실천하기 바랍니다. 자기 자신을 존중하는 자세입니다.

① 교재 명함 숙지(명함 내용을 외우고 무슨 뜻인지 최대한 알려고 노력)
② 하루 100~200자 나의 삶 기록하기(오늘 기억할 만한 일이 무엇인지 반성)
③ 하루 1건 뉴스 정독하며 현실 감각 키우기(그냥 대충 검색하지 말 것)

21

넘어섬

새로움은 넘어섬이다

Newness is beyond

보고 싶은 **동학** 여러분!

오늘은 여러분을 '동학'이라고 부르겠습니다. 동학(同學)은 함께 공부하고 배우는 사람입니다. 함께 공부하면서 서로 성장시키는 관계는 삶에서 가장 아름다운 의미가 있다고 생각합니다. 누구나 부족할 수밖에 없는데 그것을 서로 채워주니까요.

지난 금요일(15일) 오후 6시쯤, 학교 후문 쪽 마트에서 우리 수업 동학(수강생) 여학생 2명을 만났습니다. 장바구니를 든 학생들이 나에게 인사를 해서 서로 알아보았습니다. 전갈체조(스콜피언 스트레칭)하면서 삶의 길을 뚜렷하게 만들어가야 한다고 당부했고 학생들은 "전갈체조! 하고 있습니다"라고 밝은 표정으로 말했습니다. 동네 슈퍼마켓에서 장바구니를 든 3명이 얼굴을 마주하고 30초가량을 이야기하는 모습을 떠올려보십시오. 얼마나 아름답습니까.

교실(教室)은 우리가 수업하는 A2 건물 강의실에 한정되지 않습니다. 언제 어디라도 내 자신이 구체적으로 있는 시간과 공간이 모두 교실입니다. 화장실도 교실입니다. 어디에나 배움이 있고 성장의 계기가 있습니다. 발걸음을 옮길 때마다 성장하느냐 퇴보하느냐의 갈림길이 될 수 있습니다. 이같은 마인드(태도)가 중요합니다.

오늘 수강 여학생들의 이야기를 하는 이유는 이들의 **'프로 정신'**을 칭찬하기 위해서입니다. 슈퍼마켓에서 나에게 다가와 인사를 하지 않을 수 있습니다. "저기 바구니 들고 뭐 찾고 하는 저 사람 우리 독토 수업하는 교수 맞제?" 하면서 그냥 모른 체하고 지나갈 수 있습니다. 그렇게 한다고 해서 무슨 잘못이 있는 것도 아닙니다. 그러나 내가 강의실에서 여러분에게 "살다 보면 안 해도 되지만 하면 훨씬 좋은 게 많다"라는 말을 하곤 했습니다. 여학생들은 이런 차원을 실천한 것입니다.

'프로(프로페셔널)'와 '아마추어'에 대해 국어사전은 좀 막연한 풀이를 하고 있습니다. 나는 다음과 같이 풀이합니다. 이런 정의(풀이)는 인공지능도 할 수 없는 새로운 차원입니다.

- 프로(프로페셔널): 나의 상황을 주체적으로 능동적으로 만들어내는 사람
- 아마추어: 나의 상황을 이미 만들어진 상황에 소극적으로 맞추는 사람

내 자신이 어떤 상황(시추에이션)에 있느냐 하는 것은 굉장히 중요합니다. 그것이 바로 내가 마주하는 현실이기 때문입니다. 나의 생각과 태도, 행동 등 모든 것이 나의 상황을 보여줍니다. 호리천리(작

은 것을 쌓아 큰 것을 이룸) 자세로 나의 상황을 면밀히 살피면서 가꾸어야 합니다. '지금 나의 일상'에서 찾아내고 개선하는, 작지만 알찬 성취가 솔루션입니다. 그렇지 못하면 어떤 책이든 찌꺼기에 지나지 않습니다. 내 일상의 상황이야말로 가장 중요한 교재(교육 자료)입니다. 우리가 소중한 시간에 모여 공부하는 이유는 내 삶의 상황을 뻔하지 않게, 진부하지 않게, 상투적이지 않게, 그저 그렇지 않게 창조하기 위해서입니다. 전갈체조를 하면서 이에 대해 깊이 생각하는 시간을 가져보기 바랍니다.

22

프로페셔널

내 삶을 프로페셔널하게 창조하자!

Create my life professionally!

수강생 여러분!

AI(인공지능)가 일상이 되고 있습니다. 단순 반복적인 일은 인공지능에게 맡기고 사람은 기획력과 창의력이 필요한 일에 집중해야 한다는 주장이 많습니다. 인공지능이 아니더라도 기획과 창의는 중요하지만 이제 필수적인 역량이 되고 있습니다. 우리 수업을 통해 이를 위한 토대를 마련합시다. '압솔리지'와 '압솔리지 디톡스'의 대결이 해결책입니다.

아래 기준을 잘 살펴서 반드시 일상에서 실천하기 바랍니다. 일상을 1% 바꾸는 섬세한(디테일) 노력이 중요합니다. 스스로 몸에 익히는 자득(自得)이어야 즐거움이 생겨 유익한 호르몬도 잘 나오고 건강해집니다. 논어 공부도 제대로 하면 밝고 건강해집니다. 이런 점에서 논어는 예방의학 교과서라고 할 수 있습니다. 강의실(수업실)에 올 때 그냥 막연하게 들어오는 자세와 중요한 면접장에 들어온다는 자세의 차이는 아마추어와 프로의 차이, 압솔리지와 압솔리지 디톡스의 차이입니다. 압솔리지 디톡스(쓸모없는 독소 제거)는 내 삶을 지키는 스콜피언 스팅(전갈 독침)입니다.

압솔리지 = 내 삶의 걸림돌
압솔리지 디톡스 = 내 삶의 디딤돌

압솔리지

통념, 고정관념, 편견, 편협, 단순 반복, 뻔함, 어정쩡, 그저 그런, 두루뭉술, 식상, 진부, 상투, 막연, 배타, 자폐, 폐쇄, 부정, 비관, 혼함, 압솔리지, 가짜, 엉터리, 가벼움, 불통, 교언, 막말, 허언, 부언, 하한지언(막연한 말), 간언, 식언, 엽기심, 추함, 낡음, 부분적, 좁음, 낮음, 얕음, 무례, 오만, 거만, 경박, 경솔, 교활, 사나움, 거칠음, 난폭함, 잔꾀, 농단, 사사로움, 시기 질투, 게으름.

"뻔하면 진다!"

압솔리지 디톡스

경이로움(일상에서 새로움을 찾고 발견하는 자신에 대한 놀라움), 호기심, 유연, 개방, 호감, 매력, 아우라(aura, 독특한 분위기), 소통, 공감, 교감, 배려, 포용, 감동, 영감, 자유, 독립, 특립, 공경, 신뢰, 아름다움, 사람다움, 줏대, 주체성, 실존성, 창의, 새로움, 호학, 전체적, 입체적, 참말, 바른말, 알찬 말, 분위기 살리는 말, 호리천리, 향상심, 적소성대, 하학상달, 신독, 무불경, 자강, 반구, 되새김, 넓음, 높음, 깊음.

"새로워야 이긴다!"

자기 자신에게 던지고 자기 자신에게서 문제와 해결을 찾는 자기 질문은 최고 수준의 질문입니다. 다음 사항에 대해 스스로 질문하면서 대학 생활에서 방향을 분명하게 찾도록 하여 확실한 자기 실력이 되도록 합시다. 자기 질문은 나를 비추는 '거울'입니다.

- 나의 새로운 잠재력과 가능성에 심장이 뛰는 소리가 들리는가?
- 일상을 새롭게(넓고 깊고 높게) 북돋우는 노력을 성실하게 하는가?
- 현실에 맞는 취업력(employ-ability)의 벼리를 확인하고 실천하는가?
- 어휘 확장 등 언어 실력을 키우는 노력을 구체적으로 하는가?
- 좋은 느낌과 이미지를 주는 사람됨을 성실하게 가꾸는가?

- 강의 내용을 되새기며 몸 전체에 잘 순환되도록 노력하는가?
- ‘압솔리지 디톡스 연습노트’를 성장의 확실한 계기로 삼는가?
- 기업의 노력(신제품, 마케팅 등)을 뉴스를 통해 살피며 배우는가?
- 하루 300자 쓰기, 1분 말하기를 실천하며 분량 감각을 키우는가?
- 매스미디어 뉴스를 다양하게 즐기면서 나의 일상과 연결하는가?
- 자기 자신과의 대화(자기 인터뷰)를 즐기면서 자기 자신과 친해지는가?
- 겸손하고 개방적인 자세로 새로움을 추구하는 의지와 노력이 확실한가?
- 나의 역량을 부각하고 각인시킬 수 있는 알맹이 콘텐츠를 쌓고 있는가?
- 내가 어떤 분야에서 실력을 발휘할 수 있겠는지 고민하며 준비하는가?

23

용기

두려움을 용기로 바꾸자!

Let's turn fear into courage!

보고 싶은 여러분!

학교에서 개인적인 공부를 하다가 여러분 생각이 나서 잠시 중단하고 편지를 씁니다.

오래전 '명량'이라는 영화에 이순신 역을 맡은 최민식이 "두려움을 용기로 바꿀 수 있다면"이라고 한 대사를 종종 떠올립니다. 왜군에 비해 모든 게 부족한 상태에서 죽음을 각오하더라도 얼마나 두려움이 컸겠습니까. 용기가 승리를 보장하는 것은 아니지만 1%의 승리 가능성은 기대할 수 있습니다. 그러나 두려움에 주저앉으면 100% 패배밖에는 아무것도 없다는 현실을 직시했을 이순신을 생각해봅니다.

나도 여러분과 함께 공부하면서 그런 생각을 합니다. 개강과 함께 우리는 대등한 동업자 입장에서 모두 선장으로서 선원으로서 파도를 헤치고 목적지를 향해 항해를 하고 있습니다. 가본 적이 없는 불투명하고 불확실한 인생길을 가야 하기 때문에 누구나 불안하고 두

럽기도 한 상태에서 한 걸음 한 걸음 나아가고 있습니다. 나는 여러분의 인생 선배로서 어떻게 하면 서로를 성장시키는 소중한 공부가 될 수 있을까 많이 생각하고 고민합니다. 세월이 흐른 뒤 대학 시절을 돌아볼 때 우리의 공부를 또렷하게 기억하지 못한다면 지금의 우리는 그냥 압솔리지일 뿐입니다.

다행스럽고 고마운 점은 여러분이 조금씩 분위기를 잡아가면서 나아지는 모습을 보여준다는 것입니다. 어떤 학생은 내가 하는 말과 행동을 빨리 이해하면서 자기 발전의 기반으로 삼으려고 하고 어떤 학생은 좀 낯설게 느끼기도 할 것입니다. 중요한 것은 아주 달라진 새로운 시대에 맞는 기초 체력을 튼튼하게 키워서 유연하고 개방적인 사람됨으로 자신을 아주 괜찮은 사람으로 북돋우는 노력입니다. '북돋움'은 명함교재에 있는 것처럼 너무나 아름다운 일전어(一轉語, 인생을 바꾸는 한마디)입니다. '북'은 뿌리를 감싸고 있는 흙입니다. 북돋움은 발돋움입니다. 우리는 지금 삶의 북돋움을 성실하게 하고 있는 중입니다.

프로그램을 짜는 코딩을 많이 강조하지만 이제 인공지능이 상당 부분 대신할 것입니다. 삶에서 더욱 근본적인 일은 코딩이 아니라 삶의 신비로움을 풀어내는 '디코딩'입니다. 우리 수업은 삶의 디코딩을 하고 있습니다. 가장 높은 수준의 독서 행위이며 대화(토론)입니다. 공지사항을 통해 당부하는 내용들은 철저히 익히고 실천해서 자신을 성장시키는 즐거움을 꼭 느끼기를 바랍니다. 강의실이 우리의 삶을 근본적으로 바꾸는 즐겁고 뜨거운 현장이 되도록 정성을 다합시다.

24

미치자

미쳐야 미친다

You have to be deeply immersed to reach your goal

수강생 여러분

'불광불급(不狂不及)'이란 말이 있습니다. 미친 듯이 집중해야 목표를 이룰 수 있다는 뜻입니다. 그냥 해오던 대로 대충 해서 이룰 수 있는 건 세상에 없습니다. 데이터와 정보, 지식, 뉴스, 광고가 지금 시대처럼 넘쳐 흐르는 모습은 인류 역사상 처음 있는 현상입니다. 어떤 분야든 이론은 온라인, 오프라인에 넘치고 넘칩니다. 그래서 '데이터 스모그(date smog)', '말 안개(fog of words)' 같은 표현도 있습니다. 너무 많으니까 뒤섞여 뿌옇다는 의미입니다.

이 같은 세상에서 자기 자신의 중심을 뚜렷하게 인식하면서 지키지 못하면 이리저리 휩쓸리고 기웃거리다가 허망하게 삶을 낭비할 가능성이 많습니다. 목표를 위해 몰입이나 집중을 하려고 해도 방해하는 것들이 많아 마음대로 되지 않을 수 있습니다.

내가 이번 학기 수업을 통해 '압솔리지'를 되풀이하는 이유는 과잉 시대에서 삶의 중심을 잡는 데 필요한 중심축이나 균형추를 위해서입니다. 삶의 줏대(主대, 자기 자신을 꿋꿋하게 지키는 중심), 주체성, 실존성, 주인의식은 취업 역량을 위해서도, 나아가 세상을 살아가는 데도 반드시 필요합니다. 하지만 대학 다니며 세월 간다고 해서 저절로 생기지 않습니다. 줏대나 주체성은 전략적으로 키워야 할 확실한 실력입니다. 막연한 다짐이나 그저 그런 결심으로 될 일이 아닙니다. 죽느냐 사느냐의 문제와 다를 바 없습니다. 압솔리지를 비롯해 전갈 독침, 송곳, 초코파이, 엽전 등은 모두 '삶의 줏대'를 향하고 있습니다. 이에 대한 인식을 명확하고 하면서 실천의 계기를 확실하게 마련하는 것만 해도 이번 학기 우리의 공부는 성공입니다.

교육개선(CQI) 설문에 평균 80% 정도 수강생이 참여하여 다양한 의견을 보여주었습니다. 하나하나 살펴보고 분석했습니다. 많은 학생들이 우리 공부를 소중히 여기면서 성장하는 계기를 마련하는 모습을 보여 얼마나 고마운지 모릅니다. 더 알차고 재미있고 힘이 되는 수업을 해달라는 요구도 많았습니다. 부담스럽지만 최선을 다하겠습니다. 여러분의 의견에서 바람직한 측면은 더욱 노력하고 개선을 요청한 부분은 신속하게 고쳐서 소중하고 엄중한 우리 수업의 완성도를 높이도록 하겠습니다. 여러분도 주체적인 태도로 더 관심을 가져주기 바랍니다.

25

새로운 상황

나의 새로운 상황이 나의 새로운 현실을 창조한다

My new situation creates my new reality

'가을바람에 툭툭 떨어져 캠퍼스 곳곳에 나뒹구는 낙엽을 보니 까닭 모를 쓸쓸함이 스쳤다….' 지난해 가을까지 느낀 나의 감정이다. 그러나 올해 가을에는 전혀 다른 느낌이 스친다. **나의 새로운 상황이다.**

"그렇지. 울긋불긋 바뀐 단풍을 보러 소풍을 가든 쓸쓸한 감상에 젖든 그런 건 사람들의 자유야. 내가 사람들의 단풍 구경을 위해서 나의 소중한 이파리를 물들이고 떨어뜨리는 건 아니야. 이 점 착각하지 마. 압솔리지야. 압솔리지? 귀에 못이 박히도록 듣고 있는 말 아니니? 너희 대학의 어느 수업에서 이 아무개 교수가 입에 달고 살걸. 어떻게 아냐고? 대구가톨릭대 교정에 서 있는 나무들끼리도 느낌과 정보를 주고받거든. 그 교수가 우리 이파리를 수업 시간에 교재로도 쓴다고 친구 은행나무가 이야기했어. 얼마 전에 보니까 은행나무 밑에 떨어져 있는 이파리를 줍고 있더라. 그거 들고 교양관 강의실 쪽으로 가더군.

처음엔 이상한 사람인가 했는데 우리 은행나무 잎을 교재로 **'자절(自切)' 스토리**를 이야기한다더군. 나는 자절이라는 말은 처음 들어봐. 그렇지만 수분이 부족한 겨울을 이겨내고 내년 봄을 멋지고 당당하게 맞이하기 위해 새로운 싹을 틔우려면 반드시 해야 할 일이야. 우리 이파리 들고 너희에게 자절 어쩌구 하면서 은행나무의 자절을 배운다고 하니까 재미있다. 사람이 은행나무보다 못해서야 되겠는가 하는 이야기에는 살짝 기분이 상하기도 했지만 은행나무를 무시해서가 아니라 사람이든 은행나무든 우주를 채우고 있는 구성원으로서는 대등하다는 의미로 받아들였어. 교양관 옆 은행나무에게서 들었는데, 자절 노력 열심히 해야겠더라.

자절은 '압솔리지 디톡스' 또는 '비욘드 압솔리지'라고 해. 어떻게 아냐고? 교양관 옆 은행나무들이 나에게 알려줬어. 나는 누구냐고? C7 예로니모관 앞에 있는 은행나무야. 너희들하고 함께 공부하는 이 아무개 교수와 가장 가까운 데서 살고 있어. 너희보다 더 친하게 지낸다. 며칠 전에는 우리 은행잎을 종이에 붙여 책받침 같은 코팅으로 만들어 너희들에게 보여주고 했다고 들었어. 내가 지구에서 살고 있는 시간이 3억 년이 넘었다. 봄여름에는 독특한 냄새로 나를 보호하고(이런 걸 악취라고 하는 건 사람의 편견일 뿐이야!) 가을에는 잎을 떨어뜨려 겨울을 이겨내면서 보낸 시간이야. 사람도 월동 대책을 잘 세워야 얼어 죽지 않잖아.

나무도 다를 게 없어. 자절, 압솔리지 디톡스, 전갈 독침(스콜피언 스팅), 비욘드 애버리지, 송곳 같은 뾰족함, 북돋움으로 발돋움 노력을 열심히 해서 생명력을 단단히 하기를 바라. 이런 게 공자님도 논어에서 벼리로 강조하는 것이야. 내가 이 아무개 교수 옆에 살다 보니까 공자에 대해서도 제법 알아. '금녀획(now you limit yourself)'은 나도 좋아하는 구절이야.

오늘은 이 정도까지만 이야기할까? 2023년 2학기가 너희들에게 평생의 힘이 되는 소중한 공부가 되도록 노력하기 바라. 조금씩 나아지려는 태도가 중요해. 너희 교수가 하는 말 있잖아, 1% 그거. DCU 교정의 나무들도 너희 수업의 청강생이라고 생각하고 자주 이야기 나누자. 그런 게 인터뷰라는 거야. 2학기 알차게 보내고 내년 봄을 새롭게 기대하자."

지금까지 대구가톨릭대 교정의 **은행나무**가 수강생 여러분에게 전해달라고 하는 가을 메시지를 담당교수인 내가 대신 전달하였습니다.

26

새로운 얼굴

보고 싶은 수강생 여러분!

'얼굴'은 눈, 코, 귀, 입이 아니라 '얼(정신의 줏대) + 굴(길, 통로)'이라고 했습니다. 얼굴은 정신의 바른 모습이라고 하겠습니다. 우리 공부를 돌아보면서 자신의 새로운 얼굴을 잘 가꾸고 있는지 다음 체크 리스트를 통해 확인해보기 바랍니다. 자신의 일상을 세밀하게 살피는 모습이 거울입니다. 번호를 모두 '1'이라고 한 이유는 각각 중요하기 때문입니다. 자기 자신이 주체적으로 실존적으로 성취해내야 할 과제들입니다. 그래야 진정한 미녀미남(美女美男)이 됩니다.

- 나의 일상을 새롭게(넓고 깊고 높게) 북돋우는 노력을 성실하게 하는가
- 사람이 개를 무는 특이함이라는 미디어 뉴스 공식을 일상에서 실천하는가
- 어휘를 확장하고 낯설게 결합하는 등 언어 실력을 꾸준히 키우고 있는가
- 비욘드 마인드(뉴스 마인드)를 잠재력을 발휘하는 에너지로 삼

고 있는가

- 호감을 주고 매력을 느끼게 하는 사람됨을 일상에서 가꾸고 있는가
- 자기 자신을 기본으로 다른 사람, 사물과 인터뷰를 취미처럼 즐기는가
- 취업력(employ ability) 향상을 위한 목표 의식과 태도, 노력이 분명한가
- 300~2,000자 글쓰기, 1~30분 말하기 등 분량에 맞는 연습을 하는가
- 기업의 절실한 노력을 뉴스를 통해 살피고 활용하며 일상을 경영하는가
- 수사(레토릭) 10미(味·美, 맛·아름다움)를 말과 행동 표현에 적용하는가
- 헤드라인 표현 연습으로 라이팅 파워(writing power)를 키우고 있는가
- 유연하고 개방적이고 겸손한 자세로 앎과 삶의 바탕을 넓히고 있는가
- 일상의 모든 언행이 자기소개이고 자기 인터뷰이며 스토리라는 인식이 명확한가
- 높은 수준의 목표를 스스로 세우고 이루려는 끈기와 노력을 하고 있는가
- 프레임 전환(frame change)으로 문제를 발견하고 해결하려고 노력하는가

- 나의 말 한마디 행동 하나가 프레임이고 상황(situation)이라는 인식이 분명한가
- 나의 새로운 가능성과 잠재력에 가슴이 뛰고 설레는 느낌이 생기는가
- 내 삶의 아우라(aura, 독특한 분위기)와 가치 증명을 위해 진지하게 노력하는가

27

동학(同學)

함께 공부하는 동학(同學) 여러분!

지난주 목요일 오후 도서관 뒤편 학교 식당에서 순대국밥을 먹고 있었습니다. 다음 주 종강 수업에 활용할 사물 교재를 생각하다가 식당 안에서 발견하여 구했습니다. 무엇인지 궁금하지 않습니까? 관심을 가지면 평소 흐릿하게 보이던 것도 뚜렷하게 눈에 들어옵니다.

우리가 이번 학기에 사용한 전갈, 나침반, 엽전(상평통보), 돋보기, 초코파이, 송곳, 선글라스, 촛불, 낙엽, 방패 등은 모두 수업의 오리엔티어링(방향 잡기)을 위한 도구이고 교재입니다. 공자와 논어는 그 가운데 하나일 뿐입니다. 다음 주 종강 수업에는 모두 출석해서 함께 마무리를 하는 시간을 갖도록 합시다.

함께 공부하는 인연은 무척 소중합니다. 서로의 부족함을 채우는 과정이니까요. 삶은 '연결(관계, 소개)'입니다. 우리는 모두 어쩌면 우주의 한 점으로 있다가 부모와 탯줄로 연결된 후 태어나(탯줄에서 벗어나) 세상과 연결되었다고 생각합니다. 스티브 잡스가 "삶은 점과 점의 연결"이라고 한 말은 의미 깊게 느껴집니다. 우리도 이번 학기 공부를 함께 하면서 깊고 넓게, 그리고 높게 연결되었습니다. 삶의 조각 같은 점들을 어떻게 잘 연결할 것인가. 최고 수준의 공부가 추구해야 할 목표입니다.

'공지사항 학습자료'를 잘 활용하기 바랍니다. 시대에 맞는 취업 능력은 물론이고 직업인으로서, 사람으로서 살아가면서 음미하고 실천할 내용입니다. AI 시대에 잘 대응하는 새로운 역량을 위해서도 꼭 필요합니다. 기본적으로 중요한 바탕은 자기 자신과 친밀하게 좋은 관계(연결)를 맺는 일입니다. 공지사항에 있는 압솔리지와 압솔리지 디톡스 조건들을 일상에서 깨닫고 실천하기를 당부합니다. 자기 자신이 표현하는 모든 생각과 느낌, 말과 행동은 하나하나가 자기 자신과 다른 사람에게 영향을 미치는 프레임(frame)이고 상황(situation)입니다. 더 나은 프레임과 상황을 1% 만드는 창조적 노력은 프로페셔널한 대인의 특권입니다.

- 아마추어(소인) - 현실 상황 - 압솔리지 - 좌절(挫折)하기 쉬움
- 프로페셔널(대인) - 현실 상황 - 압솔리지 디톡스 - 자절(自切)할 수 있음

최근 나온 비즈니스 매거진을 보니 기업 경영자(CEO)의 능력을 △선도자로서 사고력 △본질을 명확하게 짚어내는 힘 △조직이 가야 할 방향을 구상하는 힘 △디테일한 조직 통찰력 △스트레스에 대처하는 마인드 피트니스(마음 단련)를 꼽았습니다. 모두 이번 학기에 공부한 것들이지만 이런 관점은 기업의 뜻을 좁게 이해하는 압솔리지입니다. 우리 삶은 모두 '1인 기업인'이기 때문입니다. 기(企)의 뜻이 발돋움(넘어섬)입니다. 조직이라고 하면 여러 사람을 생각하기 쉽

지만 각자의 '몸'이야말로 가장 복잡하고 중요한 '조직체'입니다. 내 일상적 삶의 조직을 잘 관리하는 것이 최고 경영이라고 하겠습니다. 이런 프레임은 AI 시대에 더욱 필요한 프로페셔널한 능력입니다. 현실을 입체적으로 판단하면서 상황을 만들어내는 프로페셔널! 일상에서 늘 생각하면서 실천합시다. 여러분에게 가득한 가능성과 잠재력이 잘 피어나도록 자기 자신을 깊이 만나는 노력을 성실하게 하기 바랍니다. 금녀획! "The first person you lead is YOU."

'기회(chance)'라는 말이 있습니다. 국어사전은 '일을 하는 데 알맞은 시기나 경우'라고 풀이합니다. 이런 풀이에 따르면 기회는 자기 밖에서 나에게 오는 어떤 것처럼 생각하기 쉽습니다. 그러나 기회(機會)의 뜻은 '현실의 갈림길 상황을 깨달음'으로 이해하는 것이 훨씬 수준 높습니다. 이렇게 이해하면 기회라는 것은 결정적으로 자기 자신에게서 비롯될 수 있다는 중요한 의미가 생깁니다. 우리가 처음부터 끝까지 깊고 넓고 높은 사람됨(대인, 大人)을 이야기한 것도 이런 맥락입니다. 이번 학기 공부가 자신에게서 기회를 찾고 만드는 시간이 되도록 즐겁게 노력합시다.

기회를 만드는 힘 = 기획하는(넘어서는) 힘 = 비욘드 파워(beyond power)

28

경칩

주체적인 삶은 놀라움이다

Independent Life is a Wonder

수강생 여러분!

내일(6일)은 '경칩'이라는 절기입니다. 1년 12개월은 입춘부터 대한(큰 추위)까지 24절기로 돼 있습니다. 절기에서 '절(節)'은 '마디'라는 뜻입니다. 우리 몸도 관절(뼈마디)로 돼 있습니다. 뼈마디가 없으면 몸을 자유롭게 움직일 수 없습니다. 뼈마디뿐 아니라 몸에서 나오는 '말 한마디'도 우리 삶에 굉장히 중요합니다.

경칩에서 '경(驚)'을 음미합시다. '놀람(wonder)'입니다. 땅속에서 겨울잠(동면)을 자던 벌레들이 봄기운에 놀라 깨어나고 나무는 싹을 틔우는 생동감을 나타냅니다. 우리가 이번 학기에 공부하는 핵심으로 강조하는 '새로움(newness)'과 연결됩니다. 땅에 귀를 기울여 그 소리를 들어보세요. 나무에서 싹이 나오려고 하는 소리를 들어보세요. 보고 듣는 것은 눈과 귀로 하는 게 아니라 온몸으로 느끼는 것입니다.

2023년의 봄은 '나를 새롭게 보는(봄)'이라는 '멋진 마디'가 되도록 합시다. 우리가 소중한 시간에, 소중한 강의실에 모여 공부하는 이유입니다. 자신을 새롭게 볼 수 있다면 그것만큼 놀라운 일이 어디 있을까요? "나에게 이렇게 놀라운 모습이 있었나?"를 느끼고 표현하는 일은 결코 소홀히 할 수 없는 우리의 자존심이요 존엄성입니다. 자신에 대해 놀라는 '원더'에서 '원더풀!(wonderful)'이라는 탄성(歎聲)이 나옵니다.

자신을 새롭게 바라본다는 것의 의미는 무엇일까요? 나의 말과 행동, 생각, 느낌, 인식, 판단의 틀(프레임, frame)을 이전보다 더 깊고 더 넓고 더 높이 바꾸려는 태도와 노력입니다. 구체적으로 '새로움'을 다음과 같이 생각합니다. 여러분도 이것을 참고해서 새로움을 어떻게 정의(뜻풀이)하면 좋을지 학기 내내 고민해보기 바랍니다. 학기 전체가 이런 삶의 방향을 잡아가는 오리엔티어링입니다.

- 새로움은 내 삶의 새로운 태도와 사람됨이다.
- 새로움은 1% 확실한 차별화를 위한 실질적이고 실용적인 노력이다.
- 새로움은 자신을 크게, 넓게, 높게 만드는 대인(大人)을 추구함이다.
- 새로움은 올바른 사람됨의 역량에서 솟아나는 에너지이다.
- 새로움은 호감(좋은 느낌)과 매력(당기는 힘)을 만드는 바탕이다.
- 새로움은 말씨, 글씨, 마음씨의 솜씨를 가꾸는 주체적인 태도

이다.

- 새로움은 일상을 깊게 만나는 진지하고 설레는 성장 과정이다.
- 새로움은 언어의 마술사가 되기 위한 실력을 쌓는 성실한 노력이다.
- 새로움은 [ ]이다.

이런 '고귀한 목표'를 이루기 위해서는 무엇보다 먼저 자기 자신과 친해져야 하겠습니다. 친해져야 새로워질 수 있으니까요. 한자로 친하다의 '親(친)'은 새롭다는 뜻의 '新(신)'과 통하는 글자입니다. 자기 자신과 잘 경쟁해야 합니다.

자신과 친해진다는 것은 자기 자신과 '좋은 관계'를 맺는다는 의미입니다. 자기 자신과 바르고 정직한, 아름답고 멋진, 개방적이고 유연한, 긍정적이고 낙관적인, 호감과 매력 있는, 소통하고 공감하는, 통찰력 있고 지혜로운 관계를 맺을 수 있도록 공부합시다. 이는 자기 자신과 가장 잘 연결(소개, 紹介)하는 모습입니다. 자신을 조금씩 더 깊은 차원에서 만날수록 '나의 세계(my world)', '나의 우주(my universe)'는 전혀 다른 얼굴로 자신에게 다가올 것입니다.

우리는 함께 일하는 '동업자'입니다. 서로 존중하는 가운데 이와 같은 숭고한 목표를 달성해서 삶을 지탱하고 이끄는 든든한 힘이 되도록 노력합시다. **천하제일 인재**가 되겠다는 의지를 갖고 강의실에서 만나야 하겠습니다. 그래서 이번 공부가 나와 여러분에게 '놀라운 경험'이 되도록 만듭시다.

29

일상 언행

일상의 모든 말과 행동이 자기표현이고 자기소개이다
All words and actions in everyday life are self-expression and self-introduction

수강생 여러분

우선 위에 쓴 '일상의 모든…'을 봅시다. 이런 표현 방식을 '헤드라인(headline)'이라고 합니다. 매우 중요한 표현법입니다. 헤드라인은 넓은 뜻에서 제목의 한 종류이지만 그 성격은 아주 다릅니다. 예를 들어 '나의 대학 생활'이라고 하면, 헤밍웨이의 소설 '노인과 바다'처럼, 문학작품의 제목으로는 쓸 수 있어도 헤드라인은 아닙니다.

이에 비해 **'나의 대학 생활은 새로움을 향한 여행(이다)'**처럼 하면 헤드라인이 됩니다. 그냥 제목과 어떻게 다른지 알겠죠? 헤드라인은 어떤 내용을 압축해서 간결하게 보여주는 표현이므로 반드시 실력을 키워야 합니다. 수업이나 공지사항을 통해 헤드라인의 핵심에 대해 알려주겠습니다.

우리는 함께 공부하는 모임이므로 일종의 동아리이고 동학(同學)이며 동업자입니다. 우리의 19+20반은 2주차, 10+12반은 1주차 수업을 했습니다. 걱정이 조금 있었는데 강의실에 모여 공부하는 분위기가 매우 진지하게 느껴져, 대학생으로서 당연한데도 고맙게 생각합니다. 내가 첫 수업에서 **"새로운 출발선에 서자!"**라는 이야기를 했을 때 여러분은 마음속으로 모두 동의했을 것입니다. 자신을 잘 돌아보면서 성장하기를 거부하는 사람은 아무도 없을 것이기 때문입니다.

우리 서로 신뢰하면서 2023년 1학기가 대학 생활을 지탱하고 바르게 이끌어나가는 나침반, 등대, 북극성, 디딤돌, 지도, 구심점이 되도록 성실하게 노력합시다. 자기 자신의 말 한마디, 행동 하나하나가 조금씩, 확실하게 나아지도록 꾸준히 노력합시다. 어제보다 조금이라도 나아지려는 향상심(向上心)은 우리가 살아 있음을 생생하게 느끼게 해주는 소중한 태도입니다. 나는 우리의 공부가 뻔하지 않도록 여러분보다 훨씬 더 노력해서 현실에 적중하면서도 높고 깊고 넓게 '삶을 북돋우는' 수업이 되도록 할 것입니다.

여러분은 '나의 성장 노트', '압솔리지 극복 노트', '날마다 새롭게!' 같은 제목으로 자신을 조금씩 깊이 만나는 모습을 기록하는 루틴을 만들어나가기를 당부합니다. 이런 노트 제목은 헤드라인으로 할 필요가 없지만 그냥 '일기(日記)'라고 하면 진부한 느낌을 줍니다. 중간고사와 기말고사, 과제는 일회성 공부를 위한 낡은 방식이 아니라 평소 이와 같은 태도와 노력이 자연스럽게 연결되도록 하는 게 바람직합니다.

나는 이런 과정과 태도, 분위기가 '자신을 사랑하는 활동'이라고 생각합니다. **사랑**이란 무엇일까요? 무엇을 (진정으로) 사랑한다는 것은 그것을 부분적으로, 피상적으로 아는 데 그치지 않고 전체적으로, 깊이 있게 입체적으로 알아가는 의지와 노력이라고 생각합니다. 이렇게 고귀한 사랑은 가장 먼저 자기 자신에게서 비롯돼야 하겠습니다. 여러분은 '사랑'을 어떻게 정의(뜻매김)하는가요?

내가 이번 과목에서 교재로 논어(論語)를 중심으로 한다면서도 논어라는 책 형태의 문헌을 여러분에게 보여주지도 않은 게 혹시 궁금하지 않은가요? 논어라는 서물(문헌)은 다른 철학이나 사상에 비해 성격이 아주 다르기 때문입니다. 논어는 분석하여 이해하고 하는 내용이 아니라 즐기며 느끼는 노래(음악)이요 시(詩, poet)이고 계시이고 메타포(은유)이기 때문입니다. 조선시대 서당처럼 구절 읽고 외우고 하는 방식은 오히려 반(反)논어적 태도입니다. 이런 깊은 측면이 있기 때문에 단순하게 접근하지 않는 것입니다.

우리의 공부 핵심인 '일상 삶의 새로움'은 논어보다 훨씬 중요하며, 논어는 이런 목적에 도움이 될 때에만 비로소 가치가 있습니다. 이 같은 방식은 동시에 논어를 가장 높은 수준에서 활용하는 것이기도 합니다.

강의실에 올 때는 즐겁고 자유스러우면서도 다부진 마음가짐을 갖기 바랍니다. 필기(기록)는 꼭 해서 되새김을 하도록 하기 바랍니다.

30

매스미디어

매스미디어는 현실을 비추는 거울이다

Mass media is a mirror of reality

네이버나 다음의 '뉴스' 코너를 열면 정치, 경제, 사회, 생활 문화, 과학, 기술, 세계 등 분야별로 엄청나게 많은 뉴스 콘텐츠가 살아 움직이고 있습니다. 우리가 살고 있는 현실 세계에서 무슨 일이 일어나고 있는가를 보여줍니다. 부분적이고 부실한 내용도 적지 않지만 대체로 세상 현실을 비추는 거울 역할을 합니다. 세상 현실이 어떻게 돌아가고 있는지 알기 위해서는, 즉 '현실 감각'을 키우기 위해서는 매스미디어를 지혜롭게(슬기롭게) 활용하는 능력이 대단히 중요합니다.

뉴스와 관련해 다음과 같은 공식이 있습니다. 뉴스가 되려면 무언가 '특이해야' 한다는 의미를 담고 있습니다. 뉴스를 접할 때 적용해 보고, 자신의 일상에도 적용해보면 '뉴스 감각(새로움에 대한 민감성)'을 키우는 데 효과적입니다.

"개가 사람을 물면 뉴스가 아니다.
그것은 흔한 일이기 때문이다.
사람이 개를 물면 뉴스가 된다.
그것은 흔하지 않기 때문이다."

여러분은 최근 10일 동안 접한 뉴스 중에서 특별하게 느껴지는 내용이 있습니까? 나는 '대동여지도'로 널리 알려진 고산자 김정호에 관한 내용이 특별히 눈길을 끌었습니다. 대동여지도는 여러 종류가 있지만 이번에 일본에서 찾아 돌아온 지도는 각종 지리 정보가 훨씬 구체적으로 담겨 있다고 합니다. 가로 4미터, 세로 7미터인 지도 사진(3월 31일 보도)을 보니 백두산에서 제주도까지 샅샅이 살핀 고산자(김정호의 호)의 뚜렷한 문제의식과 투지가 생생하게 느껴집니다. 그의 삶은 영화로도 만들어졌습니다.

지금은 인터넷을 통해 동네부터 지구촌 구석구석의 지도를 다양한 방식으로 쉽게 볼 수 있습니다. 대동여지도는 이에 비하면 개략적인 약도 수준에 불과합니다. 그렇지만 나는 고산자의 지도를 보면서 그의 '삶의 지도'라고 할까요, 그가 국토 전역을 수없이 다니면서 그리려고 했던 지도는 결국 자신의 삶을 지도에 담아보려고 한 어떤 목표나 방향이 있지 않았을까 하는 생각을 합니다. 지금 문화재로 남아 있는 대동여지도는 그의 이와 같은 삶에 따른 결과물이 아닐까 하는…

어쩌면 우리는 고산자처럼 삶의 지도를 그리면서 살아가고 있는지 모릅니다. 평균적인 데이터로서 지도는 누구나 온라인 인터넷에서 즉시 구할 수 있습니다. 그렇지만 내 삶의 지도는 지구촌 80억 명 사람들이 각각의 방식대로 그려나가기 때문에 같은 내용은 불가능합니다. 누구나 '지도 제작자(맵 메이커, map maker)'인 셈입니다. 다만 그 내용이 얼마나 괜찮은지에 대한 차이가 있을 뿐이겠습니다. 아무렇게나 그려서는 가치가 없겠죠. 내 삶의 지도를 어떻게 그려나갈 것인가.

'지도'라는 말을 생각해봅니다. 대동여지도에서 지도는 '地圖(map)'라고 씁니다. '여지(輿地)'는 '땅'이라는 뜻입니다. 지도를 '指導'라고 쓰면 'guidance'라는 의미가 됩니다. 어떤 목적이나 방향으로 이끈다는 뜻입니다. 이렇게 두 측면에서 이해하면 지도는 그냥 땅에 관한 그림을 넘어 삶의 방향을 짓는 안내자로 의미가 확장됩니다. 이런 것이 내가 수업에서 강조하는 '의미의 확장', '평균 넘어서기(비욘드 애버리지)'라고 할 수 있습니다.

인류 문명은 끊임없는 변화의 과정을 통해 이어지고 있지만 지금 우리가 사는 2023년은 여러 측면에서 또 이전과는 매우 다른 모습을 보여주고 있습니다. 당연하게 여겨온 것들에게 대한 관점과 가치관이 달라지는 경우를 목격하고 있습니다(무엇이 그러한지 생각해봅시다!). 삶의 안내자로서 지도(地圖·指導)가 현실과 동떨어지기 않도록 하기 위해서는 매스미디어를 이전과는 다르게 활용할 필요가 있습니다.

중간고사 후에 과제가 하나 있습니다. 나중에 구체적으로 안내하겠지만 매스미디어 뉴스(기사)를 나의 일상과 연결하여 활용하는 내용입니다. 과제를 위한 과제가 아니라 평소 뉴스 기사를 활용하는 좋은 습관을 위한 과제입니다.

요즘 많은 기업들이 오랫동안 사용한 회사 이름을 바꾸는 경우가 많다는 뉴스가 있습니다. 현실에 대응하기 위한 절실한 노력이라고 할 수 있습니다. 회사 이름이 시대 현실을 담아내는 데 적절하지 않다는 판단을 하기 때문에 일어나는 사회 현상입니다.

이런 내용은 나의 일상과 연결할 수 있는 좋은 소재가 될 수 있습니다. 관심 있는 뉴스를 읽고 생각하고 일상과 연결해보는 내용을 '나의 뉴스 읽기' 같은 제목으로 노트에 정리하는 습관을 들이면 매우 좋을 것입니다.

이런 활동이 쌓이면(축적되면) '나의 콘텐츠 스토리'가 됩니다. 이와 같은 태도와 노력 과정이 '내 삶의 1% 특별화'라는 우리 수업의 벼리(핵심)에 적중하는 모습입니다. 책(book) 중에서 가장 중요한 책은 무엇일까요? 논어 같은 책이 아니라 나의 삶이 그대로 책이 되는 '휴먼북(인간책, human book)'이라고 할 수 있습니다.

my life is my message! 자기 자신의 일상이 가장 중요한 밑천이고 자본이 되도록 하는 게 최고 수준입니다. 하루에 100자라도 삶을 기록합시다. 우리는 이번 수업을 통해 이미 책을 쓰는 '저자'로서 삶을 시작한 셈입니다. 학기를 마치는 6월이면 모두 '내 삶의 저자'로서 뚜렷하게 성장할 수 있도록 함께 노력합시다.

31

삶의 캠퍼스

내 삶의 캠퍼스를 넓히자!

Let's expand the campus of my life!

손흥민 선수(31)가 'EPL 100호 골'이라는 대기록을 썼다는 뉴스를 접했습니다. 절묘하다고 해야 할까요? 골 장면이 정말 멋집니다. 평소 손 선수는 골을 넣은 후 손가락을 모아 사진을 찍는 골 세리머니(득점 뒤풀이)를 하는데, 이번에는 두 손을 들어 하늘을 가리키는 모습을 보였습니다. 그는 "최근 별세한 외할아버지에게 골을 바치고 싶다"라는 뜻을 뉴스를 통해 밝혔습니다. 많은 사람들이 왜 손 선수를 멋지다고 느끼는지 알 수 있습니다. 도움(어시스트)도 50개여서 그가 동료들과 얼마나 협력을 잘하는지 보여줍니다.

축구장 면적은 가로 100미터, 세로 70미터가량입니다. 나는 손흥민 선수가 이런 축구장을 '넘어(beyond, 비욘드)' 훨씬 넓은 삶의 운동장을 뛰고 있다고 생각합니다. 경기장에서 보여주는 모습은 물론이고 일상생활에서도 그의 언행은 호감을 주기에 충분합니다. 2년 전에 군 복무 대체용 단기 군사훈련을 우리나라 해병부대에서 받았습니다. 대부분 자기보다 나이가 적은 훈련병들과 생활을 했는데,

수료식에서 1등 상을 받았습니다. 동료들과 훈련을 잘 마칠 수 있도록 솔선수범했다는 내용이 뉴스를 통해 알려졌습니다.

'캠퍼스'라는 말은 대체로 대학교의 교정을 가리키는 뜻으로 씁니다. 틀린 뜻은 아니지만 정확하지는 않습니다. 캠퍼스는 라틴어 '캄푸스'에서 나온 말입니다. 캄푸스는 들판, 광장, 운동장, 훈련장, 경기장이라는 뜻입니다. 캄푸스(캠퍼스)는 삶을 가꾸는 마당으로서 운동장이요 경기장이라고 할 수 있습니다. 축구장은 규격이 정해져 있지만 삶의 캠퍼스는 정해진 규격이 없습니다. 삶의 캠퍼스는 크기가 사람에 따라 각각 다를 것입니다. 우리가 공부하는 목적과 방향은 삶의 캠퍼스를 넓히는 일입니다. 손흥민 선수가 하늘에 계실 외할아버지를 가리키는 모습을 보면서 손 선수의 캠퍼스(운동장)는 하늘에까지 닿는 듯한 느낌이 들었습니다.

손 선수는 31세입니다. 나는 이 나이를 보면서 안중근 의사(우리 대학의 중앙도서관 앞에 동상 있음)를 떠올렸습니다. 112년 전 30세 안 의사는 이토 히로부미를 저격하고 31세에 목숨을 잃었습니다. 일본은 안 의사의 시신까지 숨겨버려 아직도 찾지 못하고 있습니다. 얼마나 졸렬하고 야만적입니까?

100년 시간을 사이에 두고 한국의 31세 두 청년이 영국과 하얼빈에서 이룩한 역사는 뭉클함을 넘어 삶의 캠퍼스를 잘 가꾸자는 메시지를 주는 것 같습니다. 여러분 생각은 어떻습니까? 삶은 이미 정해진 길을 가는 게 아니기 때문에 불안하지만 동시에 새로운 가능성을 품고 있습니다. 나의 의지와 관계없이 주어진 현실 세계와 내가 주체적으로 만들어나가는 현실 세계의 관계를 어떻게 설정할 것인가. 우리 각자에게 주어진 가장 중요한 삶의 과제가 아닐까요?

우리가 이번 학기에 만나 공부하는 목적은 이 '관계'를 세밀하게 성찰하면서 나아가는 토대를 쌓고 에너지를 북돋우는 일입니다. '삶의 목적은 목적 있는 삶을 살아가는 것이다(purpose of life is to live a life of purpose)'라는 말이 있습니다. 이는 이번 수업에서 한결같이 강조하는 '방향 잡기(오리엔티어링)'와 연결됩니다. 오리엔테이션이 '방향'이라는 명사인데 비해 '오리엔티어링'은 꾸준히 방향을 찾아가야 하는 과정 중심의 실천적 의미가 강합니다.

추구하는 지향점, 목표, 방향에 대한 태도와 성찰, 노력은 우리 삶을 본질적으로 지탱하는 바탕이라고 하겠습니다. 남아 있는 2개월 동안 더욱 성실하게 힘을 모아 이 같은 목적에 도달하면 좋겠습니다.

32

취업력(employ-ability)

취업은 언제나 매우 어려운 길입니다. 대졸 청년 취업이 요즘 특히 어렵다고들 하지만 정확한 인식이 아닙니다. 30년 전에도 여전히 어려웠습니다. 취업 후 직업인으로서 자신을 잘 관리하면서 성장하는 과정은 취업보다 더 어려울 수 있습니다. 다음 내용은 취업뿐 아니라 직업인으로서 '자기경영(自己經營)'에 필요하다고 생각하는 벼리(핵심)이므로 잘 음미하면서 대학 생활을 알차게 가꾸는 데 나침반, 등대, 지도가 되기를 바랍니다.

취업력(employ ability) 벼리

- 삶은 대결과 해결의 과정이다. 자승자강(自勝者强)! 자기 자신과 경쟁하며 이겨내야 진정한 강자이다. 내 삶의 최고경영자(CEO)라는 인식을 명확하게 하자.
- **'함께 일하고 싶은 느낌'**이 들도록 나의 사람됨을 반듯하게 가

꾸며 표현으로 증명하고 각인되도록 하자. 말투와 표정, 발걸음 등 언행의 모든 측면이 가지런하도록 세밀하게 기획하자. **태도(attitude)**가 삶의 전부다. 내면에 쌓인 힘이 느껴지도록 자기 자신 안으로 깊이 들어가자.

- 비욘드 마인드(beyond-mind)가 일상에서 긍정적인 루틴(습관)이 되도록 즐겁게 고민하자. 작은 성공을 하나씩 쌓아가자. 자신의 성장을 **북돋우며 발돋움하는** 태도와 노력을 신뢰하자.
- 평균적인 생각이나 노력에서는 의미와 가치가 나올 수 없다. 평균(통념)을 넘어서야 문제가 보이고, 문제를 해결할 수 있다. **낡은 프레임**에 갇히지 말자. 프레임 전환(frame change)을 늘 생각하고 실천하자. 수업 내용을 철저히 되새김(반추)하고 소화하여 핏속에 흐르도록 하자.
- 겸손하게 배우는 태도로 자신을 유연하고 개방적으로 가꾸는 노력을 게을리하지 말자. 성실하게 꾸준히 쌓아야 자기다운 향기가 나온다. **일상을 새롭게 열어가는 설렘**을 경험하자.
- '비욘드 마인드' 혹은 '뉴스 마인드', '그로쓰(성장) 마인드' 연습노트를 쓰자. 이런 노트가 있는가 없는가는 **호리천리**이다.
- 매스미디어 기사를 다양하게 즐기면서 나의 일상과 연결하는 현실 감각을 키우자. 신제품과 마케팅 등 기업의 절실한 활동에 적극적인 관심을 갖자. **나는 1인 기업인**이라는 자세를 갖자.
- 사람이 개를 무는 유니크(unique)하고 놀라운(wonder) 현실을 발견하고 창조해내자. 새로움을 만들어내는 **뉴스메이커(news-maker)**를 나의 정체성(아이덴티티)으로 삼자.

- 어휘 등 언어 실력은 현실을 판단하고 담아내는 밑천이고 그릇이다. 그릇이 작으면 적게 담는다. 그만큼 나의 현실은 좁고 빈약해진다. '나의 어휘 노트'를 부지런히 작성하면서 **라이팅 파워**를 키우자.
- 자신의 호감과 매력을 점수로 나타내보자. 6개월마다 일상 성장을 상징하는 단어를 선정하고 이유를 표현해보자. 나의 역사, 스토리, 콘텐츠가 되도록 하자.
- 일상에서 자기 자신과 다른 사람과 다른 사물과 인**터뷰**(interview)를 즐기자. 모든 만남이 인터뷰다. 취업 같은 실전 상황에서 차분하고 당당하게 자신을 드러내는 바탕이 되도록 평소 실력을 기르자.
- 무엇이 평균 수준인지 냉정하게 판단할 수 있는 능력을 키우자. 떠돌이 같은 평균적 이야기를 짜깁기 하는 뻔하고 그저 그런 상태로는 나를 성장시킬 수 없다. **비욘드 애버리지**(beyond average)를 날카롭게 생각하자.
- 비문(非文)에 민감해지자. 알맹이(메시지)가 없으면 비문이다. 모든 표현에서 메시지(알맹이 있는 콘텐츠)와 메스(mess, 알맹이 없는 껍데기)를 철저히 구별하자. **My life is my message!**
- 일상의 모든 말과 행동이 자기소개이고 자기 인터뷰이다. 의미와 가치가 생기도록 깊이 파고들자. 나의 일상에 사소한 것은 없다. **새로움**(news) **= 비욘드**(beyond), **tell and sell 공식**을 확실하게 익히자.
- 기업은 자기소개서 문장을 통해 진정성, 성실성, 소통력, 잠재

력, 가능성, 통찰력, 표현력을 냉정하게 평가한다. **나는 어떤 사람인가? 왜 이 분야에 관심을 갖는가? 어떻게 기여하고 성장할 것인가?** 이런 문제는 대충 피상적으로 해서는 이룰 수 없다.

대학 생활을 하면서
다음 질문을 자기 인터뷰처럼 해보자

모든 표현에 '**컴펠링 포인트**(compelling point, **주목하지 않을 수 없는 내용**)'를 생각하자.

- 대학 생활 중 가장 뛰어난 성과를 이뤄낸 경험을 표현하시오.
- 자발적으로 최고 수준의 목표를 세워 끈질기게 성취한 경험을 표현하시오.
- 가장 열정적으로 한 일과 그것을 통해 느끼고 배운 것을 표현하시오.
- 발상의 전환으로 문제를 발견하고 해결한 사례를 표현하시오.
- 공동 목표를 달성하기 위해 동료들과 협업한 경험을 표현하시오.
- 다른 사람을 설득하여 동의와 지지를 이끌어낸 경험을 표현하시오.
- 인간미를 발휘하여 감동을 준 경험을 표현하시오.

- 자신이 왜 이 직무에 적합한지, 그것을 위해 무엇을 했는지 표현하시오.

The first person you lead is YOU

33

관점(프레임)

경험에 대한 당신의 관점은 무엇인가?
What is your perspective on your experience?

수강생 여러분

1학기를 마무리하는 때입니다. 이번 학기를 세밀하게 돌아보면서 구체적으로 성장하는 자극과 동기를 마련하기를 당부합니다. 기말고사는 6월 14일(수), 15일(목) 실시합니다(별도 안내).

오늘 편지를 쓰는 이유는 이틀 전에 본 EBS 교육방송의 '채용이 대학을 바꾼다'라는 프로그램 때문입니다. 여러분과 내용을 공유하려고 합니다. 분야에 따라 차이가 있겠지만 기업에서 대졸 취준생을 채용할 때 중요하게 여기는 게 무엇인가 하는 점입니다. 굉장히 중요한 문제입니다.

매년 대학을 졸업하는 사람은 30만 명가량입니다. 이 가운데 자신이 원하는 분야의 원하는 기업에서 일을 하는 경우는, 정확하게 파악하기는 어렵지만, 매우 적은 것으로 알려져 있습니다. 여러 가지 이유가 있겠지만 기업에서 원하는(뽑고 싶은, 함께 일하고 싶은) 사람이 많지 않을 수 있습니다. 원하는 내용이 서로 어긋나는(미스매치) 현상인데, 기업에서 원하는 게 무엇이냐 하는 점이 우선입니다.

이 프로그램에 나온 기업 관계자들은 "대학에서 뭘 전공하고 무슨 자격증이 있는가 하는 게 아니라 '이 사람이 회사에서 잘 할 수 있을까' 하는 게 가장 중요하다"라고 말했습니다. 좀 막연한 느낌을 주지만 이런 말은 매우 중요한 점을 드러내고 있습니다. 이전에는 어떤 대학을 졸업했는가, 전공이 무엇인가 하는 것을 가장 중요한 기준으로 적용하기도 했습니다. 분명한 것은 이제 많은 경우에 이전과는 매우 다른 채용 기준을 적용하고 있다는 것입니다.

서울 J대학 기계공학과를 졸업하고 H자동차에 입사한 사람은 1차 면접자인 팀장에게 왜 저를 뽑았는지 물었더니 "잘할 것 같아서"라고 대답했다고 했습니다. 여러 가지 의미를 포함하는 말입니다. 종합적으로 인간적 호감(好感, 좋은 느낌)을 줄 수 있어야 한다는 것인데, 어떤 분야의 어떤 기업이든 지원자에게 기대하는 가장 중요한 부분이라고 하겠습니다. 좋은 느낌을 주지 않는 사람과 함께 일하고 싶은 사람은 아무도 없을 것입니다.

자기소개서를 토대로 모의 면접을 하는 모습을 보면서 그냥 대충 급조하는 방식으로는 아무 소용이 없다는 것을 잘 알 수 있었습니다. 면접전문가는 면접자에게 "그 경험을 통해 어떤 관점을 가지게 됐는지"를 구체적으로 계속 물었습니다. 내가 보더라도 면접자의 대답은 구체적이지 못하고 막연하다는 느낌을 받았습니다.

면접관이 요구하고 기대하는 대답은 무엇일까요? 지원자의 괜찮은 관점 같은 것이었습니다. 이것저것 나열하는 게 아니라 자신의 경험에서 어떤 바람직한 관점을 갖게 되었는지에 주목했습니다. 30분 정도 면접 후 면접관은 "내가 기업의 인사담당자라면 이 지원자는 채용하지 않을 것 같다"라는 말을 했습니다.

이 프로그램에 등장한 대학 4학년들은 1, 2학년 때부터 자신이 원하는 분야와 원하는 기업에 취업을 목표로 매우 체계적인 준비를 하는 경우였습니다. 그래서 꽤 준비된 모습이 느껴졌습니다. 그렇다고 하더라도 원하는 분야와 원하는 기업에 입사한다는 보장은 없습니다만 가능성은 그만큼 높다고 할 것입니다.

자신이 현실에 적중하는 취업 준비를 얼마나 체계적으로 성실하게 하느냐에 따라 취업 현실은 아주 달라질 수 있습니다. 한 교수는 "기업이 원하는 인재의 조건은 학력이나 스펙이 아닌데도 대학은 이런 현실을 따라가지 못하는 현실"이라는 말을 하더군요. 종종 나오는 지적입니다. 우리가 무엇을 공부하든 이런 현실에 잘 대처하도록 민감하게 자신의 대학 생활을 살펴야 하겠습니다.

헤드라인에 쓴 '퍼스펙티브(perspective)'라는 말이 중요합니다. 균형 있고 입체적으로 내다보는 시각(관점)입니다. 그냥 개인적인 생각이 아닙니다. 경험을 통해 깨닫게 된 관점이 어떻게 자신의 변화와 성장으로 연결됐는가를 증명하는 관점(프레임)이라고 하겠습니다.

공지사항 학습자료는 취업 경쟁력을 위한 구체적인 콘텐츠입니다. 압솔리지 디톡스(obsoledge detox) 자세로 세밀하게 잘 활용하기를 당부합니다.

34

생각의 수준

생각의 수준이 나의 삶을 결정한다
The level of thinking determines my life

수강생 여러분!

'비판적 사고력(critical thinking)'과 '문제 해결력(problem-solving ability)'. 세계의 많은 대학과 기업, 사회에서 대학 교육의 핵심으로 강조합니다. 나는 이 말을 들을 때면 '비판적 사고력과 문제 해결력이 구체적으로 무엇이며 어떻게 해야 하는가' 하는 점이 궁금합니다. 비판적 사고와 문제 해결력은 이런 것이고 이렇게 하면 키울 수 있다는 내용은 거의 접하지 못했습니다. 사전에도 그 뜻을 구체적으로 풀이하지 않습니다. 비판(批判)은 어떤 잘못을 지적하고 논평하는 것, 문제(問題)는 해결이 필요한 일 정도입니다. 일상에서도 대략 이렇게 이해하는 편입니다.

나는 다르게 풀이합니다. 비판은 '깊이 생각하는 것(deep thinking)'으로 정의합니다. 무엇을 깊이 생각할 수 있다면 많은 부분을 해결할 수 있습니다. 내가 쓴 '독서와 독책'이라는 글은 매우 비판적인 내용을 담은 사례입니다. 독서의 뜻을 깊이 생각하며 판단한 것이기 때문입니다(이번 수업과 관련해 중요한 내용이므로 꼭 읽고 음미하기 바람). 비판에 대한 이해가 얕고 좁으면 비난(감정적으로 나쁘게 말함)과 뒤섞여 쓰이는 경우가 생깁니다.

문제 해결력보다 더 중요한 것은 '문제 발견력'입니다. 무엇이 문제인지 발견하고 알 수 있다면 해결은 쉽습니다. 그냥 막연하게 보고 생각하면 자기 삶을 비롯해 세상 현실에서 문제를 명확하게 찾기 어렵습니다. 무엇이, 어떤 측면이 문제인지 안다면 조금씩 개선(改善)하면 됩니다.

비판적 사고와 문제 발견(해결)은 맞물려 있습니다. 비판적 생각, 즉 깊이 생각할 수 있다면 문제를 발견할 가능성도 높습니다. 출발선은 우리의 일상 삶입니다. 쓸모없어 가치 없는 지식(앎)이 삶에 가득하면 비판적 사고나 문제 발견은 불가능합니다. 내가 **압솔리지**를 강조하는 이유도 이런 맥락입니다. '압솔리지 성찰 노트' 같은 제목으로 목적이 뚜렷한 글쓰기 습관(양습)을 들이면 성과가 분명한 실용적인 공부가 될 수 있습니다.

현실에 대응하는 힘을 키우는 게 꼭 필요합니다. 기업 활동(경영철학, 신제품, 마케팅 등)을 비롯한 경제 기사를 자주 읽고 생각하면 현실 감각을 키우는 데 효과적입니다. 기업은 하루하루 절박하게 운영하기 때문입니다. 중간고사 후에 과제가 하나 있습니다. 경제 관련 기사를 읽고 자기의 일상과 연결하는 것이 주제입니다. 다시 안내하겠지만 평소 좋은 습관을 들여 과제도 자연스럽게 하는 방식이 바람직합니다.

비판적 사고력과 문제 발견력을 구체적으로 향상시키기 위해 내가 제시하는 솔루션이 '새로움(news, newness)'입니다. 삶을 새롭게 가꾸는 태도와 노력을 의미합니다. 새로움을 어떻게 북돋우면서 나의 삶을 성장시킬 것인가 하는 방향(오리엔테이션)이 이번 학기의 벼리(본질, 핵심)입니다. 이는 가장 높은 수준의 독서 행위이기도 합니다. 나와 여러분의 일상적 삶 자체가 생생하여 유익한 교재(텍스트)가 되도록 노력합시다.

35

돈 버는 방법

돈은 소통을 위한 사회적 미디어이다

Money is social media for communication

수강생 여러분!

공부는 과거가 아니라 '지금의 현실에 통하는' 가치를 상징하고 증명해야 합니다. 상평통보는 조선시대의 대표적인 화폐로 수백 년 동안 유통됐지만 지금 현실에는 통하지 않습니다. 100냥은 대략 지금의 1,000만 원 정도로 환산할 수 있지만 상평통보를 한 박스 가져가더라도 여러분이 즐겨 먹는 1,000원짜리 컵라면 한 개 살 수 없습니다. 지금 현실에 통하지 않기 때문이죠. 현실에 통하지 않는 공부, 즉 돈으로 연결되지 못하는 공부는 압솔리지일 뿐입니다.

아래 내용은 내가 『돈 버는 기술(오마타 간타, 2019)』이라는 책을 읽고 수업에 활용하기 위해 메모한 내용입니다. 개인도 기업도 정부도 결국은 무언가를 팔아야 운영을 할 수 있다는 점에서 장사이고 영업입니다. 대학 같은 교육기관도 마찬가지입니다. 책의 주인공은 이와 같은 태도와 노력으로 실제 엄청난 돈을 벌었고 많은 사람들이 이 사람의 방식을 공부해서 돈을 많이 벌고 있다고 합니다. 깊이 음미할 내용이 많습니다. 눈앞의 이익을 위한 꾀가 아니라 넓고 깊은 차원에서 장사와 판매에 접근하는 마인드가 특징입니다. 상업(商業), 상인(商人), 상표(商標), 통상(通商) 등에 쓰는 '상'은 '장사하다', '판매하다'라는 뜻과 함께 '잘 헤아린다'의 뜻이 있습니다. 상량(商量)은 비교해서 잘 헤아린다의 뜻입니다. 무언가를 판다는 것의 깊고 미묘한 뜻을 생각하는 계기로 만들어보는 것도 좋겠습니다. 대학에서 하는 공부도 우리의 능력을 사회에 세일즈하기 위한 목적입니다. 지금 수업과 연결해보면서 일상에서 실천하기 바랍니다.

- 즐거운 마음으로 장사를 해야 성공한다.
- 인생을 즐기기 위해서는 사물을 바라보는 생각 자체를 바꾸어야 한다. 자신의 마음이 여유 있고 풍성해지도록 생각을 바꾸면 인생이 즐거워진다.
- 직장인이나 주부도 속성은 상인(商人)이다. 직장인은 자신의 능력이나 노동력이라는 상품을 회사라는 고객에게 팔아서 그에 따른 급료를 받는다. 현대인은 상인으로 불리는 직업인이 아니더라도 돈 버는 활동에 참여하고 사는 상인들이다.
- 현대인은 모두 상인이다.
- 적극적인 사고방식으로 전환하면 지금까지 보아온 세계가 완전히 달라진다. 장사도 적극성을 가지고 이를 모험이라고 생각하면 다르게 보인다.

- 상점 주인이 장사에 싫증내든 말든 그런 것은 아무래도 좋다. 중요한 점은 손님이 싫증내지 않게 하는 것이다.
- 장사는 손님이 싫증나지 않게 해야 한다. 상인이 싫증을 내든 말든 그것은 아무 상관이 없다. 장사를 잘하려면 항상 손님이 무엇을 찾고 있는지 알려고 하는 자세가 필요하다.
- 불황이든 아니든 손님이 원하는 것을 내놓으면 팔리고 내놓지 않으면 팔리지 않는다. 불황일수록 손님이 필요로 하는 상품을 개발해야 한다.
- 직장인도 마찬가지다. 자기 자신을 사주는 회사라는 손님이 무엇을 원하는지 파악해서 스스로를 회사가 원하는 상품으로 만들어야 한다.
- 장사에서 기다리는 자세는 통하지 않는다.
- 늘 상인의 자세로 생각하고 행동한다.
- 상인이라면 반드시 갖추어야 할 기본적인 태도는 다른 사람에게 호감을 주는 태도이다. 웃는 얼굴로 사람을 대하고, 즐거운 분위기를 만들며, 겸허하고 감사하는 마음을 가지는 등 상인답게 행동하는 것이다.
- 손님이 왔을 때만 웃는 표정을 지어서는 안 된다. 상점 주인이 정말로 즐겁고 여유 있게 지내지 않으면 손님이 오지 않는 법이다.
- 자신을 관광상품으로 생각한다.
- 관광(觀光)이라는 글자는 빛(光)을 본다(觀)는 뜻이다. 사람은 관광을 좋아하는 동물이지. 오징어잡이 배의 불빛에 몰려드는

오징어처럼 사람도 밝은 곳으로 몰려든다.

- '마음의 밝음' 역시 사람을 불러 모으게 되어 있다. 사람들은 설레고 즐겁든지 밝거나 기운이 넘치는 곳에 모여든다.
- 관광지란 그런 밝음을 가진 장소다. 손님이 오도록 하기 위해서는 관광지를 만들어야 한다. 상점을 관광지처럼 만들거나 자기 자신을 관광지로 만들어야 한다. 자신이 빛나면 상점은 자연히 관광지가 된다.
- 사람을 불러 모으는 밝은 사람이 되는 일은 자영업뿐 아니라 모든 사업에도 도움이 된다. 봉급생활자도 마찬가지다. 회사는 많은 사람들이 일하는 곳이므로 밝은 사람은 조직의 화합에 도움이 된다.
- 마음이 밝으면 생각도 항상 진취적이 될 수 있다. 사물을 진취적으로 볼 수 있는 것은 사업가에게 매우 중요한 기본 자세다. 이 기본 자세를 확실하게 몸에 익히기 위해서도 자신의 마음을 밝게 바꾸도록 노력해야 한다. "밝은 사람이 되자!" 이것은 자신의 생각을 진취적으로 바꾸어 사람을 불러 모으는 매력이 될 수 있다.
- 사람은 반드시 "살아 있다!"라고 느끼며 살아야 한다. 중요한 것은 향상심(向上心)이다. 사람은 향상심을 가지고 살아야 한다.
- 즐겁고 보람 있게 살아야 인생이다. 사람은 미지의 세계를 경험하고자 하는 향상심으로 모험을 추구한다.
- "향상심을 가지자!" 이것이 장사나 사업에 성공하는 열쇠이다. 이것을 잊지 않는다면 돈을 버는 일이 즐거워진다.

- 어떤 상품을 팔려거든 내가 먼저 그 상품에 정말 빠져야 한다. '이 상품이 과연 잘 팔릴까' 하는 미심쩍은 기분을 가져서는 안 된다. 상품에 대한 믿음이 미심쩍다면 상품을 팔려는 꿈도 꾸지 말아야 한다.
- 꼭 팔고자 하는 굳센 의지를 가지고 있어도 성공할 확률은 3분의 1이다. 그러므로 어중간한 태도로 시작한다면 잘될 리가 없다. 상품을 팔려고 한다면 먼저 그 상품에 반해야 한다.
- 지금 내가 팔고 있는 상품에 몰두하도록 노력해야 한다. 제품을 철저히 파악하면 분명 좋은 점이 보인다.
- "상품에 반해야 한다!" 상품에 반하면 즐겁게 돈을 벌 수 있다.
- 손님이 원하는 상품을 제공하는 것이 장사하는 사람이 해야 할 일이다. 장사의 기본 자세는 상품이 손님에게 이득이 된다고 믿는 일이다.
- 장사의 유일한 규칙은 '멋스러움'이다. 만족스럽지 못한 물건을 파는 것은 상인으로서 좋은 모습이 아니므로 그만두어야 한다. 그런 모습은 '멋'이 없기 때문이다.
- 아무리 내가 좋다고 생각하는 물건이라도 팔리지 않으면 아무 소용이 없다. 팔리지 않는다는 것은 손님이 그 상품을 원하지 않는다는 뜻이므로 생각을 바꿔 새로운 대책을 세워야 한다.
- 항상 아이디어를 짜내고 연구해서 돈을 버는 사람이 멋진 상인이다. 손님이 원하는 방향으로 생각을 바꿀 수 있는 솔직함과 융통성을 가진 사람이 바람직한 상인의 모습이다. 아무리 내가 좋다고 생각해도 손님이 좋아하지 않으면 그것은 단순한 독

선이다. "멋진 상인이 되자!"

- 멋진 상인은 성공하는 상인의 감각적 지표다! 장사를 성공으로 이끄는 생각을 멋지다고 느낀다면 인생은 즐거워진다!
- 손님은 잘난 척하는 주인을 좋아하지 않는다. '덕분에'를 내세워야 모든 일이 순조롭게 풀린다. 물건이 팔릴 때에는 '여러분', 장사가 잘될 때에는 '덕분에'라고 말하면 모든 것이 순조롭게 해결된다. 장사를 하려면 '여러분'과 '덕분에'라는 신(神)을 잊어서는 안 된다.
- 좋은 상점이라면 손님이 몇 번이고 지갑을 열게 만들어야 한다. 좋은 상점이란 손님이 계속 돈을 쓰게 만드는 가게이다. 손님이 몇 번이고 돈을 쓰는 상점이란 마음에 들어서 단골이 되는 가게이다.
- 이런 사고방식은 직장인의 경우에도 적용할 수 있다. 가게를 회사로 바꾸어보자. '좋은 회사라면 손님이 계속 돈을 쓰도록 만들어야 한다'라고 말이다. 제조회사라면 고객이 자사 제품의 팬이 되도록 만들어야 한다. 손님이 몇 번이라도 찾아오도록 하려면 매력이 있어야 한다. 100퍼센트를 목표로 매력 가꾸는 일에 부지런해야 한다.
- 손님은 매력적인 것을 원한다. 상인의 사명은 손님이 원하는 것을 제공하는 일이므로 손님이 매력을 느끼도록 해야 한다.
- 매력은 여러 가지가 있다. 상품의 매력, 상품 구비의 매력, 매장의 외관, 내부 장식의 매력, 경영자의 매력, 종업원의 매력 등. 이를 종합적으로 잘 연출해야 장사도 잘된다. 매력은 지구의

인력(引力, 당기는 힘)과 같다. 처음에는 어느 한 사람의 아주 작은 매력일지라도 거기에 다른 사람이 합쳐지면 매력은 배로 늘어난다. 그러면 끌어당기는 힘도 배가 되어 더 많은 사람이 모이고 매력도 점차 커진다.

- "매력이란 힘이 핵심이 되기 위해서는 자신이 매력적이어야 한다!" 자신의 매력을 갈고 닦자.
- 매력적인 것을 창출하기 위한 기본적인 사고는 좋은 것끼리 결합시키는 일이다. 그 응용은 끝이 없다.
- 즐거운 마음으로 있으면 즐거운 소리가 나와 즐거운 사건을 부른다. 마음이 즐거우면 즐겁게 말하고 밝은 표정과 밝은 목소리를 낸다. 몸짓과 걸음걸이도 밝고 힘이 넘친다. 밝고 재미있는 것을 좋아하는 사람은 이에 동조(同調)해서 모여들게 된다. 밝은 사람들이 모이면 어두운 일이 일어나지 않는다. 어떤 문제가 생기거나 실패하더라도 문제를 복잡하게 만들지 않는다.
- 힘찬 기운이 파동을 높인다. 파동에도 단순한 파동과 기운이 넘치는 파동이 있다. 기운이 넘쳐야 파동이 높다.
- 파동을 바꾸는 데 가장 간단한 방법은 말(언어)을 바꾸는 것이다. 파동 중에서도 말이 가장 큰 힘을 가진다.
- 긍정적인 파동의 말을 입 밖으로 내는 것이 중요하다. 반복하면 자기 자신이 변화한다. 마음속에는 부정의 말의 파동에 의한 영향이 구정물처럼 가득 차 있다. 긍정적인 말을 천 번 정도 해서 마음속의 그릇을 깨끗한 물로 채우자.
- 긍정적인 말을 반복하면 마음속의 구정물처럼 고여 있는 부정

적인 말의 파동을 없앨 수 있다.

- 먹는 물건을 파는 장사는 주인이 처져 있으면 손님은 그 상점의 상품이 신선하지 않다는 느낌을 받는다. 그러면 장사가 안 되는 것이 당연하다.
- 말에는 강한 힘이 있다! 말을 바꾸면 대개의 것은 변한다. 언어가 가진 강한 힘을 잘 이용해서 긍정적으로 자신을 바꾸자.
- 자기 자신의 기분은 자기 스스로 조절한다. 언어의 힘을 잘 활용하여 생각을 긍정적으로 바꿀 수 있다.
- 주위 사람들이 자신을 "멋지다"라고 생각하는지 생각하는 삶의 방식이 필요하다. 이를 위해서는 향상심이 매우 중요하다. 향상심에서 도전의식이 나온다.
- 돈에도 영혼이 있다. 돈은 여러 사람의 손을 거치면서 각양각색의 사람의 생각을 지니므로 오히려 영혼 그 자체라고도 할 수 있다. 그런 이유로 돈을 사랑해야 한다.
- 가족과 친구 등 세상에는 소중한 것들이 많다. 소중한 것은 소중히 해야 유지되는 법이다. 소중한 것은 소중히 했을 때 유지된다. 돈이 마찬가지다. 돈을 소중히 생각하고 중시해야 유지된다.

36

시사성어

수강생 여러분

성어(숙어)는 언어 표현에서 매우 중요합니다. 복잡한 상황을 간결하게 압축하는 표현이기 때문입니다. 그래서 일상에서, 매스미디어 뉴스에서 자주 씁니다. 성어에 글자 수가 정해진 것은 아니지만 네 글자 성어, 즉 사자(四字)성어를 많이 씁니다. 다음은 매스미디어 뉴스(기사)에 자주 나오는, 즉 대중성이 높은 성어이므로 뜻을 파악하여 잘 익혀두어야 합니다. 빨리 알아들어야 하고 필요할 때 즉시 활용할 수 있어야 실력입니다. 어떤 상황에 적용한 사자성어가 적절한가 같은 문제가 생길 수 있는데(예를 들어 한쪽은 어떤 일을 두고 '사필귀정'이라고 하는데 다른 쪽에서는 '적반하장'이라고 하면서 서로 싸우는 경우), 이를 위해서도 성어에 대한 기본적 이해가 필요합니다.

시사성어(時事成語)

• 후안무치 • 파렴치 • 몰염치 • 와신상담 • 조변석개 • 사면초가 • 좌고우면 • 노심초사 • 상전벽해 • 만신창이 • 일파만파 • 자승자박 • 적반하장 • 반면교사 • 갑론을박 • 수수방관 • 자중지란 • 환골탈태 • 아수라장 • 소탐대실 • 일사천리 • 사후약방문 • 망연자실 • 절치부심 • 혹세무민 • 아전인수 • 내우외환 • 동상이몽 • 전전긍긍 • 합종연횡 • 이심전심 • 자가당착 • 자화자찬 • 토사구팽 • 박빙승부 • 순망치한 • 타산지석 • 오합지졸 • 무주공산 • 배은망덕 • 분골쇄신 • 고군분투 • 결자해지 • 만시지탄 • 시기상조 • 패가망신 • 진퇴양난 • 탁상행정 • 속수무책 • 첩첩산중 • 전화위복 • 유명무실 • 인산인해 • 요지부동 • 각자도생 • 점입가경 • 기사회생 • 파죽지세 • 우공이산 • 허송세월 • 배수진 • 고육지책 • 금시초문 • 일석이조 • 출사표 • 복불복 • 오리무중 • 금상첨화 • 발본색원 • 화룡점정 • 사분오열 • 일희일비 • 천정부지 • 오락가락 • 쥐락펴락 • 옥신각신 • 내로남불 • 견마지로 • 주먹구구 • 흐지부지 • 우왕좌왕 • 난공불락 • 자충수 • 이중잣대 • 미지수 • 이전투구 • 사필귀정 • 새옹지마 • 미봉책 • 하마평 • 아비규환 • 다다익선 • 적재적소 • 기우 • 조삼모사 • 조령모개 • 어불성설 • 미지수 • 일석이조 • 승부수 • 인면수심 • 두문불출 • 얼렁뚱땅 • 지지부진 • 용두사미 • 일구이언 • 금과옥조

• 일장춘몽 • 백약무효 • 우후죽순 • 만기친람 • 역지사지 • 견강부회 • 주홍글씨 • 무신불립 • 읍참마속 • 계륵 • 감언이설 • 무소불위 • 과유불급 • 교각살우 • 격화소양 • 양두구육 • 지록위마 • 어부지리 • 호시탐탐 • 외화내빈 • 실사구시 • 사각지대 • 안하무인 • 부화뇌동 • 십시일반 • 애물단지 • 자업자득 • 차도살인 • 군계일학 • 엉망진창 • 이율배반 • 설상가상 • 승승장구 • 중구난방 • 갈팡질팡 • 뒤죽박죽 • 추풍낙엽 • 밀실행정 • 동분서주 • 쥐락펴락 • 개과천선 • 아연실색 • 야합 • 종횡무진 • 독불장군 • 호지부지 • 승부수 • 풍비박산 • 호연지기 • 연목구어 • 신상필벌 • 좌불안석 • 복지부동 • 언감생심 • 가렴주구 • 역린 • 표리부동 • 우문우답 • 호사다마 • 복마전 • 수오지심 • 시시비비 • 유구무언 • 동문서답.

37

식목

삶에 순박하고 바른 나무를 심고 키우자
Let's plant and grow a tree called truthfulness in my life

함께 공부하는 소중한 여러분!

나무는 겨울에 심어도 되지만 봄에 심는 게 계절적으로 더 어울립니다. 그래서 4월 5일을 '식목일(植木日)'로 정했을 것입니다. '식목'은 '나무를 심음'입니다. 국어사전은 나무를 '줄기가 목질(木質)로 된 여러해살이풀'로 풀이합니다. 나무나 식목을 이렇게 풀이하면 우리의 생각을 확장시키지 못하는 그저 그렇고 평균적인 고정관념에 가깝습니다. 내가 수업에서 소개한 '노란 개나리'와 마찬가지입니다.

나무에서는 다른 뜻을 찾을 수 없지만 한자 '목(木)'은 특별한 의미가 있습니다. 나무의 뿌리와 줄기를 그린 상형문자입니다. 그래서 나무의 특성을 살려 '순박하다', '순수하다', '꾸밈없다', '소박하다' 같은 뜻으로 확장됩니다. 식(植)도 그냥 심는다는 뜻이 아닙니다. '植 = 木 + 直'으로 된 글자인데, 나무의 정직함이라는 의미입니다. 그래서 식목을 나무를 심는다는 밋밋한 풀이를 넘어 순박하고 정직하고 올바른 나무를 나의 삶에 심는다는 의미로 생각하면 이런 게 '비욘드 애버리지'입니다.

공자는 감수성이 뛰어난 사람의 특징을 말하면서 '목눌(木訥)'이라는 표현을 합니다(논어 자로 편). 목(木)을 나무가 아니라 '소박하고 순수하다'라는 뜻으로 씁니다. 식목을 목눌과 연결해 이해하면 공자와 논어를 최고 수준에서 활용하는 것입니다.

개강 수업 때 "올해 봄은 자기 자신을 새롭게 보자"라는 목표에 대해 이야기했습니다. 4월을 맞으면서 자신의 삶에 순박한 나무를 심고 잘 북돋웁시다! 스스로 동기를 부여하는 자발성(self-motivation)은 우리를 하늘 높이 날아오르게 하는 힘입니다.

38

자기 자신과 좋은 관계

자기 자신과 좋은 관계가 되도록 하자

Let's have a good relationship with myself

수강생 여러분!

여러분과 함께 즐거운 마음으로 2학기 공부를 시작하여 이제 종강을 했습니다. 독서·토론 과목을 계기로 삶과 세상을 읽고 대화하는 높은 수준의 공부가 되도록 고민하면서 노력한 시간이었다고 생각합니다. 나로서는 세상에서 유일하면서도 실질적이고 경쟁력 있는 공부가 되도록 하겠다는 다짐으로 여러분의 얼굴을 마주했습니다. 여러분에게 뾰족한 동기와 자극이 되도록 해서 여러분의 무한한 가능성과 잠재력을 반드시 발휘하도록 하겠다는 욕심을 잔뜩 가지고 강의실에 들어갔습니다.

공지사항에 올린 학습자료를 다시 살펴봤습니다. "생각의 수준이 삶을 결정한다"라는 개강 메시지를 시작으로 취업력 벼리, 표현력 벼리, 압솔리지, 헤드라인, 나의 새로운 얼굴 표현 등 모든 내용이 우리가 마주하는 현실과 대결하는 실력을 키우는 데 필요합니다. 삶의 방향을 뚜렷하게(뾰족하게) 안내해줄 나침반이므로 철저하게 실천하기를 거듭 당부합니다. 어떤 현실 상황과 마주하더라도 반드시 대응하는 실력을 발휘하여 확실한 보상을 받을 것으로 확신합니다.

이 글의 **헤드라인**으로 '자기 자신과 좋은 관계를 맺자'라는 메시지를 담았습니다. 이번 학기 공부를 성실하게 되새김하면서 일상에서 실천하는 과정에서 자기 자신과의 좋은 관계는 소중하고 유익한 선물로 다가올 것입니다. 이번 학기 대구가톨릭대학교에서 함께 공부한 시간이 훗날 좋은 추억이 되고 삶을 지탱하는 디딤돌이 되도록 즐거운 마음으로 일상을 북돋웁시다. 강의실을 밝히던 촛불처럼 주체적인 자기 자신을 창조해나갑시다.

날씨가 차가워지고 있습니다. '옷 따듯하게 입고 건강 잘 관리하라'라고 하면 좋은 말이지만 좀 상투적인(뻔한) 표현입니다. 자기 자신을 새롭게 가꾸는 뜨거운 열정이 가장 따듯한 외투가 된다고 말하고 싶습니다. 올해 겨울은 지난해 겨울과는 다른 자기 자신을 만나보기를 바랍니다. **뻔하지 않고 뾰족하게!**

기말고사 날에 이제 추억의 공간이 된 교양관 305호 강의실에서 반갑게 만납시다. 기말고사 내용은 7일쯤 공지사항에 안내하겠습니다. 과제를 제출하지 않은 학생은 기말고사 때 꼭 가져오기 바랍니다.

참고 문헌

- 『시경』
- 『서경』
- 『논어』
- 『도덕경(노자)』
- 『주역』
- 『맹자』
- 『순자』
- 『장자』
- 『예기(대학, 중용, 학기)』
- 『논어집주』
- 『설문해자』
- 『이아주소』

- 김계숙, 『서양철학사』, 일조각, 1995.
- 김경태, 『스티브 잡스의 프레젠테이션』, 멘토르, 2009.
- 김구, 『백범일지』, 도진순 주해, 돌베개, 2012.
- 남기원, 『대학의 역사』, 위즈덤하우스, 2021.
- 백문식, 『우리말 어원 사전』, 박이정, 2014.
- 염정삼, 『설문해자 부수자 역해』, 서울대학교출판문화원, 2009.
- 이경자, 『우리말 신체어 형성 2』, 충남대학교출판부, 2006.

- 이권효, 『뉴스의 비유 왜곡』, 북랩, 2023.
- 이제마, 『동의수세보원』, 이민수 옮김, 을유문화사, 2002.
- 이한섭, 『일본어에서 들어온 우리말 어휘 5800』, 박이정, 2022.
- 정약용, 『여유당전서(상론)』, 한국고전번역원 한국고전종합 DB.
- 주선희, 『얼굴 경영』, 동아일보사, 2005.
- 최세진, 『훈몽자회 3360』, 오종필 옮김, 부크크, 2018.
- 허준, 『대학의 과거와 미래』, 연세대학교출판문화원, 2020.
- EBS 교육방송, 『최고의 교수』, 위즈덤하우스, 2010.
- 리쩌허우, 『논어금독』, 임옥균 옮김, 북로드, 2006.
- 마의, 『마의상법』, 조성우 옮김, 명문당, 2011.
- 사마천, 『사기(중니제자열전)』, 김기주 옮김, 예문서원, 2003.
- 왕부, 『잠부론』, 임동석 옮김, 동서문화사, 2009.
- 왕숙, 『공자가어』, 임동석 옮김, 동서문화사, 2011.
- 유소, 『인물지』, 이승환 옮김, 홍익출판사, 1999.
- 진광우 외, 『상대 갑골문 한국어 독본』, 하영삼 옮김, 도서출판3, 2021.
- 태공망, 『육도』, 이상옥 옮김, 명문당, 2012.
- 미나기 가즈요시, 『이나모리 가즈오, 그가 논어에서 배운 것들』, 김윤경 옮김, 카시오페아, 2019.
- 오마타 간타, 『돈 버는 기술』, 이명숙 옮김, 신원문화사, 2019.
- 이나모리 가즈오, 『카르마 경영』, 김형철 옮김, 서돌, 2008.
- 노만 맥클린, 『흐르는 강물처럼』, 최윤아 옮김, 자유문학사, 1993.
- 로버트 루트번스타인, 『생각의 탄생』, 박종성 옮김, 에코의서재, 2016.
- 로버트 세이어, 『기분의 문제』, 김태훈 옮김, 청림출판, 2020.
- 로히트 가르가바, 『호감이 전략을 이긴다』, 이은숙 옮김, 원더박스, 2013.
- 미첼 스티븐스, 『뉴스의 역사』, 이광재 옮김, 커뮤니케이션북스, 2010.
- 말콤 글래드웰, 『블링크』, 이무열 옮김, 김영사, 2020.
- 버트런드 러셀, 『서양철학사』, 서상복 옮김, 을유문화사, 2009.

- 비비안 디트마, 『느낌은 어떻게 삶의 힘이 되는가』, 정채현 옮김, 한국NVC, 2023.
- 스털링 램프레히트, 『서양철학사』, 김태길 옮김, 을유문화사, 2002.
- 아리스토텔레스, 『니코마코스 윤리학』, 강상진 옮김, 길, 2021.
- 아리스토텔레스, 『관상학』, 김재홍 옮김, 길, 2014.
- 앤터니 스토, 『융』, 이종인 옮김, 시공사, 1999.
- 앨빈 토플러, 『부(富)의 미래』, 김중웅, 청림출판, 2006.
- 에드워드 윌슨, 『창의성의 기원』, 이한음 옮김, 사이언스북스, 2020.
- 에드워드 카, 『역사란 무엇인가』, 김택현 옮김, 까치글방, 2019.
- 에이브러햄 매슬로, 『동기와 성격』, 오혜경 옮김, 21세기북스, 2009.
- 요한네스 휠쉬베르거, 『서양철학사(상권)』, 강성위 옮김, 이문출판사, 1985.
- 윌리엄 제임스, 『심리학의 원리』, 정명진 옮김, 부글북스, 2014.
- 조지 레이코프, 『코끼리는 생각하지 마』, 유나영 옮김, 삼인, 2006.
- 피터 드러커, 『단절의 시대』, 이재규 옮김, 한국경제신문, 2003.
- 피터 드러커, 『프로페셔널의 조건』, 이재규 옮김, 청림출판, 2003.
- 하워드 가드너, 『다중지능』, 문용린 옮김, 웅진지식하우스, 2007.
- W. K. C. 거드리, 『희랍철학입문』, 박종현 옮김, 종로서적, 1987.
- 李澤厚, 『論語今讀』, 北京三聯書店, 2008.
- 劉劭, 『人物志』, 北京中華書局, 2013.
- James Legge, *Confucian Analects*, 大北文星書店, 1966.
- Plato, *Defence of Socrates*, Oxford UP, 2008.
- Edward Carr, *What is History*, Penguin Books, 1968.
- Abraham Maslow, *Motivation and Personality*, Harper & Row, Publishers, 1970.
- Mitchell Stephens, *A History of News*, Oxford UP, 2007.

웹사이트

- 국립국어원 표준국어대사전
- 네이버 지식백과
- 두산백과 두피디아
- 위키피디아
- 나무위키
- 한국언론진흥재단 빅카인즈
- 매일경제 매경닷컴
- 한국학중앙연구원 한국민족문화대백과사전
- 가톨릭대학교 라틴어-한글 사전

저자 소개

이권효
李權孝

대구가톨릭대학교 프란치스코칼리지 교수로 재직하고 있다. 중국 명대의 통섭형 유학자 이탁오의 『분서(焚書)』 연구로 동양철학 박사 학위를 받았다. 일간신문 기자로 24년 일했다.

저서로 『뉴스의 비유 왜곡』, 『공자의 일상 공경: 논어 향당 편』, 『개념 잉태가 소통이다』, 『내 삶의 뉴스메이커』, 『류성룡 징비력』, 『논어 신편: 새로 편집한 논어』, 『뉴스메이커 공자』, 『논어로 읽는 퇴계 언행 100구: 올바름이 이치입니까』, 『한글로 통하는 논어』, 『헤드라인 커뮤니케이션』이 있다.

논문으로는 「매스미디어 뉴스에 나타난 유교의 인식과 이미지 연구」, 「위기의식과 철학의 정체성 검토」, 「호학의 관점에서 본 이지 분서의 문제의식」, 「이탁오에 관한 신문 기사의 분석과 평가」, 「현상학적 판단중지의 의의와 철학적 태도」 등이 있다.